Thomas Mirow (Hrsg.)

# Die Deutschen: Wer wir sind. Wer wir sein wollen.

### Berichte zur Lage der Nation

MURMANN

Druckprodukt mit finanziellem
**Klimabeitrag**
ClimatePartner.com/12752-1803-1001

Zum Ausgleich für die entstandene $CO_2$-Emission bei der Produktion
dieses Buches unterstützen wir die Bereitstellung von effizienten
Kochöfen in Sambia. Die verbesserten Kochöfen verbrauchen zwei
Drittel weniger Brennmaterial und verringern so nicht nur den $CO_2$-Aus-
stoß, sondern auch die Rodung der lokalen Wälder. Durch die bessere
Luftqualität in den Räumen werden Atemwegserkrankungen verringert,
und Familien können Zeit und Geld sparen, da weniger Brennmaterial
benötigt wird.

Bibliografische Information der Deutschen Nationalbibliothek
Die Deutsche Nationalbibliothek verzeichnet diese Publikation in der
Deutschen Nationalbibliografie; detaillierte bibliografische Daten sind
im Internet über http://dnb.de abrufbar.

Copyright © 2024 Murmann Publishers GmbH, Hamburg
Lektorat: Evelin Schultheiß, Kirchwalsede
Druck und Bindung: Steinmeier GmbH & Co. KG, Deiningen
Printed in Germany

ISBN 978-3-86774-810-0

Besuchen Sie unseren Webshop: www.murmann-verlag.de
Ihre Meinung zu diesem Buch interessiert uns!
Zuschriften bitte an info@murmann-publishers.de
Den Newsletter des Murmann Verlages können Sie anfordern unter
newsletter@murmann-publishers.de

# INHALTSVERZEICHNIS

## Zu diesem Buch

*Von Thomas Mirow*

Wer sind wir? Wer wollen wir sein? Diese Fragen werden in Deutschland gerade wieder oft gestellt – und Antworten fallen so schwer wie lange nicht.

Grundstürzende Ereignisse und Entwicklungen haben auch unsere Gesellschaft in den vergangenen 20 Jahren kräftig durchgeschüttelt: islamistischer Terror und der drohende Zusammenbruch des Weltfinanzsystems, Eurokrise und Inflation, millionenfache Zuwanderung und eine alle Vorstellungen sprengende, weltweite Pandemie, blutige Kriege in der Ukraine wie im Nahen Osten, die Gefährdung der Natur und ein bedrohlich voranschreitender Klimawandel, eine durch künstliche Intelligenz noch einmal stark beschleunigte digitale Transformation, die sich nicht auf die Wirtschaft beschränkt, sondern so gut wie alle Lebensbereiche erfasst.

Das – auch nach der Wiedervereinigung – immer wieder erfolgreich erneuerte „Modell Deutschland" wirkt heute ausgelaugt. Ermutigende, glaubwürdige Zukunftsperspektiven aus Politik und Wirtschaft werden weithin vermisst. Wo, so wird sorgenvoll gefragt, sind die neuen, unseren Wohlstand sichernden Wachstumsmotoren, die an die Stelle dessen treten könnten, was definitiv verloren scheint: preiswerte Energie aus Russland, liberalisierter Freihandel rund um den Globus, die lange kaum zu stillende Nachfrage nach hochwertigen Industriegütern aus China, eine auf Ingenieurskunst basierende Exzellenz in Maschinen- und Motorenbau?

Damit einher geht die Frage nach dem, was in einer solchen Phase der Umbrüche unsere Gesellschaft zusammenhalten kann. Über Jahrzehnte verlässliche Stabilitätsanker wie die deutschen Volksparteien, Gewerkschaften, Kirchen, öffentlich-rechtlichen Medien haben an Kraft spürbar verloren, vermögen es immer weniger, breite Bevölkerungsschichten dauerhaft an sich zu binden, verlässliche Orientierung zu bieten. Währenddessen erweisen sich immer wirkmächtigere „soziale Medien" auch hierzulande zunehmend als das Gegenteil dessen, was der Begriff versprach.

Vermeintliche Gewissheiten des deutschen Selbstbildes erodieren. Einigender, selbstbewusster Stolz auf handfeste Erfolge deutscher Tüchtigkeit, auch auf den gemeinschaftlichen Aufbau eines leistungsfähigen Sozialstaats, zerbröselt. Kaputte Straßen, defekte Brücken, eine marode und unzuverlässige Bahn werden als Zeichen eines allgemeinen Niedergangs wahrgenommen. Grundlegende Zweifel und pauschale Kritik an unserem Gemeinwesen insgesamt sind unüberhörbar.

Verunsicherung und Zukunftsängste, zahlreiche Studien belegen es, nehmen stark zu, gerade auch bei Jüngeren.

Nicht allen ist nach Schwarzmalerei zumute. Die Hitzigkeit und hochgradige Erregung, mit denen gerade auch an wohlsituierten, bürgerlichen Tischen über die politische Lage diskutiert wird, kommen manchen Deutschen reichlich überzogen vor. Ihnen ist durchaus bewusst, dass das Schicksal es doch recht gut mit ihnen meint, ihr Land ihnen noch immer viel zu bieten hat und über große Stärken verfügt, etwa in der beruflichen Bildung oder mit der öffentlichen Forschungsförderung, um die uns andere Länder aus gutem Grund beneiden.

Gibt es also überhaupt ein reales, fassbares „Wir" in einer so ausdifferenzierten, modernen Gesellschaft wie der deutschen, mit allen ihren Unterschieden – und in Teilen auch Gegensätzen – zwischen Stadt und Land, West und Ost, Jungen und Älteren, Alteingesessenen und Zugewanderten, Gewinnern und Verlierern des globalen Wettbewerbs? Macht also die Suche nach einer „nationalen Identität" der Deutschen heute, in der Mitte der Zwanzigerjahre des 21. Jahrhunderts, wirklich Sinn, oder sollten wir uns (einstweilen) mit einer wenig gemeinschaftlich organisierten, höchst fluiden, im besten Fall auf wechselseitige Akzeptanz verpflichteten Pluralität zufriedengeben? Sind, so ist in diesem Zusammenhang zu fragen, die historischen Erfahrungen der Deutschen (in West und in Ost) noch prägend genug für ein gemeinsames Selbstverständnis? Reicht der Fundus an verbindenden Werten? Oder lassen sich auch heute die Deutschen einigende Vorstellungen von einer guten Zukunft, für sich wie für das Land, erkennen?

Antworten hierauf sind gewichtig, denn verlässliches politisches Handeln und ein selbstbewusstes Agieren in einer polyzentrischen, wenig geordneten Welt erscheinen ohne ein Mindestmaß an nationaler Identität schwer vorstellbar. Deshalb möchte die Deutsche Nationalstiftung, nicht zuletzt mit der Vorlage dieses neuen Bands der *Berichte zur Lage der Nation*, wie es in ihrer Gründungssatzung heißt, „zu einer nationalen Identität in einem friedlichen, weltoffenen Deutschland beitragen".

Zu den festen Säulen des deutschen Selbstverständnisses nach 1945 zählte über Jahrzehnte das „Nie wieder" als zentrale Lehre aus Krieg und Holocaust. Natürlich waren die Vorstellungen von dem, was „nie wieder" geschehen sollte, durchaus vielfältig, zumal aus west- und aus ostdeutscher Perspektive. Einiges blieb im Ungefähren – und veränderte sich im Laufe der Jahrzehnte weiter. Immerhin konnten dort, wo freie Wahlen möglich waren, rechtsextreme Parteien lange Zeit nur kurzfristig Erfolge erzielen, um anschließend wieder in der Versenkung zu verschwinden.

Das Tabu hielt viele Jahrzehnte stand.

Heute nicht mehr. Eine rechtspopulistische, partiell gesichert rechtsextreme Partei erzielt nahezu überall beträchtliche Wahlerfolge und hat sich insbesondere im Osten Deutschlands fest etabliert. Nur zu Teilen wird sie aus – möglicherweise vorübergehendem – Protest gegen die „Etablierten" gewählt. Viele ihrer Anhängerinnen und Anhänger unterstützen aus voller Überzeugung die von ihr vertretenen radikalen, revisionistischen, fremdenfeindlichen und europakritischen Positionen, die sie selbst unter ihresgleichen in der EU weitgehend isolieren.

Schwer Erträgliches ereignete sich auch auf anderem Parkett: Nach dem furchtbaren Überfall der Hamas auf Israel am 7. Oktober 2023 und dem dadurch ausgelösten Gaza-Krieg wurden auch deutsche Universitäten und ihr Umfeld zum Schauplatz skandalöser antisemitischer Misstöne. Wo Raum gewesen wäre für reflektierte Kritik an der von extremistischen Kräften getragenen Regierung Israels, an ihrem Vorgehen in Gaza, an einer immer zweifelhafteren Siedlungspolitik, wurden plumpe Parolen gerufen. Aggressive „Positionen" und die fehlende Verantwortlichkeit der zuständigen Instanzen beschädigten wichtige Kulturtreffen unseres Landes. Die von allen demokratischen Kräften gemeinsam getragene und bis dahin nur von rechts außen denunzierte deutsche „Erinnerungskultur" wurde mit dem schändlichen Hinweis infrage gestellt, das Gedenken an die Shoah und der vorrangige Kampf gegen Antisemitismus seien eine endlich abzuschüttelnde deutsche Marotte.

Ein allumfassendes Bild deutscher Identität ist vor diesem Hintergrund nicht zu erwarten. Auch unsere Autorinnen und Autoren, aus verschiedenen Generationen stammend und mit höchst unterschiedlicher Expertise ausgestattet, können sich der äußerst komplexen Frage, was heute die deutsche Identität ausmacht, nur tastend nähern.

In seinem einleitenden Beitrag geht *Heinz Bude*, einer der führenden deutschen Soziologen unseres Landes, den gesellschaftlichen Veränderungen in den westlichen Gesellschaften auf den Grund und analysiert die tieferen Ursachen für den weitreichenden Vertrauensverlust in Politik und Wirtschaft. Als Reaktion auf die entstandene Lage empfiehlt er „eine gezielte Beratschlagung zwischen Wissenschaft, Wirtschaft und Politik" zur Erarbeitung eines „Designs von Szenarien über die Rolle von Deutschland als Gesellschaft und Nation in Europa und von Europa als Staatenbund und Wirtschaftsgemeinschaft in der Welt".

Lange bevor sich die Deutschen in ihren vielen Kleinstaaten 1870 in einem „Reich" zusammenfanden, definierten sie ihre Identität über die deutsche Kultur und die deutsche Sprache. *Marlene Knobloch*, renommierte Autorin und viel beachtete Stimme aus der „Millennial-Generation", zeichnet diesen historischen Weg nach und analysiert auf dieser Grundlage Deutschlands „hochempfindliche Beziehung" zu seiner Sprache heute. Die einzigartige Dichte öffentlicher kultureller Einrichtungen unseres Landes setzt die Autorin auch in Bezug zum Erfolg unserer Demokratie.

*Andreas Voßkuhle*, langjähriger Präsident des Bundesverfassungsgerichts (und heute Präsident des Senats der Deutschen Nationalstiftung) beleuchtet und bewertet den Begriff des „Verfassungspatriotismus" 75 Jahre nach Inkrafttreten des Grundgesetzes. Er stellt die Idee des „Verfassungspatriotismus" auf den Prüfstand und geht der Frage nach, wie sehr uns diese dabei helfen kann, mit den Herausforderungen der

Gegenwart – Migration, Pandemie, Verfassungsfeinde, „Klimakleber", Krieg – erfolgreich umzugehen und so den Zusammenhalt unserer Gesellschaft zu fördern.

*Können die Deutschen „Transformation"?* – hierzu führen *Verena Pausder*, Unternehmerin und Autorin, und *Michael Vassiliadis*, Vorsitzender der weit ausgreifenden Gewerkschaft IGBCE, ein konzentriertes, faktenbasiertes Gespräch (das wir mit einer Reihe aussagestarker Statistiken unterlegt haben). Dabei geht es um die Aktualität deutscher Tugenden (strebsam, penibel und pünktlich) ebenso wie um andere Eigenschaften und strukturelle Voraussetzungen, derer es heute bedarf, um die Wirtschaft in Deutschland neu auszurichten. Defizite unseres Landes werden offen angesprochen, aber beide Diskutanten begründen mit ihren sehr handfesten beruflichen Erfahrungen auch, warum sie auf die Zukunft Deutschlands mit einiger Zuversicht blicken.

Die Berliner Professorin und Sicherheitsexpertin *Marina Henke* unterzieht die deutsche Sicherheits- und Verteidigungspolitik einer eingehenden Betrachtung. Sie kritisiert, dass Deutschland als bevölkerungsreichstes und wirtschaftsstärkstes Land des Kontinents über keine konsistente sicherheitspolitische Strategie verfügt, und legt dar, welche – recht unbequemen – Alternativen sich der Bundesrepublik aus ihrer Sicht diesbezüglich bieten. Dabei lässt sie keinen schwierigen Aspekt aus, auch nicht die äußerst komplexe Thematik der nuklearen Verteidigung Europas.

*Ronald Reng*, Bestsellerautor und Sportjournalist, nimmt sich des Themas Fußball als Element der Identitätsstiftung in Deutschland an. Erfolge wie Krisen des Fußballs waren immer auch ein Spiegelbild unserer Befindlichkeiten als Volk. Der Beitrag spannt deshalb einen weiten Bogen: vom 3:2 gegen Ungarn 1954 über die Niederlage der westdeutschen Mannschaft gegen die der DDR vor dem erneuten Titelgewinn 1974, den Cup-Gewinn der erstmals vereinten deutschen Mannschaft 1990, das „Sommermärchen" 2006, den neuerlichen Erfolg 2014 bis zur Europameisterschaft in diesem Jahr.

*Wie deutsch sind die Deutschen?* Mit dieser Frage setzt sich *Serap Güler*, führende Politikerin der CDU, auseinander. Die deutsche Bevölkerung des Jahres 2024 ist stark von Zuwanderung geprägt. So leben unter anderem über fünf Millionen Muslime und Musliminnen heute hier. Wie in nahezu allen westlichen Demokratien ist Migration gegenwärtig das politisch brisanteste Feld grundsätzlicher Debatten und scharfer Auseinandersetzungen – bis hin zu vergiftenden Verschwörungstheorien. Der Beitrag geht der Frage nach, wie gut Deutschland mit den großen Zuwanderungsströmen der vergangenen Jahre tatsächlich zurechtkommt, wo die wirklichen Probleme liegen, wie Integration gefördert werden kann, um weitere Spaltungen zu verhindern.

*Klaus Mertes*, Jesuit und Autor, schaut auf die Entwicklung des Christentums in unserem Lande. Vereinten die großen Kirchen nach dem Krieg etwa 90 Prozent der Bevölkerung, sind es heute lediglich rund 50 Prozent. Der Missbrauchsskandal in beiden Kirchen hat tiefe Spuren hinterlassen. Der Autor betont dennoch den Stellenwert von Religion als „Solidaritätsressource" und sieht Religion in Deutschland weiterhin „allgegenwärtig" und als „Teil unserer Identität".

So unterschiedlich unsere Autorinnen und Autoren analysieren und argumentieren, eines eint sie: das nüchterne Aufzeigen von Fehlentwicklungen verbunden mit dem entschiedenen Willen, die sich bietenden Chancen für eine gute Zukunft Deutschlands aufzuzeigen. Wenn dies die Debatte in unserem Land ein wenig beeinflussen könnte: Alle Mühe hätte sich gelohnt.

*Den Autorinnen und Autoren danke ich herzlich für ihre gehaltvollen Beiträge, Dr. Agata Klaus, der Geschäftsführerin unserer Stiftung, für die intensive Betreuung des gesamten Projekts, unseren Partnern beim Murmann Verlag für die stetige, engagierte verlegerische Unterstützung und ganz besonders Martin Klingst, der auch in diesem Jahr mit seiner gründlichen und dabei stets respektvollen Redaktionstätigkeit wieder maßgeblich zum Entstehen dieses Bandes beigetragen hat.*

# Das Ende des Paradieses

## Wie Deutschland wieder handlungsfähig werden kann

*Von Heinz Bude*

Auf der Münchner Sicherheitskonferenz 2024 hat der indische Außenminister Subrahmanyam Jaishankar zu Protokoll gegeben, dass der „unipolare Moment" in den internationalen Beziehungen vorbei sei. „Schauen Sie", erklärte er auf Nachfrage, „es gibt etwa 200 Länder auf der Welt. Sie erstrecken sich über sehr unterschiedliche Geografien, sehr unterschiedliche Kulturen. Da kann es doch nicht sein, dass die Gesamtheit der Welt durch die Institutionen und Praktiken des euro-atlantischen Kulturkreises bestimmt wird."[1]

Wir leben ganz offensichtlich nicht mehr in einer Welt nach dem Kalten Krieg, als die USA die einzige Führungsmacht waren und das politische Vorstellungsvermögen sich am „Ende der Geschichte" wähnte. Ein Dritteljahrhundert nach 1989 sind wir in die Ära neuer Hegemonien, verstärkter globaler Wettbewerbe und anderer Allianzen eingetreten. So zumindest lautet die Behauptung einer selbstbewussten indischen Stimme aus dem globalen Süden. Sie ist Ausdruck eines postkolonialen Bewusstseins, das eine multipolare Weltordnung entstehen sieht, die sich der Dominanz des römischen Rechts, atlantischer Handelswege, deutscher Bildungsromane und US-amerikanischer Digitalherrschaft entwunden hat.

Die Verlierer des jahrhundertelangen kolonialen Zeitalters streben die Rückkehr zu einer früheren Zeit an, als die wichtigsten wirtschaftlichen und kulturellen Zentren der Welt in Asien und davor noch in Lateinamerika und Afrika lagen. Diese Rückkehr wird von den großen Gewinnernationen der vergangenen 30 Jahre, also vor allem von China und Indien, aber ebenso von Vietnam, Indonesien oder Nigeria, als Aufbruch in eine neue Ordnungs- und Staatenwelt begriffen, in der das Reich der Mitte die Vereinigten Staaten von Amerika herausfordert, in der Indien sich als dritte Macht im Bunde sieht, Russland sich als Rächer der Entrechteten anbietet und ein erschrockenes Europa eine Welt ohne Kompass beklagt.[2]

Aus deutscher Sicht ist damit eine ziemlich entspannte Zeit ohne Inflation, ohne Mission, ohne nennenswerte Arbeitslosigkeit und ohne direkte Kriegsbeteiligung plötzlich zu Ende gegangen. Natürlich gab es markante Brüche und aufwühlende Debatten: etwa über das Massaker von Srebrenica (1995) und Deutschlands erste Kriegsbeteiligung nach dem Zweiten Weltkrieg im Kosovo (1999), über die innenpolitisch umstrittene deutsche Nichtbeteiligung am US-amerikanischen Irakkrieg (2003), über die Sorge hinsichtlich des „verbrannten Gelds" in der Weltfinanz- und Weltwirtschaftskrise (2008/2009) und der Staatsschulden in der EU (2011 ff.). Aber auf wundersame Weise kam Deutschland jedes Mal aus diesen sehr unterschiedlichen Krisen und Diskussionen gestärkt hervor.

Jedenfalls bis dahin. Knapp zehn Jahre später, in der Zeit der Pandemie (ab 2020), funktionierte das schon nicht mehr so gut. Der politische Streit spitzte sich zu, wurde immer polarisierter und unversöhnlicher und drohte in der Debatte über die richtige Klimapolitik und die angemessenen Maßnahmen zur Eindämmung der Pandemie auf einmal die deutsche Demokratie von innen heraus zu bedrohen. Seither wird immer öfter infrage gestellt, wie zukunftsfähig die deutsche Wirtschaft, Politik und Gesellschaft noch sind. Mit Wehmut denkt man an ein vergangenes politisches Paradies zurück, als dank mutiger Entscheidungen der Staatsspitze und breiter kollektiver Zustimmung der Bevölkerung die Dinge am Ende doch immer wieder ins Lot gebracht wurden.

## Zunehmend wird infrage gestellt, ob und wie zukunftsfähig die deutsche Wirtschaft, Politik und Gesellschaft noch sind.

Doch heute ist die politische Stimmung derartig gereizt, dass man auf einer lockeren Party oder bei einer Einladung zum Essen darauf gefasst sein muss, dass sogar Freundinnen und gute Bekannte bei bestimmten Themen plötzlich aufeinander losgehen. Die Soziologen Steffen Mau, Thomas Lux und Linus Westheuser[3] sprechen hier von „Triggerpunkten" in Situationen, in denen man sich über die Lage des Landes verständigt. Anders als man vielleicht auf den ersten Blick vermuten würde, sorgt nicht das Thema „Arm und Reich" für Aufregung. Selbst die „kleinen Leute", die wenig verdienen und nichts auf der hohen Kante haben, teilen ein meritokratisches Grundverständnis, wonach eine gute Leistung ein hohes Einkommen rechtfertigt. Arme und Reiche sind sich sogar darüber einig, dass man sich verdienen muss, was man verdient.

Was ein politisches Publikum jedoch in Wallung versetzt, sind die Themen Zuwanderung, Zugehörigkeit und Zukunft. Wer darf nach welchen Kriterien ins Land kommen, und wen muss man aufgrund welcher Tatbestände auch wieder loswerden können? Welche Stellung kommt mir und meinesgleichen im „gedachten Ganzen" unseres Gemeinwesens zu? Wer darf sich aufgrund welcher Befugnis anmaßen, ein Bild unserer gemeinsamen Zukunft zu zeichnen? Bei diesen Fragen zeigt sich ein großer Argwohn gegenüber einer als selbstbezogen wahrgenommenen Elite, die sich nicht darum schert, wer ins Land kommt, der es völlig gleichgültig ist, was die Mehrheit der Leute denkt und fühlt, und die die Zukunft in erster Linie nach den Vorstellungen ihrer eigenen Zukunft vermisst.

So manche Leserbriefe, Kommentare in den sozialen Medien oder Meldungen auf Onlineplattformen legen den Schluss nahe, dass den Leuten ein Verständnis dafür abhandengekommen ist, dass es unlösbare Probleme gibt, mit denen man trotzdem zurande kommen muss; dass es zum Leben gehört, immer wieder auf ärgerliche Tatsachen zu stoßen, die sich nicht wegreden lassen; und dass ständig neue Herausforderungen entstehen, denen sich eine Gesellschaft stellen muss und die sich nur mit gemeinsamen Anstrengungen lösen lassen. Wir scheinen in finsteren Zeiten zu leben, in denen viele Menschen sich in ihre „kleinen Lebenswelten" zurückziehen und zugleich den Anspruch erheben, dort vom Staat geschützt zu werden. Man grollt über „die da oben", ereifert sich über das „angemaßte Wissen" der Wissenschaft und beschwert sich über die „maßlosen Ansprüche" der Zuwandernden.

**Anscheinend wissen die Leute einfach nicht, wo und wie sie ihre Talente, Energien und Kompetenzen einbringen können, damit sich unser Land in Zukunft behaupten und bewähren kann.**

Dieses Gefühl des Verlustes kollektiver Handlungsfähigkeit verfestigt sich ausgerechnet in einem Moment, da einige ehemalige Entwicklungsländer in die Gruppe der 20 größten Volkswirtschaften aufrücken und selbstbewusst ihren Anspruch auf eine gleichberechtigte Teilhabe an Reichtum und Macht geltend machen. Und für uns Deutsche und Europäer geschieht dies zudem in einem Augenblick, da unser Kontinent 2030 womöglich nur noch acht Prozent der Weltbevölkerung stellen und Deutschland seinen Rang als weltweit viertgrößte Volkswirtschaft möglicherweise verlieren wird.

Verschließen die Menschen in Deutschland davor die Augen? Oder wissen sie einfach nicht, wo und wie sie ihre Talente, Energien und Kompetenzen so entwickeln und einbringen können, damit sich unser Land auch nach dem Ende des Paradieses in Zukunft behaupten und bewähren kann?

Um diese Frage zu beantworten, muss ich zunächst das Verständnis von Politik klären, das den Rahmen der Debatte über unsere Gegenwart und Zukunft bildet. Da zeigt sich nämlich, dass heute ganz anders über Politik geredet und nachgedacht wird als noch in den Jahren nach der Abdankung der Sowjetunion oder dem Crash der globalen Finanzmärkte. Nach dieser Klärung werde ich die Konfrontation zwischen zwei großen politischen Projekten beleuchten: dem ökoemanzipativen und dem nationalkapitalistischen Projekt. Und schließlich werde ich anhand der Unterscheidung zwischen Technologien, Institutionen und Ontologien die Chancen eines dezentrierten Europas mit komplexen Industrien, erweiterten Bürgerrechten und dem Rätsel des Ichs in einer multipolaren Welt abschätzen.

Zunächst jedoch zur Art heutiger Politikdebatten. Der belgische Ideenhistoriker Anton Jäger hat in einer Rekonstruktion der beherrschenden politischen Diskurse seit 1989 dargelegt[4], wie einer postpolitischen Enttäuschung eine Welle antipolitischen Engagements folgte. Konkret: Am Anfang stand in Ost und West die Freude über den Untergang der Sowjetunion als einem eingerosteten Herrschaftsapparat und imperialistischen Block. Doch die Begeisterung über die Entfesselung der menschlichen Kräfte und die Selbstregierung der unterdrückten Völker wich alsbald einem Phantomschmerz über das

Fehlen einer Alternative zum westlichen Mix aus kapitalistischer Wirtschaft, parlamentarischer Konkurrenzdemokratie, ausgleichendem Wohlfahrtsstaat und schaumigem Massenkonsum.

In den „Roaring Nineties" (Joseph Stiglitz) wurde im Osten wie im Westen Joseph Schumpeter als Klassiker einer Ökonomie der Innovation wiederentdeckt. Das Stichwort der „schöpferischen Zerstörung" machte die Runde in Wirtschaft, Politik und Gesellschaft. Danach lebt der Wandel von der Energie Einzelner, die die eingefahrenen Bahnen der wirtschaftlichen und sozialen Reproduktion dank der Imagination neuer Zukunfte durchbrechen. In der Zeit zwischen dem Fall der Mauer (1989) und dem Terrorangriff auf die Twin Towers in New York (2001) traten die zwischen 1958 und 1968 geborenen Boomer aus dem Schatten der zwischen 1938 und 1948 geborenen Achtundsechziger und veränderten als eine Generation von Garagenunternehmern, Investmentbankern und Biotechnologinnen mithilfe von Praktiken des Andersmachens, Rekombinierens und Wiederverwendens und mit Unternehmen wie Microsoft, Apple, Amazon und Google tatsächlich die Welt.

Doch inmitten dieses Aufbruchs sah es mit einem Mal so aus, als geriete der „demokratische Kapitalismus" (Wolfgang Streeck) infolge einer politisch gewollten Deregulierung der globalen Finanzmärkte in die Hände von Großkonzernen und Großbanken. Die Varianten des angelsächsischen, skandinavischen oder rheinischen Kapitalismus wirkten nur noch als Oberflächenerscheinungen eines Kapitalismus ohne Grenzen. Hatte Marx mit seiner Idee eines sich selbst verabsolutierenden Kapitals[5] nicht letztlich Recht?

Mit dem Begriff des Finanzmarktkapitalismus wurde ein System der Erzeugung von Geld durch Geld als Form der Selbstvermehrung des Kapitals gekennzeichnet. Geld ist dann weder Wertmaßstab noch Wertspeicher, noch ist es als Transaktionsmedium richtig begriffen.

Geld, besagt eine vom Phänomen des Kredits ausgehende Geldtheorie, ist im Kern Ausdruck eines Rückzahlungsversprechens, das selbst wieder mithilfe von mathematischen Konstrukten wie „Futures" oder „Derivaten" gehandelt werden kann. Im Zentrum des Kapitalismus, so konnte man von Schumpeter lernen, steht der Unternehmer als typischer Schuldner, der mit nicht selten waghalsigen Versprechen entweder Geld verpulvert oder unglaubliche Pioniergewinne macht.[6]

Diese Rückführung des Kapitalismus auf sein inneres Gesetz wurde als entpolitisierende „Postpolitik" beklagt[7] oder als „kapitalistischer Realismus"[8] hingenommen. Als Ausweg hob man gewissermaßen – in Wiederverwendung der aus den 1970er-Jahren stammenden Formel vom Persönlichen, das politisch ist – auf eine Politik in der ersten Person ab. Sie macht das Unheimliche und Unmögliche der kapitalistischen Gegenwart zum Gegenstand von Politik. Was hieß das? Nicht in großen politischen Gesten, sondern in einer Politik alltäglicher persönlicher Empfindungen und emotionaler Ansprachen sah man die passende und authentische Antwort auf die Erfahrung, dass eher die Welt untergeht, bevor der Kapitalismus abgeschafft wird.

Mit dem US-amerikanischen Präsidenten Bill Clinton, dem britischen Premier Tony Blair und dem deutschen Bundeskanzler Gerhard Schröder feierte die Sozialdemokratie in diesen Zeiten des erneuerten Kapitalismus viele Wahlerfolge. Doch hatte diese Politik eines „Dritten Wegs" mit der klassischen Sozialdemokratie als „Schutzmacht der kleinen Leute" so gut wie nichts mehr zu tun. Es wurde eine „neue Mitte" ausgerufen, die sich eines völlig neuen Vokabulars, geprägt von Begriffen wie „Beschäftigungsfähigkeit", „best practices" oder der „Stärke schwacher Bindungen" bediente. Die hergebrachte pastorale Sorge von der Wiege bis zum Sarg wurde im Zeichen eines neuen Wohlfahrtsstaats durch ein Regime der Selbstverantwortung und der Selbstsorge ersetzt. Die Sozialdemokratie stellte von einer hilflosen Politik *gegen* die Märkte auf eine Politik *für die Märkte* um, deren Kern es war, Hilfe zur Selbsthilfe anzubieten. Eine gute Gesellschaft sollte eine Gesellschaft starker Einzelner sein.

Die Schattenseite dieses sich absolut modern wähnenden Ideals war jedoch eine „Gesellschaft der Angst"[9], die dem Einzelnen seine Schwächen, seine Verlorenheit und seine transzendentale Obdachlosigkeit vor Augen führte. Die nun als „Neoliberalismus" verdammte Form des siegreichen Kapitalismus wurde von der Angst begleitet, etwas zu verpassen („fear of missing out"), den Ansprüchen an sich selbst nicht zu genügen („Versagensangst") und gar sich selbst bei der ewigen Suche nach dem eigenen Ich zu verfehlen („das erschöpfte Selbst").

## In der neoliberal formierten „Gesellschaft der Angst" werden dem Einzelnen seine Schwächen, seine Verlorenheit und seine transzendentale Obdachlosigkeit vor Augen geführt.

Die bildende Kunst spiegelte die depressive Seite einer „Risikogesellschaft" (Ulrich Beck) wider, welche die Individuen in Haftung nahm für ihre krummen Biografien, für die falsche Wahl ihrer Lebensabschnittspartner und die fatalen Entscheidungen an Punkten, wo es kein Zurück mehr gab. Die Fotografien von Wolfgang Tillmans, die Installationen von Anne Imhof oder die Romane von Michel Houellebecq zeigten eine Welt einsamer, aber auch erregter, atomisierter, gleichwohl eng vernetzter, wütender und teilweise verwirrter[10] Ich-Wesen. Dahinter tauchte die beängstigende Frage auf, was ist, wenn die viel beschworene „Selbstwirksamkeit" ausbleibt.

Für den Historiker Anton Jäger fand dieses letztlich individuelle Arrangement mit der Postpolitik ein jähes Ende in der größten Krise des Kapitalismus nach 1945. Das war im Jahr 2008, als nach dem Kollaps der amerikanischen Investmentbank Lehman Brothers das gesamte System des globalen Finanzmarktkapitalismus um ein Haar zusammengebrochen wäre. Nach dem ungeheuren Staatsversagen in Osteuropa und dem dann 20 Jahre währenden kapitalistischen Überglück erfolgte auf einmal ein ungeheures Marktversagen im Westen. Am Ende mussten Regierungen mit dem Einsatz von Steuergeld, also mit dem Vermögen der Bürgerinnen und Bürger, die Banken, die das übermäßige Vertrauen ihrer Anleger getäuscht hatten, vor der Pleite retten.

Dieser systemische Vertrauensbruch war deshalb so grundstürzend, weil er eine doppelte Ausweglosigkeit heraufbeschwor: Weder dem Staat noch dem Markt war zu trauen. Und dazwischen war nichts. Nicht mal ein „dritter Weg", bei dem entweder der Staat den Markt ermöglicht (die soziale Marktwirtschaft in Sinne der Freiburger Schule) oder der Markt den Staat braucht (etwa beim keynesianischen *Deficit Spending*, also der kurzfristigen über Kredite finanzierten Erhöhung der Staatsausgaben, um in einer Krise die Konsumnachfrage und damit den Wirtschaftsaufschwung anzukurbeln).

Das war die Geburtsstunde einer „Antipolitik" von rechts wie von links, die auf eine Politik jenseits der herrschenden „Systempolitik" zielte. Begründet wurde diese Politik gegen die Politik damit, dass einige der zu bewältigenden Probleme derart groß schienen, dass sie die parlamentarische Konkurrenzdemokratie und ihre Möglichkeiten überforderten. Für die politische Linke offenbarte sich diese Unfähigkeit der Regierenden beim Menschheitsthema des Klimawandelns und für die Rechte beim Volksthema Einwanderung und Grenzsicherung. Beide betonen die besondere Dringlichkeit ihres jeweiligen Anliegens und die existenzielle, unaufschiebbare Notwendigkeit, hier unverzüglich gegenzusteuern. Denn für die Linken steht das Überleben der gesamten Menschheit, für die Rechten das Überleben des deutschen Volkes auf dem Spiel.

Hier zeigt sich eine generelle Problematik von Politik, die unter einem demokratischen Rechtfertigungszwang steht. Ein System, das allein den internen Machtspielen der Politik und der Parteien unterworfen ist, kann nämlich solche systemischen Überlebensfragen nicht nur nicht lösen, sondern nicht einmal richtig erfassen, analysieren und behandeln. Die „Metapolitik", nach der in diesen Fällen dann immer sofort gerufen wird, verlangt jedoch einen anderen, einen viel größeren und grundlegenderen Verhandlungsort. Als dieser Ort wird die Gesellschaft selbst bezeichnet, die nach diesem Verständnis weit mehr als „nur" die Politik umfasst. Allerdings: Dieser Logik folgend, verteidigt ein solcher antipolitischer Impuls zwar die Gesellschaft, zerstört dabei aber die Politik.

## 20 Jahre Antipolitik von rechts wie von links haben polarisierte Resonanzräume geschaffen, zwischen denen ein Ausgleich oder ein Brückenschlag kaum noch möglich scheint.

Warum? Heute stehen wir nach 20 Jahren Antipolitik von rechts wie von links vor einem Scherbenhaufen. Die antipolitische Aufladung von Politik hat polarisierte Resonanzräume geschaffen, zwischen denen ein Ausgleich oder ein Brückenschlag kaum noch möglich scheint. Die gegensätzlichen Strömungen können auch nicht mehr einer bestimmten Partei zugeordnet werden, weil sie inzwischen tief in sowohl rechte als auch linke Volksparteien hineinwirken und einen Keil in die jeweilige Mitgliedschaft treiben. Konkret: In der Union von CDU und CSU gibt es durchaus Fraktionen, die für das Thema Ökologie und Geschlechteremanzipation empfänglich sind, so wie man in der SPD auf Leute stößt, die für eine strenge Begrenzung der Migration und gegen eine gendergerechte Sprache sind.

Das Problem für die Gesellschaften der OECD-Welt besteht darin, dass sowohl die ökoemanzipative als auch die nationalkapitalistische Vorstellungskraft aufgebraucht und an ihr Ende gekommen ist. Es findet ein Kampf zwischen Windmühlen statt. Weder in den USA noch in Frankreich noch in Deutschland gibt es für eine dieser Seiten eine politische Mehrheit. Jetzt mehren sich aus beiden Lagern Stimmen, die deutlich machen, dass die sich aus diesen zwei Perspektiven ergebenden Politik- und Lösungsansätze immer unhaltbarer werden.[11] Zwei Beispiele aus Deutschland: Die heftige gesellschaftliche Gegenwehr gegen das Heizungsgesetz der Ampelkoalition war der Beweis für die „Abgehobenheit" einer ökoemanzipativen Politik aus Berlin, die den Kontakt zu den Menschen im Land verloren hat und ihnen das Gefühl vermittelt, dass der Staat jetzt in ihrem Wohnzimmer steht. Das zweite Beispiel: Das Ergebnis der Wahlen zum Europäischen Parlament im Juni 2024 hat vor Augen geführt, dass das nationalkapitalistische Projekt mit seinem Ruf nach billigem Gas, schnittigen Verbrennerautos und einer Festung Europa im Osten der Bundesrepublik auf viel größere Zustimmung als im Westen trifft.

Was folgt aus diesem Dilemma, dass die von der Politik angebotenen Deutungen nicht mehr zu der von den Leuten erlebten Situation passen? Zum Glück macht sich ein „postapokalyptisches" Denken[12] bemerkbar. Dieses Denken geht davon aus, dass es mit Blick auf den Klimawandel fürs Verhindern bereits zu spät ist und es deshalb notwendig ist, eine schützende Infrastruktur für die wahrscheinlichen Fälle von Extremwetterereignissen, Wasserarmut und Ernährungsengpässen aufzubauen. Dazu kommt die Notwendigkeit, eine verantwortungsvolle Praxis in einem Land anderen Ländern schmackhaft zu machen. Konkret: „Grüner Stahl" aus Deutschland oder Europa hat ohne ein kluges System von Zöllen und Tarifen keine Chance auf dem Weltmarkt für Stahl, weil dieser in erster Linie von billigeren Angeboten aus China und – mit gewissem Abstand – aus Indien dominiert ist. Es wird daher in durchaus nüchternem Ton darauf hingewiesen, dass man als Antwort auf den immer stärkeren Protektionismus und die wachsende Einengung des internationalen Handels eine Außenwirtschaftspolitik braucht, die proaktiv tätig ist und von europäischen und nicht zuletzt von deutschen Interessen geleitet wird.

Daraus resultiert insgesamt die Einsicht, dass die bisherige Art, sich an ein nationales Publikum wie auch an eine globale Öffentlichkeit auf Klimakonferenzen, sozialen Foren oder G-20-Gipfeln zu wenden, allmählich überlebt hat, weil sie in der Sache nicht weiterführt. Schritt für Schritt tritt die Diplomatie innerhalb einer sich neu konstituierenden Staatenwelt an die Stelle der bisherigen von prinzipiellen Vorstellungen geleiteten Weltinnenpolitik. Nicht die Werte, sondern die Probleme verbinden uns heutzutage auf dem Globus.

Dieses neue Denken in Begriffen von Adaption, Protektion und Devolution stößt allerdings auf eine nach dem Epochenbruch von 1989 weltweit eingeübte Praxis einer Politik durch Recht. Recht ist zum Appellationsgrund einer Politik des Aufhaltens von Untergängen geworden, die dem aufs Ende der Welt vorauseilenden Denken unablässig vor Augen stehen. „Es geht alles immer so weiter, und niemand tut was dagegen" ist der Tenor einer solchen Haltung. Was immer auch getan wird, ist im Prinzip nie genug.

Wenn dann aus der Wirtschaft, aus der Politik oder aus der Gesellschaft darauf hingewiesen wird, dass grüner Wasserstoff für Lkws einen Schritt nach vorne darstellt; oder dass der öffentliche Wohnungsbau vom Neubau auf den Umbau von Altbauten umstellt und damit den ökologischen Fußabdruck nachhaltig verkleinert, was als ungeheurer Fortschritt zu werten ist; oder dass ein Fenster zur Zukunft geöffnet worden ist, als sich auf der letzten Weltklimakonferenz einige große Staaten des Globalen Südens zu einer aktiven Klimapolitik bekannt haben – wenn all das aufgeführt wird, dann lautet die Antwort aus der Gruppe der Nichtregierungsorganisationen, dass gemessen an rechtlich verbrieften Klimazielen dies alles bei weitem nicht genug sei. Die NGOs, die sich keiner Wahl stellen müssen und keine spezifische Großgruppe vertreten, sind zu Verwaltern einer Politik der Rechte geworden, die, wie der Philosoph Christoph Menke in seiner Rechtsphilosophie in Bezug auf Marx formuliert hat[13], eine strukturelle „Entmächtigung der Politik" durch das herrschende Paradigma der Rechte betreiben.

Allerdings würde das Gegenteil, also eine Ermächtigung der Politik durch eine Begrenzung der Verfassungsgerichtsbarkeit, auch eine gewisse Revision der auf das Bundesverfassungsgericht als letzter Instanz des Politischen ausgerichteten politischen Kultur in der Bundesrepublik beinhalten.

**In einer Zeit globaler Unruhe gilt es vor allem, Ruhe zu bewahren und den politischen Auseinandersetzungen ihren Raum zu geben, sowohl das Verständnis von allgemeinen Staatsaufgaben wie auch das von individuellen Rechten betreffend.**

Die Tendenz, wesentliche politische Fragen sofort als Verfassungsfragen zu formulieren, schränkt das politische Vorstellungsvermögen von vornherein erheblich ein und mindert die Reaktionsfähigkeit eines Systems, das von wesentlichen Kräften in der Gesellschaft gerade deshalb im Ganzen infrage gestellt wird. Die im Wortlaut des Grundgesetzes niedergeschriebenen Grundrechte zu stärken und das darauf sich beziehende System der einzelnen Rechte herunterzufahren oder zumindest nicht weiterzutreiben, erscheint als eine Forderung der Stunde. Es geht nicht darum, in einer Zeit globaler Unruhe Richtungsentscheidungen des Verfassungsgerichts zurückzunehmen, sondern Ruhe zu bewahren und den politischen Auseinandersetzungen ihren Raum zu geben. Das betrifft das Verständnis von allgemeinen Staatsaufgaben, die ordnungspolitisch neu durchdacht werden müssen, wie auch das Verständnis von individuellen Rechten, die nicht einfach auf Zuruf von Gruppen gleicher Gesinnung vermehrt werden sollten.

Voraussetzung dafür ist jedoch die Bereitschaft aus der Politik, das Heft in die Hand zu nehmen. Eine vor allem respondente, auf Stimmungsschwankungen im Publikum antwortende Politik ist dazu nicht in der Lage. Natürlich kann eine Politik, die sich in Wahlen verantworten muss, nicht mit dem Rücken zu den Menschen agieren. Aber bei allen notwendigen taktischen Manövern sollte eine strategische Linie erkennbar sein. Doch wer traut sich, in einer Welt beweglicher Ziele in nur eine Richtung zu gehen? Es braucht offenbar gleichzeitig eine langsame *und* eine schnelle Politik. Das Publikum will mit Recht jetzt und sofort eine Antwort der Regierenden, verlangt jedoch gleichzeitig Weitsicht, Umsicht und Rücksicht bei der Steuerung des Staatsschiffs auf hoher See.

## Es geht darum, Szenarien zu entwickeln über Deutschlands Rolle als Gesellschaft und Nation in Europa wie auch über Europas Rolle als Staatenbund und Wirtschaftsgemeinschaft in der Welt.

Die Abteilungen für die schnelle Politik sind in der Regel gut besetzt und haben alle Hände voll zu tun, missverständliche Äußerungen richtigzustellen, empörte Stimmen zu beruhigen und überzeugende Auftritte zu inszenieren. Symbolische Politik gehört einfach zum politischen Geschäft. Die langsame Politik wird freilich nicht im Bundeskanzleramt erdacht und kann auch nicht bei Beiräten bestellt werden. In der gegenwärtigen Situation des Landes wäre darum eine gezielte Beratschlagung zwischen Wissenschaft, Wirtschaft und Politik vonnöten.

Dabei darf sich die Wissenschaft nicht auf das Ideal des unproblematischen Wissens, die Wirtschaft nicht auf das Prinzip der kalkulierbaren Rendite und die Politik nicht auf den Aspekt der durchsetzbaren Maßnahmen zurückziehen. Man wird so miteinander reden müssen, dass alle Gesprächspartner die infrage stehende Sache besser durch die Brille der jeweils anderen verstehen. Das Ziel ist die Erarbeitung eines Designs von Szenarien über die Rolle von Deutschland als Gesellschaft und Nation in Europa und von Europa als Staatenbund und Wirtschaftsgemeinschaft in der Welt. Die Vorstellungen langsamer Politik beruhen auf einem schwierigen Denken, das in einfachen Worten mündet.

Wir haben uns auf dem deutschen Entwicklungspfad daran gewöhnt, das Ausmaß einer integrierten Wirtschafts- und Sozialpolitik Schritt für Schritt zu erweitern, statt an bestimmten Punkten eine Fokussierung des Ganzen vorzunehmen. Die Klimapolitik, die Sicherheitspolitik, die Ernährungspolitik, die Wirtschaftspolitik und die Sozialpolitik stehen nicht einfach als Säulen nebeneinander, sie müssen in einer Zeit auseinanderstrebender Kräfte neu und anders aufeinander abgestimmt werden. Was heute „sozial", was „ökologisch", was „sicher", was „wirtschaftlich" und was „gesund" heißt, ist alles andere als klar. Die langsame Politik einer entstehenden Gegenwart sollte sich darum besser mit solchen Begriffen und ihren Zusammenhängen als mit gesellschaftlichen Narrativen und deren Erzählbarkeit befassen. Wir brauchen heute in Deutschland keine neue Erzählung, die sich an den Einschnitten von 1945, 1968 oder 1989 orientiert, sondern ein anderes Denken.

## Wir brauchen heute in Deutschland keine neue Erzählung, die sich an den Einschnitten von 1945, 1968 oder 1989 orientiert, sondern ein anderes Denken.

Diese Aufgabe stellt sich noch dringlicher, wenn man sich vor Augen führt, dass Ost und West in der Bundesrepublik auf lange Sicht unterschiedlich ticken werden. Die am Ende der 2010er-Jahre in verschiedenen Romanen und Essays akzentuierte Erfahrung, ostdeutsch zu sein[14], hat bei bestimmten ostdeutschen Deutungssendern einem Differenzbewusstsein ohne Nachholungsbereitschaft Ausdruck verliehen. 1989 war demnach keine, wie Jürgen Habermas es seinerzeit formulierte, „nachholende"[15], sondern eine „befreiende Revolution". Man beharrt auf der Differenz zwischen Ost und West und weist das behauptete Defizit als koloniale Zumutung zurück.

Was heißt das? Die Westdeutschen müssen verstehen, dass Ostdeutschland nicht als Restgestalt der DDR zu verstehen ist, sondern selbst eine identitätsstiftende Konstruktion darstellt, in der sich von Generation zu Generation weitergeleitete Sozialisationserfahrungen aus der DDR mit den Enttäuschungserfahrungen aus der Wendezeit mischen. In gewisser Weise ist Ostdeutschland ein auf wechselseitiger Beobachtung beruhendes Gegenbild zu Westdeutschland. Etwas komplizierter formuliert: Bei den innerdeutschen Identitätsverhandlungen trifft das Westdeutschland-Bild der Ostdeutschen auf das Ostdeutschland-Bild der Westdeutschen, wobei mittlerweile Ost-Ostler und West-Ostler in Ostdeutschland und West-Westler und Ost-Westler in Westdeutschland beheimatet und vielfach in Ost-und-West- und in West-und-Ost-Beziehungen verbunden sind.

Trotzdem wächst nicht zusammen, was zusammengehört. Im Gegenteil: Die Abstandsnahme wird in der Generationenfolge eher größer als kleiner. Je weiter wir uns von 1989 wegbewegen, umso deutlicher werden die Unterschiede in den Lebensweisen und Gesellschaftsauffassungen in Ost und West. Der ländliche Raum im Osten ist von landwirtschaftlichen Großbetrieben und schrumpfenden Ortschaften geprägt; im Westen herrschen auf dem Land nach wie vor die familiengetragene Landwirtschaft und die dörfliche Alteingesessenheit. Hier die Gutsherrenwirtschaft, dort der bäuerliche Familienbetrieb als Strukturen langer Dauer.

## Durch die Desozialisation der DDR-Arbeitswelt ist ein einsames Volk entstanden, dem jede Form seiner Gesellschaft und jede Idee seines Zusammenlebens genommen worden war.

Drastischer noch werden die Differenzen im Blick auf die industrielle Sozialverfassung. Die DDR war eine Industriegesellschaft mit dem Betrieb als Vergesellschaftungskern. Das gesamte Sozialleben vom Kindergarten bis zum Ferienheim drehte sich um den volkseigenen Betrieb mit einer relativ egalitären Sozialstruktur. Die von der Treuhand aus rein volkswirtschaftlichen Erwägungen diktierte Entbetrieblichung hat die Industriegesellschaft Ost ihres Vergesellschaftungskerns beraubt. Dies erklärt die bis heute anhaltende identitätsstiftende Wut auf den Vollzug der Vereinigung als Beitritt. Die männliche und weibliche Facharbeiterschaft der DDR, ausgestattet mit hoher Kompetenz und starker Erwerbsmotivation, erlitt eine Individualisierung ihres Arbeitsvermögens dank der Desozialisation ihrer Arbeitswelt. Man war nicht mehr Teil einer volkseigenen Wirtschaftskraft, sondern nur noch privater Anbieter einer Arbeitskraft auf Arbeitsmärkten, die sich angeblich ganz anonym nach Angebot und Nachfrage regeln. In gewisser Weise ist so ein einsames Volk entstanden, dem jede Form seiner Gesellschaft und jede Idee seines Zusammenlebens genommen worden war. Die Arbeitsbürgerinnen der DDR waren mit einem Mal dazu verurteilt, sich auf der Suche nach Beschäftigung auf kapitalistischen Arbeitsmärkten als bloße Individuen anzupreisen. Aus dieser Erfahrung ist eine prinzipielle Systemaversion bei plastischer Systemadaption entstanden.

Unterstützt wird diese Haltung eines skeptischen Abwartens mit verschränkten Armen durch ein soziokulturelles Unterschiedsbewusstsein mit erhobenem Haupt. Man ist stolz auf die feinen Unterschiede in Gemeinschaftsleben und Geschmack. In der DDR gab es zwar keine Pizza und keine Psychoanalyse, dafür aber knusprige Broiler und eine freizügige FKK-Kultur. So präsentiert sich und schmückt sich das teilgesellschaftliche Bewusstsein der Andersartigkeit, das auch nach politischem Ausdruck verlangt. Die westdeutsche Legitimation durch Verfahren wird mit dem ostdeutschen Bezug auf den Volkswillen konfrontiert.[16] Man will sich in Ostdeutschland eben nicht länger in Verhandlungen über den Tisch ziehen lassen, sondern beharrt auf der Fühlbarkeit einer demokratischen Beteiligung.

Was damit gemeint ist, bleibt erkennbar offen. Parteien gelten im Osten dabei nicht als Intermediäre mit Milieuhintergrund und Lerngeschichte, deren Ziel es ist, die politische Willensbildung voranzubringen, sondern als Beute in der Hand dubioser Eliten. Dem Korporatismus eines rheinischen Kapitalismus misstrauen die Ostdeutschen so sehr, dass sie im Zweifelsfall den robusten Unternehmerkapitalismus im Stil eines Elon Musk vorziehen. Kurzum, die deutsche Einheit ist auf lange Sicht nur als Einheit in der Differenz denkbar.

Mit dem inzwischen in beiden Teilen des Landes verbreiteten Empfinden einer Unvollendbarkeit der Einheit ist die Frage nach dem

Verständnis Deutschlands als Einwanderungsgesellschaft verbunden. Bis auf die AfD stimmen alle im jetzigen Bundestag vertretenen Parteien mit dieser Selbstbezeichnung überein. Aber die Debatte über die Konsequenzen dieses Selbstverständnisses wird mit Scheuklappen geführt, ist sie doch auf beiden Seiten des politischen Spektrums weitgehend durch Argumente über die sozioökonomische Notwendigkeit und die soziokulturellen Grenzen von Zuwanderung versperrt.

## Mit dem in beiden Teilen des Landes verbreiteten Empfinden einer Unvollendbarkeit der Einheit ist die Frage nach dem Verständnis Deutschlands als Einwanderungsgesellschaft verbunden.

Dabei hält der Prozess von Zuwanderung an und ist von Verhandlungen über die soziale Zeit zwischen Einwandernden, Eingewanderten und Alteingesessenen begleitet. Es geht um die Feststellung, wer zuerst da war, wer später dazugekommen ist und wer sich zuletzt eingefunden hat. Daraus ergibt sich eine „Hierarchie des Hierseins"[17] im Laufe des Einwanderungsprozesses, aus der sich Sprech- und Definitionsrechte der angesiedelten Etablierten über die dazukommenden Außenseiter ergeben. Wer zuerst da war, kann das Recht beanspruchen, den später Gekommenen die Regeln vorzuhalten, die man beherzigen muss, wenn man hierbleiben und vorankommen will.

Diese Definitionshoheit, die sich aus der sozialen Zeit, der Dauer des Daseins, ergibt, rahmt und prägt das Zugehörigkeitsgefühl in einer Einwanderungsgesellschaft. Die Etablierten konstituieren sich als Gruppen ohne und mit Zuwanderungsgeschichte genauso wie die Außenseiter als Gruppen konkurrierender „Abstammungsgemeinschaften"[18]. Das geht nicht ohne Konflikte ab, weil mit der Generationenfolge der jeweiligen Einwanderungsgruppe das Gefühl eines Anrechts auf Mit- und Fürsprache wächst. Ein Buchtitel wie *Eure Hei-*

*mat ist unser Alptraum* ruft natürlich den Streit über den Ton, solche Anrechte zur Geltung zur bringen, hervor. Die Bundesrepublik steht als Einwanderungsgesellschaft mitten in solchen Auseinandersetzungen, und es ist nicht zu erwarten, dass daraus so schnell eine „Integration durch Konflikt" erfolgt.[19]

In der Bundesrepublik ist Einwanderung in der langen Nachkriegszeit in erster Linie als Einwanderung in die Arbeitsmärkte verstanden worden. In Frankreich definierte das Staatsbürgerschaftsrecht das erste Zugehörigkeitskriterium und in Großbritannien der Großraum des Commonwealth. Arbeitsmarkttauglichkeit und Arbeitsmarktbewährung bestimmten den Zugehörigkeitsstatus. Die „deutsche Wertarbeit" entschied nicht nur über die Höhe der Entlohnung, sondern auch über die Höhe der gesellschaftlichen Wertschätzung – und zwar unabhängig von Herkunft, Glaube und Weltanschauung. Es ist nicht zu verhehlen, dass daran immer auch ein bestimmtes Schema sozialer Klassenzurechnung hing, aber es lag darin auch ein Versprechen für sozialen Aufstieg und gesellschaftliche Teilhabe, das von Gewerkschaften unterstützt und von politischen Parteien mit einer Geschichte aus der Arbeiterbewegung gefördert wurde.

Daran gemessen bringt ein politisches Migrationsregime, das sich allein auf die Grundlage des Rechts stützt, ein Anerkennungsproblem für die Zuwandernden mit sich. Denn wie kann ich mich bewähren, woran misst sich meine Leistungsfähigkeit in den Augen der Etablierten, wenn mir die legalen Arbeitsmärkte verschlossen bleiben? Das deutsche Migrationsregime hat unter der Hand, also im Großen und Ganzen unbemerkt, von einer Berechtigung durch Arbeit auf eine Berechtigung durch staatliche Versorgung umgeschaltet. Das erfolgte Schritt für Schritt und hatte nachvollziehbare Gründe. Aber jetzt ist der Punkt für eine Revision des Denkens über Zuwanderung und Zugehörigkeit erreicht.

Aber eine politisch effektive Wende im Denken des Zukünftigen ist nicht allein durch den Rückblick auf vergangene Zukünfte zu erreichen. Man braucht eine Idee von glaubhaften Anstrengungen und belastbaren Kompetenzen, die Gesellschaften unserer Art weiter vorantreiben und in eine Position vor ihre Zukunft bringen. Im Wettlauf um die digitalen Technologien ist gegen die Datengiganten aus den USA und aus China nichts mehr auszurichten. Das Netz als eine Ansammlung von lernenden Suchmaschinen, wechselnden sozialen Medien und sich erweiternden digitalen Kaufhäusern ist aus europäischer und aus deutscher Sicht vergeben. Bei der Entwicklung künstlicher Intelligenz für ein industrielles Netz der Dinge sieht die Sache schon anders aus. Hier ist eine neue und andere Ingenieurskunst für die intelligenten Maschinen und Fabriken des 21. Jahrhunderts gefragt, bei denen Maschinen mit Maschinen kooperieren und Fabriken sich mit Fabriken austauschen. Dazu braucht es Sensoren, Hydraulikelemente und Motorenreihen, die die Produktion von Dingen nach Maß und Form ermöglichen.

**Eine politisch effektive Wende im Denken des Zukünftigen braucht eine Idee von glaubhaften Anstrengungen und belastbaren Kompetenzen, die unsere Gesellschaft vorantreiben und in eine Position vor ihre Zukunft bringen.**

Diese Technologie stammt aus einer Kultur des Maschinenbaus und bedarf einer Kultur der Wartung und Reparatur. Hier liegen die komparativen Vorteile des deutschen Produktionssystems. Die Deutschen verkaufen nicht nur Maschinen, sondern eine ganze Infrastruktur mit Zulieferung, Instandhaltung, Lagerung und Transport. Das wissen die Kunden und zahlen dafür auch höhere Preise.

Die Bedienung dieser intelligenten Maschinen verlangt freilich ein „implizites Wissen" (Michael Polanyi), das gelehrt und gelernt werden muss. Die Maschinen laufen auch im „Second Machine Age" (Andrew McAfee und Erik Brynjolfssen) nicht von selbst. Im Grunde wird mit der Maschine aus Deutschland das Design für eine ganze Fabrik geliefert. Damit ist ein Kulturfaktor eigener Art verbunden.

Eine Fabrik mit intelligenten Maschinen läuft dann auf vollen Touren, wenn auch für die Pflege einer entsprechenden Facharbeit gesorgt ist. Deshalb kommt bei ausländischen Partnern und Kunden beim Markenzeichen „Made in Germany" die Rede schnell auf duale Bildung, Fachhochschulen, gewerkschaftliche Organisation. Auch wenn man sich damit nicht anfreunden will, wird man auf eine Lücke zwischen Mensch und Maschine gestoßen, die als Moment der Unruhe mit dem Kauf der Maschine eingeschleust wird. Daraus kann man keine Einmischung auf dem Schleichweg in die inneren Angelegenheiten des Käufers machen, aber diese Lücke zeigt, dass eine App für eine Fabrik verständige Menschen verlangt, die damit umgehen können und in der Lage sind, Friktionen im Betriebsablauf zu beheben und Anschlüsse zwischen Abteilungen herzustellen.

Damit ist die entscheidende Quelle benannt, die die deutsche Gesellschaft weiterhin braucht, um zukunftsfähig zu bleiben: das Individuum, das als Tüftlerin eine Lösung findet, als Gesprächspartnerin den wunden Punkt einer Sache zur Sprache bringt und als Diplomatin einen Dreh findet, wie man trotz gravierender Differenzen im Weltbild miteinander klarkommt. Dieses Individuum ist keine feste Größe, sondern ein Rätsel – für sich wie für andere.[20] Es hat eine Stimme, kann sich einfach umdrehen und seiner Wege gehen, aber im Zweifelsfall kann es auch loyal sein:[21] für eine gemeinsame Anstrengung im allgemeinen Interesse.

# Anmerkungen

1 „Ich bin ein überzeugter Nationalist". Indiens Außenminister über das neue Selbstverständnis seines Landes – und den Kontrollverlust des Westens, Die Zeit, 22.02.2024, S. 8.

2 Ulrich Menzel, Die Ordnung der Welt, Berlin 2015; Herfried Münkler, Welt in Aufruhr. Die Ordnung der Mächte im 21. Jahrhundert, Berlin 2023; Martin Schulze Wessel, Die Fluch des Imperiums. Die Ukraine, Polen und der Irrweg in der russischen Geschichte, München 2023.

3 Steffen Mau, Thomas Lux, Linus Westheuser, Triggerpunkte. Konsens und Konflikt in der Gegenwartsgesellschaft, Berlin 2023.

4 Anton Jäger, Hyperpolitik. Extreme Politisierung ohne politische Folgen, Berlin 2023.

5 Aaron Sahr, Das Versprechen des Geldes. Eine Praxistheorie des Kredits, Hamburg 2017.

6 Jens Beckert, Imaginierte Zukunft. Fiktionale Erwartungen und die Dynamik des Kapitalismus, Berlin 2018.

7 Colin Crouch, Postdemokratie, Berlin 2008.

8 Mark Fischer, Capitalistic Realism, Winchester 2009.

9 Heinz Bude, Gesellschaft der Angst, Hamburg 2014.

10 Jäger, Hyperpolitik, S. 21.

11 Siehe jetzt Ingolfur Blühdorn, Unhaltbarkeit. Auf dem Weg in eine andere Moderne, Berlin 2024.

12 Bruno Latour, Kampf um Gaia. Acht Vorträge über das neue Klimaregime, Berlin 2017; Joost de Moor, Postapocalyptic Narratives in Climate Activism: Their Place and Impact in Five European Cities, Environmental Politics 31, 2022, S. 927–948; Philipp Staab, Anpassung. Leitmotiv der nächsten Gesellschaft, Berlin 2022.

13 Christoph Menke, Kritik der Rechte, Berlin 2015.

14 Etwa Jana Hensel, Wolfgang Engler, Wer wir sind. Die Erfahrung, ostdeutsch zu sein, Berlin 2018.

15 Jürgen Habermas, Die nachholende Revolution, Frankfurt am Main 1990.

16 Siehe Christina Morina, Tausend Aufbrüche. Die Deutschen und ihre Demokratie seit den 1980er Jahren, München 2023.

17 Norbert Elias, John L. Scotson, Etablierte und Außenseiter, Frankfurt am Main 1990 (englisch zuerst 1965).

18 Ein Begriff von Max Weber, Wirtschaft und Gesellschaft, 5. Aufl., Tübingen 1980, S. 236.

19 Aladin El-Mafaalani, Das Integrationsparadox. Warum gelungene Integration zu mehr Konflikten führt, Köln 2020.

20 Dieter Henrich, Grundlegung aus dem Ich, Frankfurt am Main 2004.

21 Albert O. Hirschman, Abwanderung und Widerspruch, Tübingen 1974.

# The Famous German Easyness –

## Warum wir eine neue Lockerheit in der Debatte um deutsche Kultur und Identität brauchen

*Von Marlene Knobloch*

Es war ein grauer, aber warmer Februartag in Los Angeles, als ich plötzlich verstand, was die amerikanische der deutschen Lebensart für immer voraushaben wird. Ich brauchte Milch oder eine Zahnbürste. 7-Eleven ist eine sogenannte Convenience-Store-Kette, also ein Ort zwischen Supermarkt und Krämerladen mit warm gehaltenen Pizzaschnitten und überzuckerten Schokomuffins, gegenüber meinem Hotel lag eine Filiale. Ich überquerte an diesem Nachmittag die breite, hässliche Yucca Street und lief über den breiten, hässlichen Parkplatz. Aber als ich den kleinen, unscheinbaren Laden betrat, war es, als veränderte sich schlagartig die Raumfarbe. Das Licht schien wärmer, die Gesichter der Kunden und Kassierer wirkten fröhlicher, ich entspannte mich.

Es war die Musik, die den Unterschied machte. Im Laden lief laut Musik, klang nach Siebzigerjahre-Funk. Jedenfalls nach lockerer Hüfte, nach tänzelnden Schritten vor dem Kühlfach. Diese Kombination aus Regalen voll mit Süßwaren und dem schönen, schrillen Gesang war mir als Deutsche ein völlig neues Erlebnis. Ich ging zur Kasse, bezahlte die Zahnbürste und die Milchtüte und wunderte mich, wie dank dieser Funkmusik alles ganz leicht werden kann.

Ab diesem Moment fiel mir in Los Angeles immer wieder auf, dass in Supermärkten, Drogerieläden, Bars und Restaurants Musik lief, die ich in Deutschland allenfalls in sehr ausgewählten Szenelokalen hören würde: Soul, Sechzigerjahre-Blues, Jazz, Cloud Rap, härtere Rockmusik, abseitigere Popmusik, Country – und eben Funk. Funk war kein ausgefallenes Genre, sondern gehörte wie eine Selbstverständlichkeit in die Stadt, in den Raum, in den amerikanischen Alltag. Er war Teil der Kultur, stammte von hier, man horte ihn schon seit Jahrzehnten auf diesem Kontinent. Funk war Teil der amerikanischen Identität.

Als ich, zurück in Deutschland, mit dem Einkaufskorb an den Supermarktregalen entlanglief, spürte ich nicht nur das Fehlen dieser Selbstverständlichkeit, sondern das Fehlen einer Selbstverständlichkeit von Popkultur überhaupt und einer Identifikation mit ihr. Und genau hier, nicht bei der klassischen Musik, sondern bei der Popkultur, bei der beiläufigen Berührung mit Kultur, muss ich beginnen, wenn ich über uns Deutsche und unser Verhältnis zur eigenen Kultur und Sprache, über deutsche Identität nachdenken will.

Denn wie begegnet Popkultur uns hierzulande eigentlich im Alltag? Läuft man wie ich zum Beispiel in München durch Bäckereien, Supermärkte, Cafés, hört man entweder das hauseigene Supermarktradio (Hähnchenschenkel für 3,99 Euro und im Anschluss Harry Styles) oder eine der Popwellen wie Bayern 3 oder Antenne Bayern. Man hört den sogenannten „Mainstream". Wobei sich dieser Mainstream auch als Musik definieren lässt, die möglichst wenig Irritation, Störgefühl oder überhaupt irgendein Gefühl auslöst.

Um kein Missverständnis auszulösen, manches in diesem Mainstream, einige der Chart-Rotationen sind erstklassige Popsongs. Und natürlich verbinden einzelne Menschen etwas mit bestimmten Popsongs, persönliche Erlebnisse, Lieblingskünstler, musikalisches Hochgefühl. Aber diese Popsongs – und hier unterscheidet sich Deutschland von einigen europäischen Nachbarn wie Italien oder Frankreich – sind sehr, sehr selten deutschsprachig.

## Warum taucht deutschsprachige Musik kaum im Mainstream auf, warum wird Schlager beiseitekategorisiert?

In Frankreich gibt es seit 1994 ein Gesetz, das Radiosender zu einer bestimmten Quote an europäischen wie französischen Interpreten verpflichtet. In Deutschland hingegen ist – zumindest heute – die niedrigschwellige Berührung mit Kultur, und in diesem Sinne meine ich vor allem die alltägliche und eher beiläufig wahrgenommene Radiomusik, selten ein Produkt des eigenen Landes. Die Airplay-Charts werden jedes Jahr vom Verband der deutschen Musikindustrie erhoben über das Unternehmen MusicTrace. Das wiederum zählt, wie oft Songs von den Sendern gespielt werden. In den deutschen Airplay-Charts 2022 fand sich kein einziger deutscher Song, 2023 waren es unter den Top 100 gerade mal vier.[1] Natürlich sieht es bei den sogenannten „Konservativ-Airplay-Charts" anders aus, die ausschließlich Sender erfassen, die als konservativ gelabelt werden und in denen hauptsächlich deutsche Schlager gespielt werden. (Wobei der Schlager nie ein klassisch konservatives Genre war, sondern auch immer Stars mit Migrationsgeschichte von Karel Gott über Costa Cordalis bis Daliah Lavi hervorbrachte.)

Warum taucht deutschsprachige Musik kaum im Mainstream auf, warum wird Schlager beiseitekategorisiert? Warum haben es gute deutschsprachige Indie-, Rock-, Soul-, Funkkünstler schwerer im deutschen Mainstream als etwa in Frankreich, wo zur Eröffnung der Filmfestspiele in Cannes die junge Sängerin Zaho de Sagazan alle Anwesenden verzauberte? Wer könnte so einen Auftritt auf der Berlinale hinlegen?

Matthias Weber vom Sender Hit Radio FFH versuchte 2023 in einem Interview mit dem Insidermagazin Radioszene, den Abwärtstrend bei deutschsprachiger Musik im Radio so zu erklären: „Musik mit deutschen Texten zieht mehr Aufmerksamkeit auf sich als englisch- oder anderssprachige Musik, da man schwer ‚weghören‘ kann."[2] Was dieser Satz auch bedeutet: Die Deutschen würden offenbar lieber „weghören", statt sich mit der Musik und ihren Texten tatsächlich auseinanderzusetzen. Als wollte man die Berührung mit der eigenen Kultur am liebsten vermeiden. Doch dass manche Texte banal, vielleicht auch leicht peinlich sind, kann dafür nicht der alleinige Beweggrund sein. Denn englischsprachige Songs, denen wir pausenlos zuhören, sind meist nicht gehaltvoller.

## Wenn sich bereits in der Frage der Songauswahl fürs Radio die Ohren politisch versteifen – wie sieht es dann mit dem Selbstverständnis einer deutschen Kultur aus?

Wie stark das Fehlen deutschsprachiger Radiomusik politisch aufgeladen ist, zeigte die drastische Kritik des Vereins Deutsche Sprache: „Wir fordern die Verantwortlichen auf", so lautete es in einem wütenden Schreiben, „unsere Sprache und Kultur nicht mehr zu diskriminieren und die kulturelle Unterversorgung endlich zu beenden."[3] Diskriminierung der eigenen Sprache und Kultur? Kulturelle Unterversorgung? Wenn es in Deutschland nicht mal im beiläufigen, alltäglichen Konsum gelingt, ein lockeres Verhältnis zur eigenen Musik und Sprache zu finden – wie soll und kann es dann gesamtgesellschaftlich funktionieren, eine sogenannte „nationale Kulturidentität" oder gar eine „Leitkultur" zu finden? Wenn sich bereits in der Frage der

Songauswahl fürs Radio die Ohren versteifen und politische Spannungen abzeichnen – wie sieht es dann mit dem Selbstverständnis einer eigenen deutschen Kultur aus? Oder spielt diese am Ende keine Rolle mehr für die Deutschen?

## Die hochempfindliche Beziehung Deutschlands zu seiner Sprache

Dass der Verein Deutsche Sprache derart auf den Tisch haut, ist wenig überraschend: Diskussionen über die Sprache in Deutschland sind immer hochemotional. Der Streit über fast jede Rechtschreibreform wurde bis aufs Messer geführt, die Debatte über das Gendersternchen spaltet die Republik.

Das liegt zum einen daran, dass Sprache uns ganz automatisch berührt, weil sie mit uns und dem Selbst jeder und jedes Einzelnen verknüpft ist. Auch wenn ich behaupten würde, die deutsche Sprache sei mir gleichgültig, definierte sie immer noch einen Teil meiner Persönlichkeit. Ich kann sagen, die eigene Sprache sei mir egal, sie wird mir aber nie völlig egal sein können. Das heißt: Die Frage, wie wir Deutschen mit unserer eigenen Sprache und damit auch mit unserer Kultur umgehen, ob wir uns zum Beispiel deutschen Popsongs verwehren, ist alles andere als trivial.

Wie kompliziert und schwierig es ist, zu definieren, was deutsch ist, zeigt auch dieser Streit: 2017 legte die damalige Integrationsbeauftragte des Bundes, Aydan Özoguz, sämtliche emotionalen Leitungen frei, als sie sagte, eine „spezifisch deutsche Kultur" sei „jenseits der Sprache schlicht nicht identifizierbar". Die wenig überraschende Reaktion von rechts außen – namentlich vom AfD-Bundestagsabgeordneten Alexander Gauland, der die türkischstämmige Deutsche „in Anatolien zu entsorgen" empfahl – fiel empört bis menschenverachtend aus. Und wie immer im vergangenen Jahrzehnt verzerrte diese rechtsradikale Reaktion eine wichtige Debatte: die über die eigene kulturelle Identität. Eine Debatte, die man mit ruhigem Puls und ohne Verletztheit führen müsste.

## Die so wichtige Debatte über die eigene kulturelle Identität müsste dringend geführt werden – und zwar mit ruhigem Puls und ohne Verletztheit.

Stattdessen wird wild um sich geschlagen. Was wir aktuell hören, im Wahlkampf, in Reden, in Äußerungen der AfD sowie in den Reaktionen darauf, ist Lärm, aus dem nur noch die schärfsten Töne durchdringen. Die Debatte wurde zu einer Schwarz-Weiß-Frage oder im Fall der AfD zu einer Schwarz-Rot-Gold-Frage. Die AfD fantasiert ihre eigene Idee einer deutschen Kulturnation und davon, was deutsche Kultur bedeuten soll. Ohne den Inhalt genauer zu bestimmen, forderte die rechtsextreme Partei 2023 zum Beispiel den Bundestag in einem Antrag auf, die „deutsche Identität (zu) verteidigen", und bezichtigte die regierende Ampelkoalition, die kulturelle Identität „auf eine Schuld- und Schamkultur" zu reduzieren.[4]

Mit welchen Pappmaché-Argumenten die Rechtspopulisten hier arbeiten, offenbarte der AfD-Vorsitzende Tino Chrupalla. In einem Interview mit einem Kinderreporter des ZDF sagte er in holprigem Deutsch: „Wir möchten, dass wieder mehr deutsche Volkslieder gelernt werden, dass deutsche Gedichte gelernt werden. Dass wir auf [sic] unsere deutschen Dichter und Denker wieder mehr in den Schulen würdigen." Woraufhin der Kinderreporter antwortete: „Ich finde, wir müssen schon relativ viele Gedichte auswendig lernen. Was ist denn Ihr Lieblingsgedicht eigentlich?" Weil Chrupalla schwieg, ergänzte der Bub noch: „Deutsches Lieblingsgedicht." Chrupalla stammelte, da müsse er jetzt mal überlegen, „fällt mir jetzt gar keins ein".[5]

Ein rechtsextremer Politiker, der das sogenannte deutsche Kulturgut beschwört, scheitert an der Frage nach einem deutschen Gedicht? Was lernt man eigentlich bei der Jungen Alternative?

Wogegen sich die AfD in ihrem Programm gezielt abgrenzt, was aber die grüne Kulturstaatsministerin Claudia Roth mit ihrem Kulturprogramm gezielt fördern will, ist eine pluralistische, diverse und migrantisch geprägte Gesellschaft. Gegensätzlicher könnten die Ideen der deutschen Gesellschaft und Identität nicht sein.

Zu ihrem Amtsantritt kündigte Roth an, sie wolle Diversität und die „Dekolonialisierung des Denkens" in Museen unterstützen. Politisch geht es dabei auch um die Frage, für welche Zwecke man die 2,3 Milliarden Euro des Haushalts der Beauftragten der Bundesregierung für Kultur und Medien ausgibt. Vorrangig für diverse Künstlerinnen und Künstler? Für Ausstellungen über die deutsche Kolonialzeit? Für Erinnerungsstätten an deutsche Gräuel? Das wäre nicht nur in den Augen der AfD eine Verschleuderung von Steuergeld, auch etliche Konservative und Liberale hadern mit diesen Zielen.

## Dieses Gezerre um das deutsche Kulturverständnis gilt in erster Linie dem unterschiedlichen Verständnis von Deutschland als Land und Nation.

Dieses Gezerre um das deutsche Kulturverständnis gilt natürlich in erster Linie dem unterschiedlichen Verständnis von Deutschland als Land und Nation. Zum einen ist da die Verteidigung vermeintlichen nationalen Kulturguts gegen das vermeintliche Verwaschen durch fremde Einflüsse. Auf der anderen Seite sind da die Lust und das Fördern einer anderen Nationalidee, die von Deutschland als einem Einwanderungsland, als einem migrantisch geprägten, diversen, offenen Land handelt. Und bevor man in die Wertung springt, bevor man die Worte „Angst", „Schaden" oder „Chance" verwendet, darf man nüchtern festhalten, dass Deutschland in den vergangenen Jahrzehnten längst zu einem Einwanderungsland geworden ist.

Nach Ergebnissen des Mikrozensus 2023 haben fast 30 Prozent der Gesamtbevölkerung einen Migrationshintergrund und waren fast zwei Drittel von ihnen, nämlich über 16 Millionen Menschen, Migranten der ersten Generation. Es ist nicht zu leugnen, dass dieser Fakt die Debatte anheizt. Genau wegen dieser Zahlen agitiert AfD-Mann Chrupalla mit deutschen Gedichten und deutschem Liedgut als Verweis auf eine Art geschützte kollektive Vergangenheit. Denn die Sprache steht im Zentrum jedes Selbst- wie Fremdgefühls und wird als Instrument der Ab- und Ausgrenzung genutzt.

Als Deutschland als Nationalstaat noch nicht existierte, sein Gebiet ein loser Bund kleinerer Staaten war, spielte die Sprache für die Idee eines gemeinsamen Raums eine wichtige Rolle. Sie war ein wichtiges Identifikationsmittel. Die Brüder Grimm legten im Jahr 1812 Band eins der ersten Ausgabe der Kinder- und Hausmärchen vor. Ihr vielleicht größeres Projekt: ein deutsches Wörterbuch herauszubringen. Zusammen mit Dutzenden Mitwirkenden sammelten die Brüder Wörter und ihre Belege, um – im 19. Jahrhundert! – einen einheitlichen Überblick beziehungsweise den gesamten deutschen Wortschatz zu erfassen. Jacob Grimm, der die gemeinsam begonnenen Arbeiten nach Wilhelms Tod fortsetzte, starb während seiner Bearbeitung des Wortes „Frucht" 1863.

In Italien, zum Vergleich, war man Jahrhunderte schneller. Nicht nur, dass die Schriftsteller Dante Alighieri, Giovanni Boccaccio und Francesco Petrarca die italienische Schriftsprache mit ihren Werken prägten. Die bedeutendste italienische Grammatik der Renaissance erschien bereits 1525 in Venedig. In Deutschland hingegen waren trotz erster Handbücher zur deutschen Sprache im 16. Jahrhundert amtliche Vorgänge, Schriftwechsel, Dokumente zu jener Zeit zumeist auf Latein verfasst.

Jacob Grimm ging in seiner sprachwissenschaftlichen Arbeit den Wurzeln der deutschen Sprache nach, erforschte die Unterschiede zu anderen Sprachen und die Eigenheiten der Dialekte, sprach in diesem Zusammenhang in einem Brief an den Schriftsteller Achim von Arnim von der „innere(n) Einigkeit der Gegensätze". Aus seiner Sicht hängt die „deutsche sprache … in einer kette, die sie mit den meisten europäischen verbindet, dann aber zurück nach Asien leitet und geradewegs bis auf das sanskrit, das zend und das persische reicht, hieraus geht eine fülle von erscheinungen und Verhältnissen hervor, die sich bald einigen lassen, bald als eigenheiten einzelner sprachen voneinander gehalten werden müssen."[6]

Deutschland, ein über lange Zeit nicht geeintes Land mit wenig Kontinuität in der nationalen Identität, brauchte die Literatur und Sprache, um sich als Gesamtraum definieren zu können. Was auch erklärt, warum im 19. Jahrhundert die Kämpfe um eine Verfremdung der Sprache noch viel bitterer geführt wurden als heute. Der Sprachwissenschaftler Andreas Gardt, der schwerpunktmäßig zu Sprachtheorie in Geschichte und Gegenwart sowie zu Sprache und politischer, kultureller, ethnischer Identität forscht, schüttelt den Kopf, als er in einem Videointerview über diese historische Phase spricht: „Das war richtig aggressiv. Es hieß, französische Wörter seien ‚Seelengift' für die Deutschen. Man fürchtete, man werde zu anderen, man verliere sein Deutschsein, wenn man das Französische übernehme. Auch deswegen war der antifranzösische Nationalismus im 19. Jahrhundert so stark ausgeprägt."

Es wurde heftig gegen das sogenannte „Französeln", also den Gebrauch französischer Wörter gewettert, die Verunglimpfung der deutschen Sprache herbeigeredet. Dass im Vergleich dazu der heutige

Streit um „deutsche Werte und Kultur" deutlich harmloser ausfällt, mag auch damit zu tun haben, dass die Nationalidentität sich nicht mehr hauptsächlich über die Sprache manifestieren muss. Heute gibt es eine verlässliche Staatsangehörigkeit und eine Verfassung, die für alle Staatsbürgerinnen und -bürger gleichermaßen gilt. Und dennoch habe, so sagt Gardt, jene Zeit ihre Spuren im Denken hinterlassen: „Die Deutschen haben da fast eine Obsession. Die Sprache spielte eine riesige Rolle in der Identitätsbildung, mehr als in anderen Ländern."

## Im werdenden Deutschland brauchte es zur Bildung einer nationalen Identität vor allem die Sprache – mehr als in allen anderen Ländern.

Welche Rolle spielt heute, da wir in einem Staat leben mit Hymne, Grundgesetz, gewählter Regierung, die Sprache für unsere Identitätsbildung? Und was bedeutet eigentlich Identität, wenn wir über Deutschland und uns Deutsche nachdenken? Nehmen wir die klassische Definition des Psychoanalytikers Erik H. Erikson, der sagt, „das bewußte Gefühl, eine persönliche Identität zu besitzen" beruhe auf zwei gleichzeitigen Beobachtungen: „der unmittelbaren Wahrnehmung der eigenen Gleichheit und Kontinuität in der Zeit und der damit verbundenen Wahrnehmung, daß auch andere diese Gleichheit und Kontinuität erkennen". Genau das begründe die sogenannte „Ich-Qualität dieser Existenz".[7]

Folgt man Erikson, lassen sich für die deutsche Sprache beide Bedingungen erkennen: Ich spreche eine Sprache mit einer gewissen Geschichte, und das wird auch von den anderen – sowohl was mich als auch was sie selbst betrifft – so wahrgenommen. Ein Extrembeispiel: Verlöre man im Ausland gleichzeitig seine Ausweisdokumente und sein Gedächtnis (weil zum Beispiel sehr viel getrunken, dann ausgeraubt, blöd gestürzt, was eben so passiert im Spanienurlaub) und würde von der Polizei gefragt, wie man heiße, könnte man zwar seinen Namen nicht nennen, genau diese Unmöglichkeit aber in seiner Sprache mitteilen. Die deutsche Sprache wäre also der erste Anhaltspunkt, um herauszufinden, wen man hier vor sich hat. Oder wie Andreas Gardt schreibt: „Man ist immer jemand, wenn man spricht. Italiener oder Deutscher, Sachse oder Hamburgerin. Man ist Mann oder Frau, jung oder alt, ist gebildet, naiv, freundlich oder vulgär. Schon wenige Worte reichen, um einen Eindruck davon entstehen zu lassen, wer und was wir sind."[8]

Wer mehrere Sprachen spricht, kennt die Erfahrung, sich je nach Sprache anders zu fühlen, in der einen vielleicht lustiger, pointierter, lockerer oder auch derber zu reden als in der anderen. Wer italienisches Fernsehen kennt, kann die Liebe der Italiener zu ihrer Sprache und zum Reden sehen und hören. Eine Sprachlust, die auch mit der Grammatik und der Wortstruktur zusammenhängen kann. Die meisten italienischen Wörter enden auf einem Vokal, während wir im Deutschen am Ende häufig den klanglosen Konsonanten setzen. Man kann die Pause zwischen den Wörtern nur schwer mit Konsonanten überbrücken, niemand würde sagen: „Ichhhh binnnnn inssssss Theaterrrr gegangennnn." Während man sich im Italienischen dank der Vokalendungen pausenlos von Wort zu Wort schwingen kann: „Sonooo andataaaa nel teatro."

Manchmal, wenn ich italienische Freunde locker, laut, flüssig sprechen hörte, habe ich mich gefragt, ob der Bau der Wörter die Scheu zu reden, eine gewisse Verdrucksheit oder Sprachschüchternheit vermindert. Es gibt auch andere Merkmale des Deutschen, die unsere Art, zu sein und zu kommunizieren, prägen: Zum Beispiel sprechen wir andere oft (wenn auch heute weniger als früher) mit Sie an. Eine Höflichkeitsform, die automatisch einen anderen Ton setzt, Distanz schafft, einen Unterschied zwischen förmlichen und privaten Situationen macht. In den USA hingegen kann es passieren, dass einen der Chef gleich am ersten Arbeitstag mit den Worten begrüßt: „Hi, Bob, wie geht's dir?"

Ob uns das Siezen zu förmlicheren Menschen macht, ist schwer nachweisbar. Es gibt aber viel Forschung über den Zusammenhang von Persönlichkeit und Mehrsprachigkeit. Zum Beispiel untersuchten Wissenschaftler der Universität in Texas die Frage, ob bilinguale Menschen zwei Persönlichkeiten haben. Sie testeten Studienteilnehmer auf die in der Psychologie als sogenannte „Big Five" definierten fünf großen Persönlichkeitsfaktoren: Extraversion, Verträglichkeit, Neurotizismus, Gewissenhaftigkeit und Offenheit für Erfahrungen. Ein Ergebnis der Studie: Die Ausprägung der Persönlichkeitsmerkmale richtete sich nach der jeweils gesprochenen Sprache. Ein Wechsel der Sprache, so die Untersuchung, könnte auch ein sogenanntes „Cultural Frame Switching", also eine Anpassung der Weltanschauung bewirken, was wiederum die Persönlichkeit beeinflussen könnte.[9]

Wie sehr die eigene Identität mit der Sprache verwoben ist, zeigen folgende Zeilen aus Mascha Kalékos wunderschönem Gedicht „Der kleine Unterschied":

„Es sprach zum Mister Goodwill
ein deutscher Emigrant:
‚Gewiß, es bleibt dasselbe,
sag ich nun land statt Land,
sag ich für Heimat homeland
und poem für Gedicht.
Gewiss, ich bin sehr happy:
Doch glücklich bin ich nicht.'"[10]

Was in diesem Gedicht melancholisch mitschwingt, ist die Sehnsucht nach der verlassenen Heimat. Kaléko musste 1938 in die Vereinigten Staaten emigrieren. Was ihr blieb von der Zeit in Deutschland, vom avantgardistischen, lebendigen Berlin und den Künstlerkreisen um Else Lasker-Schüler oder Joachim Ringelnatz, war die Sprache, in der sie nach wie vor schrieb.

## Es bleibt der Eindruck, als fehle es unserer heutigen Sprache an Gefühl und Feinsinn.

Gibt es diese Wärme für die deutsche Sprache heute noch? Hört man sich heute Interviews aus den 1960er-Jahren an, etwa von dem Journalisten Günter Gaus mit der Philosophin Hannah Arendt, fällt die Feinheit ihrer Ausdrucksweise auf, eine Art Respekt vor der Sprache, vor den Wörtern. Klar ist: Sprache verändert sich, der Sprachgebrauch hat sich der gesamtgesellschaftlichen Enthierarchisierung angeglichen, heißt, die Unterschiede zwischen der gesprochenen Sprache beim Bäcker und der im Büro werden kleiner – dennoch bleibt der Eindruck, als fehle der gesprochenen Sprache heute das gewisse Maß an Gefühl und Feinsinn.

Der Sprachwissenschaftler Andreas Gardt warnt angesichts des unbestreitbaren Wandels jedoch vor vorschnellem Pessimismus und sagt: „Sie können es auch als eine Art Verschiebung sehen. Ja, man redet anders. Entspannter, gelassener, ob das gut oder schlecht ist, ist ein individuelles Urteil. Aber die Sprache hat sich verändert, auch im öffentlichen Raum. Was man zumindest mit Sorge betrachten kann, sind die Rechtschreibfähigkeiten von Kindern, die erkennbar zurückgegangen sind, auch wenn der Wortschatz in seiner Breite zugenommen haben mag."

Es ist interessant, dass gerade ein Deutscher mit Migrationshintergrund die Angst äußert, dass die deutsche Sprache verkümmern könnte. Der 1961 in Ankara geborene Schriftsteller Zafer Şenocak, der mit seinen Eltern als Neunjähriger nach München übersiedelte, schrieb in seinem nachdenklichen Buch Deutschsein. Eine Aufklärungsschrift: „Der Niedergang in einer Gesellschaft beginnt mit der Verwahrlosung der Sprache. Wenn ich heute auf den Straßen oder in der U-Bahn Jugendliche höre, die Deutsch, Arabisch, Türkisch miteinander vermischen, keiner der Sprachen wirklich zuhörend, keiner zugehörig, fühle ich eine tiefe Verletzung in mir." Und Şenocak greift jeder Verteidigung der modernen Sprechpraxis voraus: „Ich kann nicht begreifen, dass es Stimmen gibt, die diese Halbierung, Viertelung, diesem Verschwinden von Sprachen irgendetwas wie Kreativität oder gar avantgardistische Kreativität abgewinnen können. Diese zerstückelten Sprachen sind für mich der Ausdruck einer Unbehaustheit."[11]

## Die Flucht aus der Wahrheit in die Vergangenheit und ins Ausland

Şenocaks Zeilen drücken tiefe Enttäuschung und Trauer aus. „Unbehaustheit", ein poetisches Wort für das, was seiner Ansicht nach droht, wenn die eigene Sprache verblasst. Şenocak erzählt in seinem Lebensbericht, wie er die deutsche Sprache in Bayern schmecken, riechen, fühlen lernte. Und wie er sie als „Raumerweiterung" zu seiner türkischen Muttersprache begriff – und nicht als Ersatz. Er spricht damit etwas sehr Wichtiges an, denn auch für einwandernde Menschen ist es von großer Bedeutung, dass ihnen die neuen Wörter nicht einfach nur hingeworfen werden wie trockene Brotstücke, sondern mit einer emotionalen Haltung, mit einem eigenen Verständnis serviert werden. Darum die Frage: Wie sollen Zugewanderte die Sprache, die ein wesentlicher Schlüssel zum kulturellen Verständnis des neuen Landes ist, erlernen, wenn diese Sprache den Deutschen selbst egal zu sein scheint? Wenn zugleich die Rechtsextremisten und „Identitären" nie dagewesene Kontinuitäten erfinden, indem sie die Geschichte der deutschen Sprache idealisieren, ihr eine frühe Einheit andichten, die es so nie gab? Und wenn der Rest der Republik dazu nur die Schultern zuckt?

## Wie sollen Zugewanderte zur Sprache und darüber zum kulturellen Verständnis des neuen Landes kommen, wenn diese Sprache den Deutschen selbst egal zu sein scheint?

Gleichgültigkeit ist der falsche Weg. Stattdessen braucht es ein gesamtgesellschaftliches Verständnis darüber, was Deutsch ist, zumindest ein Interesse an der eigenen Sprache und eine Zuneigung zu ihr. Es braucht mehr Ideen und Fantasie für neue Wortkreationen, als nur abschätzig von Deutschland als „Schland" oder den Deutschen als „Almans" zu reden.

Der Psychoanalytiker Wolfgang Schmidbauer, der sich den Aussteigertraum in der Toskana erfüllt hatte, spricht in einem Essay ebenfalls von einer Sehnsucht. Es ist eine völlig andere als die von Mascha Kaléko, es ist die Sehnsucht nach einer unbeschädigten Kultur, nach „einer Alternative zu Deutschland".[12] Auch diese Sehnsucht ist verständlich, doch lässt sich die eigene Geschichte nicht wegsehen. Die Flucht aus der eigenen beschädigten Kultur ist eine Flucht aus der Wahrheit. Während die Rechtsextremisten zu Hause die deutsche Vergangenheit verherrlichen, lässt sich aus der Geschichte das Grauen nicht vertreiben. Auch das der deutschen Sprache nicht, das bis heute in Begriffen wie „Selektion", „asozial" oder „Volksgemeinschaft" mitschwingt, weil der Nationalsozialismus Deutsch für sich reklamierte,

*Marlene Knobloch*          51

ein Deutsch, das der jüdischen Dichterin Mascha Kaléko fremd war, denn sie nahm eine andere, davon noch unberührte Sprache in ihrem Herz mit über den Atlantik.

Ohne Zweifel haben die deutsche Sprache und Kultur seit dem Holocaust und dem Zweiten Weltkrieg schwerste Brüche erlitten, die bleiben werden. Die deutsche Identität kann gar keine andere sein als eine beschädigte, eine mit Rissen, Spuren, Wunden. Und genau in der Gleichzeitigkeit, die eigene Geschichte zu akzeptieren und mit dieser Geschichte weiterzudenken und zu sprechen, liegt der Schlüssel zu unserer heutigen Identität. Mit anderen Worten: Wir sollten trotz allem die Eigenheiten und Möglichkeiten, auch das Weiterleben der deutschen Sprache, die Hitler nicht endgültig zerstören konnte, wertschätzen. Und uns an den spezifischen Charakteristika des Deutschen erfreuen wie etwa an diesen langen, verrückten Komposita, die wir in unserer Sprache entwerfen können (Sprachliebewiederfindungsprozess).

„Um es gleich vorweg zu sagen: Die Anglizismen werden die deutsche Sprache nicht umbringen", schreibt Rohland Kaehlbrandt in der Süddeutschen Zeitung. „Dazu bietet der Sprachbau des Deutschen zu viele Möglichkeiten, sich aus dem Bestand elastisch weiterzuentwickeln. Aber immerhin ist derzeit durchschnittlich jedes dreißigste Wort ein Anglizismus, Tendenz steigend."[13] Ich gestehe an dieser Stelle ein, mich persönlich schrecken die Anglizismen nicht, ich habe keine Angst vor ihnen, als (fast) Gen-Z-Angehörige muss ich mich doch als mitverantwortlich für die Anglizierung der deutschen Sprache outen. Im Grunde liebe ich es, meine Pointen auf Englisch zu setzen. Und genau darum geht es, ich liebe es, ich fühle mich wohl, mit der englischen Sprache zu spielen. Sie ist eine Bereicherung, keine Flucht. Allerdings: Wenn dabei, wie es der deutsch-türkische Schriftsteller Zafer Şenocak beklagt, die Bedeutung unserer eigenen Sprache verschwindet und wir das Gefühl für sie verlieren und uns aus Unsicherheit, Kälte, Gehemmtheit in andere Sprachen flüchten, dann geht beides verloren: das aufrichtige Interesse an der eigenen wie an der fremden Sprache.

Es existiert meiner Meinung nach noch ein weiteres Missverständnis: Immer wieder hört man Leute sagen, sie seien „stolz" auf ihre Sprache. Ich glaube nicht, dass das Gefühl, gerne seine Sprache zu sprechen, irgendetwas mit „Stolz" zu tun hat, sondern dass die Verwendung dieses Begriffs eher einer sprachlichen Ungenauigkeit entspringt. Denn worauf ist man stolz in seinem Leben? Auf Menschen, die einem lieb sind, weil sie etwas Großartiges geschafft haben. Oder auf sich selbst, weil man etwas Großartiges geschafft hat. Aber die deutsche Sprache hat nichts geschafft. Sie hat keinen Talentwettbewerb gewonnen, keine Matheprüfung bestanden und keine Sonate im zarten Alter von fünf Jahren komponiert, auch kann sie nicht besonders schön singen. Im Gegenteil, sie liegt in der Welt herum, ist einfach da. Genauer gesagt, liegt die deutsche Sprache in diesem Moment so herum, seitdem Millionen Menschen sie in Jahrhunderten täglich verändert und verschoben haben und es weiterhin tun.

## Statt von Stolz auf die deutsche Sprache zu fantasieren, sollte man genau sein und davon sprechen, „sich in ihr wohlzufühlen", sie als „Behausung" zu empfinden.

Worte sind Produkte eines Prozesses, Sprache, zumal die deutsche, war und ist ein fluides System. Ich glaube im Übrigen auch nicht, dass Franzosen oder Italiener in demselben Sinn „stolz" auf ihre Sprache sind, so wie man etwa stolz sein kann auf das eigene Kind, wenn es den Landeswettbewerb bei „Jugend musiziert" gewonnen hat. „Stolz" intendiert eine Überhöhung im Verhältnis zu anderen – als sei die ei-

gene Sprache besser, schöner, intelligenter als andere Sprachen. Um
das ehrlich behaupten zu können, müsste man sehr viele Sprachen beherrschen und vergleichen können. Aber was weiß man vom Portugiesischen? Vom Arabischen? Vom Hebräischen? Finge man
tatsächlich an, diese Sprachen zu lernen, und beherrschte sie irgendwann fast perfekt, dann fielen einem die Besonderheiten und Schön-
heiten ebendieser Sprachen auf. Wie melodisch man sprechen kann
im Italienischen! Wie spontan, wie witzig, tragend und poetisch
gleichzeitig im modernen Hebräischen. Ich denke, wenn wir sagen
„Ich bin stolz auf die deutsche Sprache", dann meinen wir damit eigentlich, dass wir sie mögen. Oder etwas an ihr mögen. Oder vielleicht wäre der bessere und adäquatere Ausdruck für stolz: „sich
wohlfühlen darin". Dass die Sprache uns eine „Behausung" ist, wie
Zafer Şenocak schreibt, eine Behausung, die eine Geschichte, in unserem Fall eine komplizierte Geschichte, mit sich trägt.

Was aber die Werke der Brüder Grimm und Deutschlands Historie
vor 1870 ebenso zeigen: Das Deutsche hat einen viel komplexeren und
komplizierteren Prozess durchlaufen als das Italienische oder Französische. Deutschland war immer schon pluralistisch geprägt. Der britische Germanist und Schriftsteller James Hawes stellt in seinem Buch
The Shortest History of Germany sogar die These auf, die wahre Tei-
lung der deutschen Kultur sei nicht etwa entlang der ehemaligen innerdeutschen Mauer verlaufen, sondern entlang des Limes.[14] Hawes
untersucht die Mentalitätsunterschiede und ebenso das Wahlverhal-
ten der Menschen entlang der ehemaligen Grenze des Römischen
Reichs und stellt damit die Idee vom geeinten, einheitlichen Deutschland nach der Reichsgründung 1871 oder nach der Wiedervereinigung
1990 völlig auf den Kopf. Hawes fragt, in welchem Ausmaß sich die
Deutschen nicht schon aufgrund der Tatsache unterscheiden würden,
dass bis ins 9. Jahrhundert die Römer einen Teil ihres Gebiets be-

herrschten und prägten? Spürt man das heute womöglich noch in Köln und Berlin? Mehr noch: Wie viel gemeinsame Kultur teilte das Kurfürstentum Bayern mit dem Königreich Preußen?

## Ist es nicht an der Zeit, eine alternative Idee über die eigene Kultur zu entwerfen, statt unsere Identität nur in Abgrenzung zu Rechtsextremisten zu formulieren?

Nach einer gescheiterten Revolution 1848, nach zwei Weltkriegen und schüchtern flatternden Deutschlandfahnen am Autoseitenspiegel bei der hierzulande ausgetragenen Fußballweltmeisterschaft 2006 und der Europameisterschaft 2024 – wäre es da nicht an der Zeit, eine alternative Idee über die eigene Kultur zu entwerfen, statt unsere Identität nur in Abgrenzung zu Rechtsextremisten und aus der Angst, Wut und dem Entsetzen über ihre menschenverachtenden Fantasien heraus zu formulieren? Genau in dieser Geschichte läge meines Erachtens ein Ausweg, eine Lösung: im Gegenentwurf zur rechten, ausgrenzenden Idee eines wie auch immer gearteten „reinen", „einheitlichen" Deutschlands.

Deutschland ist schon immer ein Land der vielen Kulturen, der vielen Dialekte, Mentalitäten und Literaten. Ein mit sich ringendes, heterogenes Land, das sich nicht nur durch eine ethnische, sondern auch schon immer durch eine sprachliche Vielfalt ausgezeichnet hat. Und das in der Zeit nach dem Zweiten Weltkrieg, wie der Soziologe Norbert Elias schrieb, ein „wohlhabendes, um nicht zu sagen: blühendes Land" geworden sei, „das sich im großen und ganzen der Achtung der anderen Staaten der Welt erfreut".[15] Um an dieser Stelle auch noch einmal auf Şenocaks Gedanken der „Behausung" zurückzukommen: Wir sollten damit beginnen, ein Haus zu entwerfen und zu bauen, in dem man sich wohlfühlt und das für alle groß genug ist, statt es zu eng zu zimmern, sodass nie alle hineinpassen werden und in dem man als Deutsche nie ganz man selbst sein wird.

## Die Bedeutung kultureller Institutionen für Deutschland als Demokratie

Kommen wir von der Sprache zum vielleicht bewussteren und praktischen Teil der Kultur. Wie lebt man heute außerhalb des anfangs erwähnten Supermarkts Kultur? Jede Kulturnation zeichnet sich unter anderem durch Institutionen aus, die Kultur repräsentieren und vermitteln. Im Jahr 2022 hat ein Deutscher durchschnittlich anderthalbmal eine Bibliothek besucht. In Deutschland befinden sich – Stand 2023 – insgesamt 49 UNESCO-Weltkultur- und drei Weltnaturerbestätten. Es gibt fast 7000 Museen, und auch wenn 2022 insgesamt der Besucherstand noch nicht wieder das präpandemische Niveau erreicht hatte, gehörten in jenem Jahr Kinos, Bibliotheken und Museen zu den meistbesuchten deutschen Kulturinstitutionen.[16] Sie prägen die Stadtbilder und größtenteils die Freizeitgestaltung der Deutschen. Ein großer Unterschied zum Deutschland des 19. Jahrhunderts, als die Teilhabe am Kulturleben noch den oberen Schichten vorbehalten war.

**Sprechen wir von Deutschland als Kulturnation, dann zählt zu deren Errungenschaften, dass sie eine demokratisierte Kulturpartizipation bietet.**

Die emanzipatorischen Bewegungen des 20. Jahrhunderts brachten die große Wende. Sie führten, wie Norbert Elias schreibt, zu einem „praktischen Verschwinden des Establishments", eine Entwicklung, die überaus bedeutsam war für „die Veränderung des Verhaltenskanons". Denn fortan besuchten auch Frauen, Arbeiter(innen), die Mittelschicht Theater, Museen, Galerien. Sprechen wir von Deutschland als Kulturnation, dann zählt zu deren Errungenschaften, dass sie eine demokratisierte Kulturpartizipation bietet.

Auch wenn manche im Attribut „deutsche Kulturnation" eine überkommene und nostalgische Angelegenheit zu erkennen meinen, geht das am Kern der Charakterisierung vorbei, nämlich dem gesellschaftlichen Zusammenhalt und Vertrauen der Gesellschaft. Das belegt sehr eindrucksvoll eine Studie des Instituts für Museumsforschung der Staatlichen Museen zu Berlin. Unter dem Titel „Das verborgene Kapital: Vertrauen in Museen in Deutschland" wurde untersucht, welches Vertrauen den fast 7000 Museen entgegengebracht wird und welches Potenzial und welche Bedeutung sie für das Demokratieverständnis haben. Das Ergebnis: Die Museen genießen in der deutschen Bevölkerung ein größeres Vertrauen als Wissenschaftler und Medien.

Auf der Vertrauens-Rangliste stehen die Museen gleich nach Familie und Freunden auf Platz zwei, wobei es völlig gleichgültig ist, um welche Art von Museum es sich handelt. Generell wird allen Museen großes Vertrauen entgegengebracht (am meisten denen für Wissenschaft und Technik sowie für botanische Gärten).[17] Der Grund dafür ist laut Studie, dass Museen als weitgehend „neutral und unparteiisch" wahrgenommen werden, selbst von Befragten, die angaben, noch nie ein Museum von innen gesehen zu haben – deren Anteil nebenbei bemerkt bei nur 5,3 Prozent liegt. Überhaupt liefert diese Studie immens wichtige Befunde über dieses Land: Kulturinstitutionen sind kein Luxus, den sich ein Staat leistet, sondern gehören zur Allgemeinversorgung. Und offenbar genießen Museen hierzulande ein Vertrauen, das Medien, den Zeitungen und vor allem dem öffentlich-rechtlichen Rundfunk mit der Zeit abhandengekommen ist. „Je höher das Interesse an Politik, desto höher auch das Vertrauen in Museen", heißt es in der Studie.

*Marlene Knobloch*

Wenn wir also von der Kulturnation Deutschland und hier gezielt der Kultureinrichtung Museum sprechen, dann reden wir auch über Orte der Kommunikation – und zwar in doppelter Hinsicht: Kommunikation zwischen dem abstrakten Staat und den Bürgerinnen und Bürgern sowie zwischen den Besuchern und Besucherinnen. Zu letzteren: In Deutschland wie in vielen Teilen der westlichen Welt sind sogenannte „dritte Orte"[18] als das Zuhause immer schwieriger zu finden. Solche Treffpunkte sind allerdings fundamental wichtig, sowohl für das Verständnis von Öffentlichkeit als auch von gesellschaftlicher Zugehörigkeit Denn ohne dieses Verständnis fällt es schwer, sich selbst im Kosmos der Demokratie zu verorten.

## Gerade in instabilen Zeiten bieten Kulturinstitutionen den so wichtigen öffentlichen Raum, der das demokratische System stützt und repräsentiert.

Konkret: Museen, solange man sie nicht allein auf Orte der Hochkultur beschränkt, sind neben fantastischen architektonischen Gebäuden mit interessanten, horizonterweiternden Ausstellungsobjekten auch Stätten, in denen man auf Menschen unterschiedlicher sozialer Herkunft und unterschiedlicher politischer Einstellungen trifft. Diesen besonderen Wert der Begegnung sollte man nicht unterschätzen. Die Friedrich-Ebert-Stiftung stellte 2023 in einer Studie fest, dass vier Fünftel der Befragten hierzulande „pessimistisch" in die Zukunft blickten. Nur 48,7 Prozent zeigten sich mit dem Funktionieren der Demokratie zufrieden.[19] Gerade in instabilen, heiklen Zeiten sind Kulturinstitutionen wichtige Säulen der Öffentlichkeit, sie schaffen einen öffentlichen Raum, stützen und repräsentieren das demokratische System, in dem wir leben und das wir schützen wollen.

Wenn die Vorstellungen von anderen Lebenswelten immer abstrakter und wir einander immer fremder werden, wird auch die Demokratie geschwächt. Orte der Kultur, gleich ob Museen, Bibliotheken, Konzerthallen, Zoos oder Gärten, sind öffentliche, offene Orte, in denen Familien, Menschen mit und ohne Migrationshintergrund, Menschen mit hohem und niedrigem Einkommen, Land- wie Stadtbewohner einander begegnen können (wobei der Großteil des Angebots in urbanen Zentren liegt). Deshalb ist es auch so wichtig, diese Einrichtungen ausreichend zu bezuschussen, damit möglichst jeder und jede sich den Eintritt leisten kann.

Kulturstätten im weitesten Sinne sind außerdem konstante, bleibende, verlässliche Orte. In einer Zeit, die von hybridem und projektbezogenem Arbeiten geprägt wird und Menschen zu immer größerer Flexibilität zwingt, ist die Sicherheit eines stabilen Orts der Begegnung von unschätzbarem Wert – und von großer integrativer Kraft.

### Was es braucht, sind Orte, an denen sich alle frei begegnen und ein Gefühl dafür entwickeln können, in welcher Gesellschaft sie leben und wer sie selbst darin sind.

Der US-amerikanische Soziologe Robert Putnam lieferte 2006 ein besorgniserregendes Forschungsergebnis: Je diverser die Gesellschaft, desto misstrauischer die Menschen. Vor allem beobachtete er, dass sich Menschen in dieser Lage zurückziehen, ins Private oder vor den Fernseher. Auf Deutschland gemünzt heißt das: Unsere Gesellschaft verändert sich rasant und wird sich weiter verändern. Um einen vermeintlich entlastenden Rückzug zu vermeiden oder zumindest zu begrenzen, braucht es Orte, an denen sich Menschen außerhalb ihrer Arbeitssphäre begegnen können und ein Gefühl dafür entwickeln können, in welcher Gesellschaft sie leben und wer sie selbst darin sind.

Kultureinrichtungen – insbesondere öffentliche Orte wie Museen oder Bibliotheken – fördern also in der heutigen Gesellschaft zum einen den sozialen Austausch und die Kommunikation, zum anderen die Berührung mit Kultur und damit auch das Formen eines gemeinsamen Erfahrungshorizonts. Der Diskurs über unseren Kanon, über Spielpläne, über Konzertabende könnte unterhaltsamer sein als bisher. Ich habe sowohl grauenhaft langweilige postmigrantische Stücke wie grauenhaft langweilige Inszenierungen von Schillers Räuber gesehen. Ob es gefällt oder nicht – beides gehört zur Kulturnation Deutschland. Ich halte die Existenz einer Diskussion über Inhalte für wichtiger als den Inhalt der Diskussion selbst.

Im Übrigen täte der Debatte sowie dem gesellschaftlichen Austausch hierzulande eine entspanntere Haltung gegenüber Hoch- und Massenkultur sehr gut. In Italien befindet sich das ganze Land im Ausnahmezustand, wenn bei dem Musikwettbewerb „Sanremo-Festival" italienische Künstler gegeneinander antreten. In den USA werden Romance-Bücher, Fernsehshows und Kinokomödien von Kritikern zum Beispiel des renommierten New York Magazine mit absoluter Ernsthaftigkeit besprochen. In Deutschland tut sich, sobald man wissen will, wo man die wunderbare Schweizer Sängerin Sophie Hunger hören könnte, eine tiefe Schlucht auf zwischen Mainstream-Sendern und „Indie"-Sendern, zwischen Bayern 3 und EgoFm. Nicht nur die Hochkultur scheint streng reglementiert zu sein, der Massengeschmack, siehe Airplay-Charts, ist es ebenso.

Das Schlimmste, was der Kulturnation Deutschland passieren könnte, wäre, dass sie egal wird. Dass sich kaum mehr jemand dafür interessiert, ob sie noch existiert, ihre Orte, an denen sie sich vermittelt, verschwinden oder gesellschaftlich irrelevant werden – oder beides – und die Menschen sich zurückziehen und sich einigeln. Noch werden die kulturellen Begegnungsräume und Institutionen von einem großen Teil der Bevölkerung genutzt und als zivilisatorische Errungenschaft geschätzt und wahrgenommen. Auch hier dient ein Blick zurück als Erinnerung und Warnung zugleich. Derartige kulturelle Einrichtungen existierten und blühten auch schon einmal in der ersten deutschen Demokratie, der Weimarer Republik – und verkamen in der Nazizeit zu streng reglementierten, homogenen, ausgrenzenden und kleingeistigen Orten.

## Das Schlimmste, was der Kulturnation Deutschland passieren könnte, wäre, dass sie egal wird.

Heute gibt es eine neue Bedrohung: Mit welchen Inhalten diese Orte gefüllt, welche Werke dort ausgestellt, welche Musik, Theaterstücke, Filme, Autoren und Interpreten aufgeführt werden, was dort gesagt oder nicht gesagt werden darf, wird derzeit zu oft von schlichter Parteipolitik bestimmt und der Bedingtheit des Augenblicks und der politischen Umstände überlassen. Dabei geht es nicht um die Leitplanken der sogenannten „Leitkultur".

Was immer dieser Begriff bedeuten soll, es wird stets Dissens über ihn und seinen Gehalt herrschen, so wie auch schon seit dem 18. Jahrhundert über das Wesen der „Kulturgeschichte" gerangelt wird. Norbert Elias beschrieb sehr anschaulich, wie der Streit über Literatur und Dichtung unser Land schon immer prägt. Der Preußenkönig Friedrich II. (1712–1786) lehnte zum Beispiel die zeitgenössische bürgerliche Literatur von Johann Wolfgang von Goethe ab, insbesondere dessen Charakterdrama Götz von Berlichingen, Hauptwerk des Sturm und Drang. Es „machte ihn schaudern", meinte Friedrich II., wahrscheinlich weil der humanistisch eingestellte Goethe wenig Gefallen am kriegerischen friderizianischen Preußen fand und eher universellen, menschlichen Werten und einer Friedenspolitik zuneigte, die Kunst und Wohlstand mehrte.

Die deutsche Kultur ist nicht nur durch ideologischen Streit geprägt, sie ist auch schwer zu fassen und bleibt begrifflich diffus. Das beweist schon ein kurzer Blick auf die Literatur. Bis heute gilt Walther von der Vogelweide als einer der ältesten, berühmtesten Schriftsteller und wird auch noch in manchen Schulen gelehrt. Doch verstehen kann seine mittelhochdeutsche Lyrik heute kaum noch jemand:
„ich wil aber miete:
wirt mîn lôn iht guot,
ich gesage iu lîhte daz iu sanfte tuot.
seht waz man mir êren biete."[20]

Alles klar?

Zu diesem diffusen Bild gehört auch: Wenn wir von der Tradition deutschsprachiger Literatur reden, meinen wir damit auch den aus dem ehemaligen Ostgalizien stammenden Schriftsteller Joseph Roth, der wie kaum ein anderer mit der deutschen Sprache spielen, ja zaubern konnte? Oder Franz Kafka, einen der bedeutendsten Vertreter der deutschen Literatur des 20. Jahrhunderts, der jüngst in einer Fernsehserie als deutsches Schriftstellergenie gefeiert wurde, allerdings in Prag geboren wurde und dort auch fast sein gesamtes Leben verbrachte? Oder den Schweizer Max Frisch? Oder die im österreichischen Klagenfurt geborene Ingeborg Bachmann? Oder die 1953 im Banat geborene und aufgewachsene rumäniendeutsche Literaturnobelpreisträgerin Herta Müller?

Legt man sich diese Biografien vor, wird die Frage, was und wer genau die deutsche Kulturnation ausmacht, weniger wichtig. Es zählt nicht, was sie ist, sondern dass sie ist. Wie genau diese Kulturnation aussieht, was sie umfasst, darüber sollten wir jetzt diskutieren. Und zwar ungezwungen, frei und vorbehaltlos, weil sich diese Frage nicht so einfach beantworten lässt, wie es gewisse politische Parteien gerade behaupten. Im Grunde können und müssen wir aufhören mit dem Versuch, diese deutsche Nicht-Einheit, diese jahrhundertelang über weite Teile Europas verstreute Kultur zu einer Nation gewaltsam zusammenpressen zu wollen.

Unsere Mutlosigkeit und Verzagtheit und die Vermeidung dieser notwendigen Kulturdebatte führen dazu, dass sich deutsche Kultur wie der Musiksender bei Edeka anfühlt. Sie zieht konturlos vorbei, ohne dass ein einziger Gedanke, ein warmes Gefühl, irgendein Bezug zu einer kulturellen Gemeinsamkeit, einer kollektiven Vergangenheit, zu irgendeinem gemeinsamen Punkt in der Welt in den Köpfen der Menschen haften bleibt.

## Ein entspannteres Verhältnis zur deutschen Kultur und Identität zu entwickeln bedeutet nicht, einer rechtsnationalen Sehnsucht nach einem „homogenen Deutschland" zu folgen.

Wer will in diesem leeren, kühlen Raum wohnen? Lassen uns die deutschen Verbrechen im 20. Jahrhundert davor zurückschrecken, eine positivere Beziehung zu unserer eigenen Sprache, zur Literatur, zu den Museen, Galerien, Theaterhäusern, ja auch zur deutschen Popkultur zu entwickeln? Ein entspannteres Verhältnis zur deutschen Kultur und Identität muss nichts mit einer Verherrlichung der problematischen Vergangenheit oder gar einer rechtsnationalen Sehnsucht nach einem „homogenen, reinen Deutschland" zu tun haben. Man sollte es auch nicht gleichsetzen. Deutschland klang schon immer mehrstimmig. Wir müssen nur hinhören.

# Anmerkungen

1 https://www.radioszene.de/182621/airplay-charts-2023.html
2 https://www.radioszene.de/171155/musiktrends-radio-2023-teil3.html
3 https://vds-ev.de/arbeitsgruppen/deutsch-in-der-oeffentlichkeit/deutsche-spra-che-im-rundfunk/
4 Vgl. Antrag Deutscher Bundestag, Drucksache 20/5226, https://dserver.bundestag.de/btd/20/052/2005226.pdf
5 https://www.youtube.com/watch?v=65exOAKgnvA
6 Jacob und Wilhelm Grimm: Deutsches Wörterbuch. Leipzig: S. Hirzel 1854.
7 Erikson, Erik H.: Identität und Lebenszyklus. Zürich: Buchclub Ex Libris 1966.
8 Gardt, Andreas: Ich spreche, also bin ich. Sprache ist Identität. In: Sprache. Ein Lesebuch von A–Z. Hrsg. v. Colleen M. Schmitz, Judith Elisabeth Weiss für das Deutsche Hygiene-Museum und die Akademie für Sprache und Dichtung. Göttingen: Wallstein 2016, S. 105–107.
9 Nairán Ramírez-Esparza et al.: Do bilinguals have two personalities? A special case of cultural frame switching, http://www.utpsyc.org/Nairan/research/bilingual.pdf
10 Mascha Kaléko: Das lyrische Stenogrammheft. München: dtv 2016.

11 Zafer Şenocak: Deutschsein. Eine Aufklärungsschrift. Rastede: Edition Einwurf 2011.
12 Wolfgang Schmidbauer: Was vom Aussteigertraum übrig blieb. In: SZ-Magazin, Heft 24/2024.
13 Roland Kaehlbrandt: Gehst du Guckparty? In: *Süddeutsche Zeitung*, 10.06.2024, https://www.sueddeutsche.de/kultur/public-viewing-anglizismen-deutsche-spra-che-lux.XkbtFCdG9pZiqNXGpj13Bs?reduced=true
14 James Hawes: The Shortest History of Germany. Old Street Publishing 2018.
15 Norbert Elias: Studien über die Deutschen. Machtkämpfe und Habitusentwicklung im 19. und 20. Jahrhundert. Frankfurt am Main: Suhrkamp 1992.
16 Vgl. Kulturstatistiken der Statistischen Ämter des Bundes und der Länder, Ausgabe Februar 2024.
17 Kathrin Grotz, Patricia Rahemipour: Das verborgene Kapital: Vertrauen in Museen in Deutschland. Wie die Menschen in Deutschland auf eine Kultureinrichtung im Wandel blicken. Staatliche Museen zu Berlin, Institut für Museumsforschung 2024, https://www.smb.museum/museen-einrichtungen/institut-fuer-museums-forschung/forschung/forschungsprojekte/das-verborgene-kapital/
18 Vgl. Ray Oldenburg: Celebrating the Third Place: Inspiring Stories About the "Great Good Places" at the Heart of Our Communities. Boston, Mass.: Da Capo Press 2002.
19 Volker Best, Frank Decker, Sandra Fischer, Anne Küppers: Demokratievertrauen in Krisenzeiten – Wie blicken die Menschen in Deutschland auf Politik, Institutionen und Gesellschaft? Friedrich-Ebert-Stiftung, 2023, https://library.fes.de/pdf-files/pbud/20287-20230505.pdf
20 https://www.projekt-gutenberg.org/waltherv/gedichte/chap001.html

# Gibt uns der „Verfassungspatriotismus" Halt?

## Welche Orientierungen uns das Grundgesetz zu bieten hat

*Von Andreas Voßkuhle*

Jede offene demokratische Gemeinschaft benötigt einen Grundkonsens[1], der sie zusammenhält und ihr gerade in bewegten Zeiten Stabilität vermittelt.[2] In Deutschland bestand dieser Grundkonsens lange Zeit aus dem Vertrauen der Bürgerinnen und Bürger in das Grundgesetz und das Bundesverfassungsgericht. Die Deutschen sind Verfassungspatrioten! Aber gilt das auch heute noch?

Verfassungsjubiläen geben regelmäßig Anlass, sich der Idee des Verfassungspatriotismus gemeinsam erneut zu versichern. Beim 70. Geburtstag des Grundgesetzes 2019 konnte man das wieder sehr eindrucksvoll beobachten. Der damalige Außenminister Heiko Maas stellte fest: „Wer eine Kraft sucht, die unser Land zusammenhält, wird nicht bei denen fündig, die von Volk und Vaterland schwadronieren. Er findet sie in unserer Verfassung." Und Giovanni di Lorenzo, Chefredakteur der Wochenzeitung *Die Zeit*, sekundierte: „Insofern ist es nur gut, wenn das Grundgesetz einen gewissen patriotischen Stolz weckt, den wir ruhig zulassen sollten. Denn dieses Grundgesetz ist das Fundament unserer Freiheit."

Andere nennen das Grundgesetz das „Zentrum einer säkularen Staatsreligion", sehen in ihm „eine Art Grundversicherung", die „wie ein behagliches Feuer in Kälte und Düsternis" leuchtet. Wieder andere loben das Grundgesetz als geradezu visionär, als „die beste Verfassung aller Zeiten". Es habe, so die damalige CDU-Vorsitzende Annegret Kramp-Karrenbauer, „ein anderes Land aus Deutschland gemacht. Es ist, so unvollendet und von Rückschlägen begleitet dieser Prozess stets bleiben wird, liberaler, gerechter und viel demokratischer geworden. Das Grundgesetz erscheint, obwohl im Rentenalter, jünger denn je." Ja, „das Grundgesetz ist eine Erfolgsgeschichte, es gilt heute international als Musterbeispiel für eine gelungene Verfassungsordnung".[3]

## Die Deutschen sind Verfassungspatrioten!

Im Jahr 2024, zum 75. Jubiläum, ist der Ton etwas nachdenklicher geworden.[4] Bundespräsident Frank-Walter Steinmeier[5] sieht in dem Grundgesetz zwar weiterhin ein „Meisterwerk", das „zum Besten gehört, was Deutschland hervorgebracht hat", es bestehe aber eine „Spannung zwischen Verfassung und Verfassungswirklichkeit". „Wir leben", so Steinmeier, „in einer Zeit der Bewährung". Der Journalist Ronen Steinke[6] vermisst vor allem den „kooperativen Geist", auf dem das Grundgesetz aufbaue. Die Historikerin Ute Frevert[7] verweist auf die „gemischten Gefühle" in Ost und West bei der Entstehung und Fortentwicklung des Grundgesetzes. Noch weiter in seiner Kritik geht der Staatsrechtslehrer Christoph Möllers[8]. Er bilanziert, mit dem gesellschaftlichen Konsens über das Grundgesetz sei es „nicht weit her". Andere wiederum sehen das Grundgesetz „in kritischer Verfassung"[9], wollen es nach „Schwachstellen durchforsten"[10] und „updaten", damit es besser auf aktuelle Krisen reagieren könne.[11]

Trotz alledem erfreut sich das Grundgesetz laut aktueller Umfragen nach wie vor sehr hoher Akzeptanz in der Bevölkerung.[12] Das erstaunt angesichts der vielen gegenwärtigen Krisen und Herausforderungen. Sollten der staatliche Umgang mit der Pandemie, die sich radikalisierende Protestbewegung für durchgreifende klimapolitische Maßnahmen, die gesellschaftliche Uneinigkeit über den Umgang mit Migration, die Kriege in der Ukraine, in Israel und im Gazastreifen sowie das Erstarken rechtsextremer Parteien und Gruppierungen tatsächlich keine größeren Spuren hinterlassen haben? Konnten sie unser festes Vertrauen in die Verfassung nicht erschüttern? Diesen Fragen soll hier näher nachgegangen werden.

**Allen Krisen und Herausforderungen zum Trotz: Das Grundgesetz erfreut sich laut aktuellen Umfragen unverändert sehr hoher Akzeptanz in der Bevölkerung.**

## Verfassungspatriotismus revisited
## Die späte „Entdeckung" des Verfassungspatriotismus

Obwohl sich das Bundesverfassungsgericht bereits in den 1950er-Jahren bemüht hatte, die deutsche Verfassung über dogmatische Figuren wie das „Menschenbild des Grundgesetzes"[13] oder die „objektive Wertordnung des Grundgesetzes"[14] tief im Bewusstsein der deutschen Nachkriegsgesellschaft zu verankern, tauchte das Wort „Verfassungspatriotismus" zum ersten Mal Anfang der 1970er-Jahre auf. Der liberal-konservative Politikwissenschaftler Dolf Sternberger stellte in einem Artikel für die *FAZ* die Frage, ob ein „ausreichendes Maß von Verfassungspatriotismus in einer Gesellschaft vorhanden ist, ohne welches die natürliche Interessendivergenz in gewissen Ländern zum Verfall führen muss".[15] Richtig wirkmächtig wurde Dolf Sternbergers Konzept des Verfassungspatriotismus aber erst dank eines Leitartikels in der *FAZ* zum 30. Jubiläum des Grundgesetzes im Jahre 1979, in dem Sternberger zur Selbstanerkennung des deutschen Teilstaates aufrief. Dort heißt es:

> *„Die Verfassung ist aus der Verschattung hervorgekommen, worin sie entstanden war. In dem Maße, wie sie Leben gewann, wie aus bloßen Vorschriften kräftige Akteure und Aktionen hervorgingen, wie die Organe sich leibhaftig regten, die dort entworfen, wie wir selbst die Freiheiten gebrauchten, die dort gewährleistet waren, wie wir in und mit diesem Staat uns zu bewegen lernten, hat sich unmerklich, ein neuer, ein zweiter Patriotismus ausgebildet, der eben auf die Verfassung sich gründet. Das Nationalgefühl bleibt verwundet, wir leben nicht im ganzen Deutschland. Aber wir leben in einer ganzen Verfassung, in einem ganzen Verfassungsstaat, und das ist selbst eine Art von Vaterland.“*[16]

Mit dieser durchaus pathetischen Formulierung machte Sternberger das Grundgesetz zum neuen Referenzpunkt des westdeutschen Selbstverständnisses und präsentierte es damit zugleich als „unschuldige Alternative zu den tradierten Ausdrucksformen eines deutschen Nationalgefühls …, weil die Verbrechen und Brüche des Nationalsozialismus ihm nicht zugerechnet werden konnten. Das Grundgesetz erlaubte den Deutschen, Stolz über Demokratie, Wirtschaftswunder und Westbindung auszudrücken, ohne sich in den Wirrungen der eigenen Geschichte zu verstricken.“[17]

Mitte der 1980er-Jahre nahm der Philosoph Jürgen Habermas im Zuge des Historikerstreits den Begriff des Verfassungspatriotismus auf und vollzog eine selbstkritische und vor allem universalistische Deutung. Kühl stellte er fest:

„Der einzige Patriotismus, der uns dem Westen nicht entfremdet, ist ein Verfassungspatriotismus. Eine in Überzeugungen verankerte Bindung an universalistische Verfassungsprinzipien hat sich leider in der Kulturnation der Deutschen erst nach – und durch – Auschwitz bilden können."[18]

## Das spezifische Konzept des Verfassungspatriotismus erlangte erst Ende der 1970er-Jahre seine Wirkmächtigkeit, stieß dabei aber von Anfang an auch auf Kritik.

Habermas wollte das Konzept des Verfassungspatriotismus von jeder Gefühlsduselei und kulturellen Verankerung befreien. Ihm ging es letztlich darum, das tradierte kulturnationale durch ein emanzipatorisches intellektualistisches Verfassungsverständnis zu ersetzen, das auf jede Form von Symbolpolitik oder Verfassungsfolklore verzichtet und stattdessen auf Verfahren und Diskurse baut. In seinen eigenen Worten:

„Mit jenem ungeheuerlichen Kontinuitätsbruch haben die Deutschen die Möglichkeiten eingebüßt, ihre politische Identität auf etwas anderes zu gründen als auf die universalistischen staatsbürgerlichen Prinzipien, in deren Licht die nationalen Traditionen nicht mehr unbesehen, sondern nur noch kritisch und selbstkritisch angeeignet werden können. Die posttraditionale Identität verliert ihren substantiellen, ihren unbefangenen Charakter; sie besteht nur im Modus des öffentlichen, des diskursiven Streites um die Interpretation eines unter unseren historischen Bedingungen jeweils konkretisierten Verfassungspatriotismus."[19]

Dieser Aufruf traf das Selbstverständnis der Bonner Republik und prägt Deutschland in gewisser Weise bis heute.[20] Zwanzig Jahre später, also mit einem gewissen zeitlichen Abstand, konstatierte der Nestor der deutschen Staatsrechtslehre und ehemalige Bundesverfassungsrichter Dieter Grimm:

> *„Möglicherweise sind es gerade die Defizite der westdeutschen Teilstaatlichkeit, die eine Überhöhung der Verfassung begünstigen. Für gewöhnlich findet der Patriotismus seine Basis nicht in der Verfassung. Es gibt andere, wirkmächtigere Integrationsfaktoren: Nationen, Geschichte, Kultur mögen die wichtigsten sein. Keiner dieser üblichen Integrationsfaktoren stand aber in der Bundesrepublik zur Verfügung: die Nation nicht, weil sie geteilt war, die Geschichte nicht, weil sie mit dem Makel des Holocaust belastet war, die Kultur nicht, weil sie als letztes einigendes Band um die geteilte Nation benötigt wurde. Will man die ungewöhnlich hohe Bedeutung des Grundgesetzes in der alten Bundesrepublik erklären, so spricht vieles für die Annahme, dass es in diese Lücke sprang. In der alten Bundesrepublik symbolisierte es den Bruch mit der nationalsozialistischen Vergangenheit, die Rückkehr des Landes in den Kreis der zivilisierten Völker, die bessere Alternative zur sozialistischen DDR, die demokratische Stabilität und den sozialen Frieden."*[21]

## Verfassungspatriotismus als „Kopfgeburt" und „dünne Abstraktion"

Das Konzept des Verfassungspatriotismus stieß von Anfang an und nicht nur in etatistisch-konservativen Kreisen auf heftige Kritik. Es handele sich um eine „Kopfgeburt, die nicht in der Lage sei, die Herzen der Menschen zu erwärmen, Loyalität zu erzeugen und Patriotismus generieren zu können" (Wolfgang Schäuble). Verfassungspatriotismus sei ein „emotional armes, rationales Konstrukt, das offenbar mit gefühlsbetontem Engagement wenig verbindet" (Karl-Rudolf Korte), ein „ätherisches Gebilde" (Hermann Lübbe), eine „dünne Abstraktion", die nicht erklären könne, „warum ein Volk in guten und schlechten Tagen zusammenhalten soll" (Josef Isensee).[22] Wer glaube, die Lektüre des Grundgesetzes allein versetze die Deutschen in positive nationale Wallungen und lasse sie gar zu opferwilligen Dienern am Gemeinwohl werden, verkenne, so Matthias Rößler, die Mechanismen von Geschichte und Politik.[23] Ganz abgesehen davon: Ohne vorpolitische Identitäten und im Zweifelsfalle ohne die Nation[24] gäbe es auch keine Verfassung. Christoph Jestaedt zufolge ist spätestens seit der Wiedervereinigung klar, dass es sich beim Verfassungspatriotismus lediglich um ein „Übergangsphänomen" handelt.[25]

## Ein Gegenmodell: „Leitkultur"

Um den gesellschaftlichen Zusammenhalt zu sichern, wird als Alternative zum Verfassungspatriotismus immer wieder die Rückbesinnung auf eine spezifisch deutsche „Leitkultur" gefordert.[26] Der Begriff geht auf den deutsch-syrischen Politikwissenschaftler Bassam Tibi zurück, der ihn 1996 in die Debatte einbrachte[27], allerdings mit der wohlbedachten Akzentuierung einer „europäischen Leitkultur".[28] Im Jahre 2007 fand die „deutsche Leitkultur" Eingang in das Grundsatzprogramm der CDU und im Jahre 2016 in das Grundsatzprogramm der AfD, dort unter dem Slogan „Deutsche Leitkultur statt Multikulturalismus". Zum Rechtsbegriff veredelt wurde der Begriff durch das im selben Jahr verabschiedete Bayerische Integrationsgesetz[29], das seine Adressaten „im Rahmen ihres Gast- und Aufenthaltsstatus" auf die „unabdingbare Achtung der Leitkultur" verpflichtet.

Woraus die spezifisch „deutsche Leitkultur" jenseits der durch das Grundgesetz errichteten Werteordnung bestehen könnte, bleibt aber merkwürdig unklar[30], zumal heute, wie Bundespräsident Frank-Walter Steinmeier zu Recht betont, kein Zweifel mehr darüber bestehen kann, dass „unsere Gesellschaft, wie andere Gesellschaften auch, durch die Vielfalt der Herkunftsgeschichten geprägt ist, durch verschiedene Bekenntnisse, Orientierungen, Lebensweisen. Verschiedenheit ist das Signum moderner Gesellschaften."[31]

## Ob die neuerlich bekräftigten Formeln zur „deutschen Leitkultur" echte nationale Bindekraft entfalten, darf bezweifelt werden.

Der Versuch einer Konkretisierung der „deutschen Leitkultur" findet sich im neuen Grundsatzprogramm der CDU, das im Mai 2024 beschlossen wurde. Darin wird betont, dass eine Leitkultur über ein Bekenntnis zum Grundgesetz hinausgehe und neben dem „gemeinsame[n] Bewusstsein von Heimat und Zugehörigkeit, das durch Gesetze nicht erzwungen werden kann" auch Verständnis von Brauchtum, Vereinsleben, deutscher Kultur und Sprache sowie die aus unserer Geschichte resultierende Verantwortung umfasse.[32] Zudem wird das ausdrückliche Bekenntnis zum Existenzrecht Israels als Teil der deutschen Leitkultur aufgeführt.[33]

Ob diese bekannten Formeln aber nationale Bindekraft entfalten, darf bezweifelt werden. Gehen wir die Begriffe einzeln durch: Heimat bedeutet für die allermeisten Menschen vor allem regionale Verbundenheit. Deutsch wird auch in Österreich, der Schweiz, Norditalien und einigen Landstrichen Belgiens gesprochen.[34] Deutsche Kultur und Geschichte? Ja, aber was genau?[35] Bleiben noch Brauchtum und Vereinsleben. Aber reicht das für einen deutschen Patriotismus? Zeichnen sich die deutschen Staatsbürger und Staatbürgerinnen, wie das CDU-Grundsatzprogramm insinuiert, von vornherein durch ein besonderes Zugehörigkeitsgefühl oder Verantwortungsbewusstsein aus? Wohl kaum! Diese Werte können nicht als Zustand vorgegeben werden, sie müssen praktiziert werden, entwickeln sich erst auf der Grundlage von gelebtem gegenseitigen Respekt, von Verständnis für das Fremde, Toleranz und gegenseitiger Rücksichtnahme. Grundlage eines solchen Prozesses ist das Grundgesetz, indem es die Bürgerinnen und Bürger als Freie und Gleiche anerkennt, die gemeinsam eine funktionierende demokratische Herrschaft etablieren.[36]

## Die historische Dimension des Verfassungspatriotismus

Im Übrigen ist der Verfassungspatriotismus „weder geschichtslos noch nationenvergessen".[37] Das Grundgesetz – und unser Verständnis dieser Verfassung – ist in die Geschichte des Landes eingebettet, auch wenn sich die deutschen Historiker nicht allzu viel um dieses Phänomen geschert haben.[38] Maßgeblich beeinflusst durch die Rechtsprechung des Bundesverfassungsgerichts entwickelt die „offene Gesellschaft der Verfassungsinterpreten" (Peter Häberle) das Grundgesetz stetig fort.[39] Wir blicken heute, wenn wir das Grundgesetz interpretieren, sowohl nach Frankfurt[40] als auch nach Weimar.[41] Wir wissen um die spezifischen Umstände der Geburtsstunde des Grundgesetzes im Konvent auf Herrenchiemsee und im Parlamentarischen Rat.[42]

Zum Gründungsmythos gehört auch die erste Richtergeneration des Bundesverfassungsgerichts. Dreizehn der damals noch 24 Richter in beiden Senaten waren wie Erna Scheffler, der einzigen Richterin, nach 1933 aus ihren Berufen entlassen worden. Fünf kehrten nach 1945 aus der Emigration nach Deutschland zurück. Einige waren mit der Widerstandsbewegung eng verbunden.

Die Besetzung des Bundesverfassungsgerichts stand in einem eklatanten Kontrast zu den Kollegen und Kolleginnen beim Bundesgerichtshof, von denen viele eine NS-Vergangenheit besaßen.[43] Schaut man sodann auf die sogenannten „Leading Cases" des Bundesverfassungsgerichts, so spiegelt sich in ihnen ebenfalls auf einzigartige Weise die Geschichte der Bundesrepublik. Einige Stichworte mögen genügen: KPD-Verbot, Lüth, Atombewaffnung, Mephisto, Numerus clausus, Soraya, Schwangerschaftsabbruch I–II, Nato-Doppelbeschluss, Brokdorf, Neue Heimat, Maastricht, Auschwitz-Lüge, Kruzifix, Mauerschützen, Glykol, Kopftuch I–III, Auslandseinsätze der Bundeswehr, Luftsicherheitsgesetz, Rauchverbot in Gaststätten, Lissabon, Griechenlandhilfe, Garzweiler, Rüstungsexporte, NPD-Verbotsverfahren, Suizidhilfe, PSPP-Staatsanleihen, Parität, Klimaschutz und Bundesnotbremse.[44]

## Die Besetzung des Bundesverfassungsgerichts stand in einem eklatanten Kontrast zu den Kollegen und Kolleginnen beim Bundesgerichtshof, von denen viele eine NS-Vergangenheit besaßen.

Verfassungspatriotismus besitzt nach alledem zwei Seiten: Er steht zum einen für ein rationales, auf universelle Prinzipien hin ausgerichtetes Projekt, das nie sein Endziel erreicht, weil die Verfassungswirklichkeit stets dem Ideal hinterherhinkt. Zum anderen ist der Verfassungspatriotismus fest verankert in der nationalen Rechtskultur.[45] Das sieht letztlich auch Habermas so, wenn er sagt:

*„Was heißt denn Universalismus? Daß man die eigene Existenzform an den legitimen Ansprüchen anderer Lebensformen relativiert, daß man den Fremden und den Anderen mit allen ihren Idiosynkrasien und Unverständlichkeiten die gleichen Rechte zugesteht, daß man*

*sich nicht auf die Verallgemeinerung der eigenen Identität versteift,*
*daß man gerade nicht das davon Abweichende ausgrenzt, daß die*
*Toleranzbereiche unendlich viel größer werden müssen, als sie es*
*heute sind – das alles heißt moralischer Universalismus.* "[46]

## Rezeption der Idee des Verfassungspatriotismus

Es ist daher wenig verwunderlich, dass auch andere Länder die Idee
des Verfassungspatriotismus, die aus einer spezifisch deutschen historischen Konstellation heraus geboren wurde, rezipiert haben. Sie erschien immer dann attraktiv, wenn die Zusammengehörigkeit einer
Gemeinschaft ernsthaft infrage gestellt wurde, etwa in Kanada und
Spanien und sogar im Vereinigten Königreich, das keine eigene kodi-
fizierte Verfassung kennt.

Die Übernahme der Idee geschah nicht ohne Missverständnisse
und Veränderungen der ursprünglichen Intention. Viele Staaten jedoch empfanden die bundesrepublikanische Behelfskonstruktion
durchaus als hilfreich und weiterführend.[47] Völlig unabhängig davon
gibt es schon seit jeher in den USA eine große Tradition des Verfassungspatriotismus.[48] Nachhaltigen Einfluss hatte die Idee des Verfassungspatriotismus ebenso auf die Diskussion über eine europäische
Identität.[49] Die Werteklausel in Artikel 2 des Vertrags über die Europäische Union ist das beeindruckende Ergebnis dieser Debatte. Danach gründet die EU auf der Achtung der Menschenwürde, Freiheit,
Demokratie, Gleichheit, Rechtsstaatlichkeit und der Wahrung der
Menschenrechte einschließlich der Rechte der Personen, die Minderheiten angehören.[50] Die Rechtsprechung des Europäischen Gerichts-
hofs zur Lage der Rechtsstaatlichkeit in Ungarn und Polen fußt
wesentlich auf diesem Wertefundament und demonstriert die recht-

liche Relevanz, die die Figur des Verfassungspatriotismus auch jenseits des deutschen Diskurses entfaltet.[51]

## Was zeichnet Verfassungspatriotismus aus?

Bevor wir den Verfassungspatriotismus in Deutschland auf den Prüfstand stellen und einige aktuelle Diskurse, Herausforderungen und Zumutungen betrachten, ist es sinnvoll zu überlegen, worauf genau dieses Phänomen basiert. Weder Sternberger oder Habermas noch die vielen anderen Sympathisantinnen und Sympathisanten des Verfassungspatriotismus machen sich darüber viele Gedanken.

Aus meiner Sicht sind zwei Aspekte von besonderer Bedeutung. Der erste: Man muss sich klarmachen, dass das Vertrauen in die Verfassung und das Bundesverfassungsgericht etwas anderes ist als schlichte Zustimmung, Zufriedenheit oder Akzeptanz.[52] Vertrauen kennzeichnet vielmehr die Erwartung an eine Person oder Institution, dass diese sich in Bezug auf eine bestimmte Angelegenheit positiv verhält. Vertrauen stellt insoweit eine „riskante Vorleistung" (Niklas Luhmann) unter Unsicherheitsbedingungen dar.[53] Es kann honoriert, enttäuscht oder missbraucht werden. Vertrauen ist auch kein simpler Reiz-Reaktions-Mechanismus, sondern das „fragile Ergebnis soziokultureller Interaktionsprozesse, die zu einer Praxis geworden sind".[54] Vertrauen „will erlernt und erprobt werden, von klein auf und mit zahllosen Rückwicklungsschleifen".[55]

Insofern besitzt Vertrauen eine kognitive, eine affektive und eine evaluative Komponente. Es ist dynamisch, je nach Umständen kann es steigen oder sinken. So vertrauen nach einer Umfrage des Gallup-Instituts aus dem Jahr 2023[56] nur noch 27 Prozent der US-amerikanischen Bevölkerung dem vormals weltweit äußerst einflussreichen Supreme Court. Im Vergleich dazu haben 76 Prozent der deutschen

Bevölkerung sehr großes oder großes Vertrauen in ihr Bundesverfassungsgericht.[57] Über die Gründe für dieses Vertrauen und dessen Zunahme oder Verlust wissen wir relativ wenig, zumal kaum jemand die Entscheidungen des Bundesverfassungsgerichts liest. Auch sind insgesamt nur wenige Menschen mit der Verfassung, die den Urteilen zugrunde liegt, vertraut, und kaum jemand kennt die Richterinnen und Richter des Gerichts sowie die dortigen Arbeitsabläufe. Offensichtlich spielen hier „Mythen" und „Narrative" eine große Rolle.

Das führt mich zu meinem zweiten Punkt: Verfassungspatriotismus beruht nicht auf dem (naiven) Glauben an einen Text, sondern entsteht durch eine allgemeine Praxis. Praktiken sind ein komplexes Gefüge aus Codes (sprachliche Zeichen und Regeln), (implizitem) Wissen, Diskursen, Handlungen, Tradition, Symbolen, Artefakten und Institutionen.[58] Wir sind mit einer Praxis niemals vollständig allein. Zur Illustration dieses Gedankens mag ein Beispiel aus der Diskussion über die Theorie sozialer Praktiken hilfreich sein:

*„Selbst wenn wir beispielsweise meditieren, um ganz bei uns selbst zu sein, greifen wir Techniken auf, deren Geschichte mehr als zwei Jahrtausende zurückreicht, die schriftlich und mündlich überliefert worden sind und sich dabei auf spezifische Weise weiterentwickelt und in verschiedene Schulen ausdifferenziert haben, die ebenso von uns direkt Bekannten wie von gänzlich Fremden praktiziert werden, um die sich soziale Kreise von Praktizierenden bilden oder die von der Fitness- und Wellnessindustrie beworben und zum ,Trend' erklärt werden. Von der vermeintlich lokalen und privaten Handlung des Meditierens führen Verbindungen an andere Orte und andere Zeiten."*[59]

## Verfassungspatriotismus beruht nicht auf dem naiven Glauben an einen Text, sondern entsteht durch eine allgemeine, geteilte Praxis.

Wenn wir dieser Sichtweise folgen wollen, fällt es gleichwohl nicht leicht, genauer zu bestimmen, warum das Vertrauen in die Verfassung und das Bundesverfassungsgericht mal steigt und mal sinkt. Es besteht aber die Vermutung, dass folgende zehn Faktoren für die Vertrauensbildung wichtig sind: (1) Die Art der Richterwahl. Alle Richterinnen und Richter müssen jeweils von einer Zweidrittelmehrheit im Bundestag oder Bundesrat gewählt werden. Dieses Erfordernis hat zu einer informellen Praxis geführt, wonach eine Hälfte des Richterkollegiums vom konservativen und die andere vom eher linksliberalen Lager vorgeschlagen wird. Die Folge ist eine hohe politische Ausgewogenheit der zwei Senate und eine Dominanz von Richterpersönlichkeiten, die eher in der Mitte des politischen Spektrums stehen.[60] (2) Die Begrenzung der richterlichen Amtszeit auf zwölf Jahre ohne die Möglichkeit der Wiederwahl, was eine stetige Veränderung der Spruchkörper bewirkt.[61] (3) Die überwiegende politische und gesellschaftliche Anschlussfähigkeit der Entscheidungen des Gerichts.[62] (4) Die Erfahrung der Rechtsuchenden, dass sie dank der Wirksamkeit des Verfassungsrechts Schutz erhalten.[63] (5) Der Mut des Gerichts, Entscheidungen zu treffen, die für die Regierenden unbequem sind.[64] (6) Die räumliche Distanz zwischen dem Sitz des Gerichts in Karlsruhe und dem Sitz von Regierung und Parlament in Berlin. (7) Die transparente und wenig gravitätische Architektur des Gerichtsgebäudes.[65] (8) Die „Inszenierung" der roten Roben und die mündliche Verhandlung.[66] (9) Die Öffentlichkeitsarbeit des Gerichts.[67] (10) So gut wie keine Skandale.[68]

## Verfassungspatriotismus auf dem Prüfstand: Aktuelle Diskurse, Herausforderungen, Zumutungen

Vor dem Hintergrund dieser allgemeinen Reflexionen über die Bedeutung des Verfassungspatriotismus in Deutschland wollen wir uns nun einigen konkreten Problemkreisen zuwenden, die die Bürgerinnen und Bürger in den vergangenen Jahren besonders beschäftigt, oft auch beunruhigt haben und die als Lackmustest für die Beantwortung der Frage gelten können, ob die „Zauberformel"[69] des Verfassungspatriotismus noch wirkt.

## Migration

Deutliche Grenzen der Integrationskraft der Verfassung zeigten sich in der Diskussion über die Entscheidung der Bundesregierung, während der Migrationskrise im Herbst 2015 die deutsche Staatsgrenze nicht zu schließen. Die Folge: Asylsuchende wurden nicht gleich am Schlagbaum zurückgewiesen, sondern ins Land gelassen.[70] Manche Bürgerinnen und Politiker sahen darin eine „Herrschaft des Unrechts" und drohten mit einer Verfassungsklage.[71] Auch deutschnationale Kreise schlugen einen verfassungspatriotischen Ton an und forderten in der „Erklärung 2018" die Wiederherstellung der „Rechtsstaatlichen Ordnung an den Grenzen".[72] Kurz zuvor hatte die AfD eine Organklage in Karlsruhe eingereicht. Wenige Wochen später stürzte der Streit um den Umgang mit den Asylsuchenden die in Berlin regierende Große Koalition in eine schwere Krise.

Umgekehrt beriefen sich auch die Befürworterinnen und Befürworter der unterlassenen Grenzschließung auf das Grundgesetz.[73] Im Mittelpunkt ihrer Argumentation standen die Menschenwürde und das Asylgrundrecht, auf das sich aber bereits nach dem Wortlaut des Grundgesetzartikels 16a Absatz 2 Satz 1 nicht berufen kann, wer über

Österreich oder Polen nach Deutschland einreist. Einigkeit bestand lediglich darüber, dass ein wichtiges Prinzip der europäischen Dublin-III-Verordnung während des Höhepunkts der Migrationskrise und der besonderen Bedrängnis für Staaten an der EU-Außengrenze nicht mehr umgesetzt wurde. Dieses Prinzip besagt, dass im Regelfall derjenige EU-Mitgliedstaat für die Bearbeitung eines Asylantrags zuständig ist, in den der Antragsteller erstmals von einem Drittstaat in die EU einreist. Stattdessen wurden Migranten aus Italien und weiteren Grenzstaaten wie etwa Ungarn unmittelbar nach Österreich und Deutschland weitergeleitet.

Diese Tatsache sowie die nachhaltige Weigerung von Ungarn, Polen, der Slowakei und Tschechien, ein bestimmtes Kontingent an Flüchtlingen aufzunehmen, sind ein offensichtlicher Verstoß gegen zwingendes Unionsrecht, der auch vom Europäischen Gerichtshof nicht rechtzeitig beseitigt werden konnte. Hingegen dürfte sich die Nichtzurückweisung von Flüchtlingen an einer EU-Binnengrenze und die Ausübung des Selbsteintrittsrechts, also des Rechts eines EU-Mitgliedstaates, sich ungeachtet der Dublin-Verordnung für einen bei ihm gestellten Asylantrag für zuständig zu erklären, einer eindeutigen rechtlichen Bewertung entziehen.[74]

### In Fällen wie der Migrationskrise, in denen die Gesellschaft bereits gespalten ist, wirkt Verfassungspatriotismus offensichtlich nicht immer vermittelnd, sondern mitunter sogar zusätzlich polarisierend.

Zwei Aspekte sind für unsere Thematik bemerkenswert: Zum einen ignorierten sowohl die Befürworter als auch die Gegner des damaligen Regierungshandelns den Umstand, dass das deutsche Grundgesetz aufgrund des Vorrangs des Unionsrechts durch die hochkomplexe Dublin-III-Verordnung weitgehend derogiert, also verdrängt wird. Das Grundgesetz hat in der Migrationsfrage wie in vielen anderen europäischen Konflikten nur noch wenig zu sagen. Zum anderen führte die Tatsache, dass die Streitenden meinten, ihre jeweiligen Argumente seien von der Verfassung gedeckt, zu einer rhetorischen Eskalation. Statt der Logik eines „Sowohl-als-auch" im Sinne der „Verfassung der Mitte"[75] zu folgen, setzte man auf ein „Entweder-oder", also auf Konfrontation.[76] Offensichtlich vermag Verfassungspatriotismus in Fällen, in denen die Gesellschaft bereits gespalten ist, nicht immer zu helfen und zu vermitteln, sondern heizt die Polarisierung mitunter zusätzlich an.[77]

## Pandemie

Ähnlich war die Lage, als es darum ging, die Verfassungsmäßigkeit jener Maßnahmen einzuschätzen, die Bund und Länder zur Bewältigung der Corona-Krise getroffen hatten. Unzweifelhaft führte die Pandemiebekämpfung zu massiven Einschränkungen von Grundrechten. Betroffen waren die Handlungsfreiheit und das Persönlichkeitsrecht, die Freiheit und Freizügigkeit der Personen, das Recht auf Erziehung und Bildung, die Religions-, Kunst-, Versammlungs- und Vereinigungsfreiheit, die Unverletzlichkeit der Wohnung, die Berufs-, Wirtschafts- und Eigentumsfreiheit sowie das Asylrecht, also praktisch der gesamte Grundrechtskatalog des Grundgesetzes.

Besonders in der Kritik stand die im März 2020 erfolgte und inzwischen abgeschwächte Neufassung des Infektionsschutzgesetzes. Sie ermächtigte den Bundesgesundheitsminister dazu, mit von ihm erlassenen Rechtsverordnungen von bestimmten Parlamentsgesetzen abzuweichen.[78] In dieser sowohl für die Bevölkerung als auch für Wissenschaftlerinnen und politische Entscheidungsträger äußerst schwierigen und bislang noch nie dagewesenen Lage wäre es angebracht gewesen, in eine gesellschaftliche Debatte einzusteigen – und zwar sowohl über das komplexe Verhältnis von individueller Freiheit und Gemeinschaftsbezug als auch über die seit jeher umstrittene Reichweite des Parlamentsvorbehalts, wonach alle Entscheidungen von substanzieller Bedeutung für das Gemeinwesen der unmittelbaren parlamentarischen Zustimmung bedürfen.[79] Stattdessen aber setzten selbst namhafte Vertreterinnen und Vertreter der Verfassungsrechts- und Politikwissenschaft auf Eskalation. Von einer „Verfassungskrise, wie die Bundesrepublik sie noch nicht erlebt hat", war die Rede. Das staatliche Pandemiemanagement führe in einen „Quasi-Grundrechtsfreien-Zustand", die Grundrechte würden suspendiert, „außer Kraft gesetzt". Man erlebe eine „Zäsur der staatsrechtlichen Moderne" und exekutiere „Selbstermächtigung im Großen und Kleinen".

## Die Enttäuschung mancher Menschen, dass die Verfassung ihrer Ansicht nach in der Krise nicht das geleistet hat, was sie von ihr erhofft und erwartet hatten, wird mit Sicherheit nachwirken.

Damit nicht genug: Durch Verweis auf die „Hindenburg-Klausel" oder die „Notverordnung" wurden vielfach Parallelen zum Niedergang des parlamentarischen Verfassungssystems von Weimar gezogen. Angesichts der Verlängerung des Lockdowns war sogar von einem „Verfassungsbruch" die Rede, der kritiklos hingenommen werde. Die Bundesrepublik befinde sich im „Ausnahmezustand" und auf dem Weg in einen „faschistoid-hysterischen Hygienestaat".[80] Die als zu spät empfundenen Grundsatzentscheidungen des Bundesverfassungsgerichts[81] konnten die aufgeheizte Lage nicht beruhigen, sondern zogen ihrerseits heftige Kritik auf sich.[82] Erst nach und nach legten sich die Vorwürfe, wohl eher aus Erschöpfung als aus Einsicht. Doch die Enttäuschung so mancher Menschen, dass die Verfassung ihrer Ansicht nach in der Krise nicht das geleistet hat, was sie von ihr erhofft und erwartet hatten, wird mit Sicherheit nachwirken.

## Verfassungsfeinde

Ein anderes Bild offenbart der Umgang mit sogenannten Verfassungsfeinden.[83] Bereits Sternberger hatte die Idee des Verfassungspatriotismus mit der Theorie der „wehrhaften Demokratie"[84] verbunden, die im Grundgesetz unter anderem durch die Möglichkeiten des Parteiverbots (Artikel 21 Absatz 2 bis 4), der Grundrechtsverwirkung (Artikel 18) und des Vereinsverbots (Artikel 9 Absatz 2) zum Ausdruck kommt.

> *„Keine Freiheit für die Feinde der Freiheit! Kein Kompromiss mit den Feinden des Kompromisses! Kein gleiches Recht für die Feinde des gleichen Rechts!"*

lautete Sternbergs Credo.[85]

Schon früh wurde jedoch auf die Gefahr hingewiesen, dass Maßnahmen zum Schutze der Demokratie deren liberalen Kern aushöhlen und in einen latenten Autoritarismus umschlagen könnten. Als Beispiel wird hier gerne der Radikalenerlass in den 1970er-Jahren, der vielen Kritikern des republikanischen Verfassungssystems den Zugang zum öffentlichen Dienst versperrte, ins Feld geführt.[86] Vor allem das Parteiverbot steht seit jeher in der Kritik wegen der „Gefahr, dabei aus Angst vor dem Tod Selbstmord zu begehen".[87] Zu Recht hat das Bundesverfassungsgericht es als die „schärfste und überdies zweischneidige Waffe des demokratischen Rechtsstaats gegen seine organisierten Feinde" bezeichnet.[88]

Es wäre aber verfehlt, mit der wehrhaften Demokratie eine „gelenkte Demokratie" zu assoziieren, die politischen Wettbewerb vermeiden will. Im Gegenteil: Bereits die Möglichkeit eines Parteiverbotsverfahrens fordert die Gesellschaft heraus und gibt ihr auf, sich über die Bedingungen des demokratischen Diskurses zu verständigen und die Grenzen dieser Debatte zu thematisieren.[89] Genau das geschieht derzeit im Zusammenhang mit der Diskussion über die juristischen Erfolgsaussichten und die politische Zweckmäßigkeit eines Parteiverbotsverfahrens gegen die AfD. Die vielen Demonstrationen zur Verteidigung der freiheitlich-demokratischen Grundordnung, seitdem Anfang des Jahres bekannt wurde, dass bei einem Geheimtreffen mit AfD-Beteiligung ein „Masterplan" zur Vertreibung von Millionen Menschen vorgestellt wurde[90], sind ein Beweis für die Verfassungsaffinität vieler Bürgerinnen und Bürger. Überhaupt erscheint die gesamte politische Debatte über diesen Vorgang eher ausgewogen und demokratiesensibel.[91]

**Bereits die Möglichkeit eines Parteiverbotsverfahrens fordert die Gesellschaft heraus und gibt ihr auf, sich über die Bedingungen des demokratischen Diskurses zu verständigen und die Grenzen dieser Debatte zu thematisieren.**

## „Klimakleber"

Eine besondere Herausforderung für den Rechtsstaat und dessen Verankerung im Grundgesetz war der Umgang mit sogenannten „Klimaklebern". Immer wieder hefteten sich zumeist junge Menschen für einen bestimmten Zeitraum auf Straßen fest, um den Verkehr zu blockieren mit dem Ziel, öffentlichkeitswirksam darauf hinzuweisen, dass aus ihrer Sicht Politik und Gesellschaft keine ausreichenden Maßnahmen gegen den Klimawandel treffen.

Vereinzelt wurden diese Proteste als terroristischer Akt gebrandmarkt[92], doch ganz überwiegend reagierte die Justiz in den regelmäßig eingeleiteten Strafverfahren sehr differenziert.[93] Einige Klimakleber wurden wegen Nötigung und Gefährdung des Straßenverkehrs verurteilt, andere hingegen wegen der geringen Beeinträchtigung und der legitimen Fernziele des Protests freigesprochen. In der Bevölkerung überwog der Ärger über die teilweise sehr nachhaltigen Störungen des Straßenverkehrs.

Es gab aber auch immer wieder Stimmen, die diese Protestform als klassischen zivilen Ungehorsam einordneten und darum die Klebe-Aktionen zwar nicht als rechtmäßig, aber als legitim erachteten. Ihr Argument: Auch die Bevölkerung teile ganz überwiegend die Auffassung, dass der Schutz der natürlichen Lebensgrundlagen eine zentrale Herausforderung unseres Gemeinwesens sei und die bisher eingeleiteten Maßnahmen nicht ausreichten, um diese gewaltigen Herausforderungen zu bewältigen.[94]

Nach einer verbreiteten Definition, die auf den US-amerikanischen Philosophen John Rawls zurückgeht,[95] handelt es sich bei zivilem Ungehorsam um eine kalkulierte Rechtsverletzung mit symbolischem Charakter. Der Einzelne will damit in einer nahezu gerechten Gesellschaft öffentlich auf gewisse gravierende Missstände hinweisen. Und um die Ernsthaftigkeit seines Anliegens zu unterstreichen, ist er auch bereit, die rechtlichen Folgen seines Handelns zu tragen. Das hat mit Terrorismus nichts zu tun. Es wundert daher kaum, dass einige liberale Intellektuelle – in bewusster Abgrenzung zu einem paternalistisch verstandenen Schutz der Verfassung – das Recht auf „zivilen Ungehorsam" mit dem Gedanken des Verfassungspatriotismus verbinden. Denn so wird Kritikern einer demokratischen Mehrheitsentscheidung die Chance eingeräumt, ihren Dissens unter

Berücksichtigung der Grundideen von Freiheit und Gleichheit öffentlichkeitswirksam zu artikulieren.[96]

Einmal mehr bringt Jürgen Habermas diese Position auf den Punkt:

*„Mit der Anerkennung des zivilen Ungehorsams bearbeitet der demokratische Staat das in der Dimension des Verfassungsrechts wiederkehrende Paradox der Toleranz. Er zieht die Grenze zwischen einem toleranten und einem selbstdestruktiven Umgang mit zweideutigen Dissidenten so, dass diese, die sich am Ende als Feinde der Verfassung herausstellen könnten, gleichwohl die Chance erhalten, sich entgegen diesem Anschein als die wahren Verfassungspatrioten – nämlich als die Freunde eines dynamisch verstandenen Verfassungsprojekts – zu bewähren."*[97]

Sicherlich wäre es verfehlt, zivilen Ungehorsam als notwendigen Bestandteil des politischen Tagesgeschäfts zu begreifen, es sprechen aber durchaus gute Gründe dafür, solche Phänomene in die „Verfassungskultur" zu integrieren. Versuche in diese Richtung finden sich bereits in der zweiten Sitzblockaden-Entscheidung des Bundesverfassungsgerichts, die sich gegen die Ausweitung des Gewaltbegriffs im Nötigungs-Paragrafen 240 des Strafgesetzbuches wendet.[98]

### Diejenigen, die zivilen Ungehorsam üben, erkennen die Verfassungsordnung im Grundsatz an. Es geht ihnen nicht um Systemänderung, sondern darum, auf (vermeintliche) Missstände aufmerksam zu machen.

Aus meiner Sicht spielt vor allem die Differenz zwischen zivilem Ungehorsam auf der einen und anderen Formen des Widerstands wie Terrorismus, Generalstreik, Rebellion oder Revolution auf der anderen Seite eine zentrale Rolle. Diejenigen, die zivilen Ungehorsam üben, erkennen die Verfassungsordnung im Grundsatz an, sie wollen das System nicht beseitigen, sondern versuchen lediglich, auf (vermeintliche) Missstände aufmerksam zu machen. So wie es eben auch die Klimakleber tun, die sich dabei sogar auf den Klimaschutzbeschluss des Bundesverfassungsgerichts[99] berufen, ohne allerdings dessen zurückhaltende normative Aussage richtig zu erkennen. Sei's drum: Unabhängig davon, ob man den klassischen zivilen Ungehorsam als Bedrohung der Unverbrüchlichkeit der Rechtsordnung oder als etabliertes Mittel der Protestkultur in einer Demokratie begreift, wird man den Anhängern des zivilen Ungehorsams jedenfalls nicht von vornherein das Fehlen jeglicher verfassungspatriotischen Gesinnung unterstellen können.

## Krieg

Der völkerrechtswidrige, brutale Angriffskrieg Russlands auf die Ukraine ist nicht nur von Bundeskanzler Olaf Scholz als „Zeitenwende" wahrgenommen worden. Mit diesem Überfall geht eine tiefe Verunsicherung über die Grundlagen der nach dem Zweiten Weltkrieg gemeinsam errichteten universellen Friedensordnung in der Welt und ihrer normativen Verankerung im Völkerrecht einher. Diese Verunsicherung haben der grausame Angriff der Hamas auf Israel, die militärische Reaktion der israelischen Streitkräfte und die dadurch ausgelöste humanitäre Katastrophe im Gazastreifen weiter vergrößert.

Selten wurde in den anschließenden Debatten über diese aufgeraute Weltlage explizit Bezug auf das Grundgesetz genommen. Doch standen hierzulande sowohl die generelle Verteidigung von Demokratie und Freiheit als auch der Schutz von Leib und Leben von Zivilisten stets im Zentrum der Diskussion. Damit wurde schon auf den ersten Blick klar, welche universelle Dimension der Verfassungspatriotismus hat.

Schaut man jedoch darauf, wie unterschiedlich der Ukrainekrieg und der israelische Krieg gegen die Hamas in der Völkergemeinschaft beurteilt werden, so wird zugleich auch die jeweils spezifische kulturelle Einbettung universeller Verfassungswerte deutlich. Konkret: Dass sich eine deutliche Mehrheit der deutschen Bevölkerung grundsätzlich für eine Unterstützung der Ukraine[100] ausspricht, dass hierzulande im Vergleich zu anderen Staaten auch die Bereitschaft zur Unterstützung des Staates Israel relativ hoch ist[101], obwohl fast 70 Prozent der deutschen Bevölkerung die Bombardierungen des Gazastreifens ablehnen,[102] hat nicht zuletzt auch mit der speziellen Verfassungsgeschichte der Bundesrepublik zu tun.

## Schaut man darauf, wie unterschiedlich der Ukrainekrieg und der israelische Krieg gegen die Hamas in der Völkergemeinschaft beurteilt werden, so wird zugleich auch die jeweils spezifische kulturelle Einbettung universeller Verfassungswerte deutlich.

Diese Schlussfolgerung liegt aufgrund unserer Vergangenheit, der schweren Schuld und der sich daraus ergebenden besonderen Verantwortung ziemlich nahe. Wegen des deutschen Massakers in der Ukraine im Zweiten Weltkrieg und des Holocausts fühlen wir uns der Ukraine und Israel verständlicherweise enger verbunden und verpflichtet als andere Staaten. Dass diese Haltung und politische Konsequenz auch hierzulande auf deutliche Kritik stoßen[103], gehört ebenfalls zum Ringen um die gemeinsame Verfassung, der von Anfang an eine bestimmte Form von Pazifismus und Friedenssehnsucht tief eingeschrieben war. Bereits die Präambel des Grundgesetzes formuliert das

Ziel, „dem Frieden der Welt zu dienen". In Artikel 1 Absatz 2 bekennt sich das deutsche Volk „zu unverletzlichen und unveräußerlichen Menschenrechten als Grundlage jeder menschlichen Gemeinschaft, des Friedens und der Gerechtigkeit in der Welt". Zur „Wahrung des Friedens" kann sich der Bund gemäß Artikel 24 Absatz 2 in ein System gegenseitiger kollektiver Sicherheit einordnen und in die Beschränkung seiner Hoheitsrechte einwilligen. Die allgemeinen Regeln des Völkerrechts sind nach Artikel 25 Bestandteil des Bundesrechts, und Artikel 26 Absatz 1 verbietet ausdrücklich einen Angriffskrieg.[104] Selbstverständlich wird über all diese Fragen immer wieder heftig diskutiert. Aber gerade diese Auseinandersetzung demonstriert jedes Mal aufs Neue, wie wichtig Verfassungspatriotismus als gemeinsame diskursive Praxis, als gelebter gesellschaftlicher Streit ist.

## Fazit

Im Jahre 2024, am 75. Geburtstag des Grundgesetzes, erleben wir den Verfassungspatriotismus nicht in schönster Blüte. Einige Blätter sind verdorrt, der eine oder andere Stängel wirkt ein wenig morsch. Mitunter scheint uns die Berufung auf das Grundgesetz eher auseinanderzutreiben, als zu verbinden. Der Grundkonsens in der Gesellschaft ist unzweifelhaft kleiner geworden. Die hier vorgenommenen fünf Tiefenbohrungen von der Migration über die Pandemie bis zu Fragen von Krieg und Frieden zeigen aber zugleich, dass verfassungsrechtliche Argumente relevant bleiben: Die Bürgerinnen und Bürger beziehen sich in ihrer Argumentation immer wieder auf die Verfassung, selbst dann, wenn sie mit der konkreten Politik unzufrieden sind.

Das ist in anderen Ländern der Europäischen Union nicht der Fall. In Frankreich und Italien, ebenso in den Niederlanden oder in Österreich spielen verfassungsrechtliche Argumente in den gegenwärtigen politischen Debatten nur eine sehr untergeordnete Rolle. Das hat auch etwas mit der besonderen, herausgehobenen Bedeutung des deutschen Bundesverfassungsgerichts zu tun, die sich nicht zuletzt auch in der aktuellen Diskussion über die verfassungsrechtliche Absicherung seines Status und seiner Arbeitsweise widerspiegelt.[105] Daran lässt sich ablesen: Das Band, das uns als Gesellschaft zusammenhält, ist auf starke Institutionen angewiesen – und zwar ungeachtet des Umstandes, dass wir nicht wissen, worauf genau die Ausstrahlung und Stärke dieser Institutionen gründen. Doch darüber sollten wir nicht allzu unglücklich sein. Gerade in Krisenzeiten helfen Mythen manchmal mehr als rationale Analysen.

# Anmerkungen

1 Zu den damit verbundenen Schwierigkeiten vgl. statt vieler *Friedhelm Neidhardt*, Formen und Funktionen gesellschaftlichen Grundkonsenses, in: Gunnar Folke Schuppert/Christian Bumke (Hrsg.), Bundesverfassungsgericht und gesellschaftlicher Grundkonsens, 2000, S. 15–30.

2 Vgl. dazu nur die Beiträge in: *Nicole Deitelhof/Olaf Groh-Samberg/Matthias Middell* (Hrsg.), Gesellschaftlicher Zusammenhalt. Ein interdisziplinärer Dialog, 2020.

3 Nachweise bei *Justin Collings*, Verfassungspatriotismus und Verfassungsgedächtnis: Das Grundgesetz als deutscher Erinnerungsort, JuristenZeitung 2019, H. 23, S. 1109–1115 (1109 f.).

4 Eine abgewogene Gesamtanalyse z.B. bei *Hans Peter Bull*, Wie wirkt die Verfassung?, Kritische Vierteljahresschrift für Gesetzgebung und Rechtswissenschaft, Jg. 106 (2023), S. 319–348 m.w.N.

5 Rede des Bundespräsidenten anlässlich des 75. Jubiläums, *Frank-Walter Steinmeier*, Grundgesetz und Friedliche Revolution, 23.05.2024.

6 *Ronen Steinke*, Charaktersache, Süddeutsche Zeitung, 18.05.2024.

7 *Ute Frevert*, Gemischte Gefühle, Frankfurter Allgemeine Zeitung, 21.05.2024.

8 *Christoph Möllers*, Mythos Wertefundament, Verfassungsblog, 23.05.2024.

9 *Jens Münchrath*, In kritischer Verfassung, Handelsblatt, 22.05.2024.

10 *Thomas Schmidt*, Dem Geist der Zeit folgen, Die Welt, 22.05.2024.

11 *Dana-Sophia Valentier*, Wir müssen die Verfassung updaten!, Legal Tribune Online, 18.05.2024.

12 Vgl. zuletzt die empirische Studie von Hans Vorländer u.a., 75 Jahre Grundgesetz. Einstellungen zu Verfassung und Demokratie in Deutschland, 2024, https://www.stiftung-mercator.de/content/uploads/2024/05/MIDEM_Grundgesetzstudie.pdf

13 Vgl. nur *Ulrich Becker*, Das „Menschenbild des Grundgesetzes" in der Rechtsprechung des Bundesverfassungsgerichts, 1996 und *Christian Bumke*, Menschenbilder des Rechts, Jahrbuch des öffentlichen Rechts der Gegenwart, Neue Folge, Bd. 57 (2009), S. 125–148.

14 Vgl. nur *Helmuth Goerlich*, Wertordnung und Grundgesetz. Kritik einer Argumentationsfigur des Bundesverfassungsgerichts, 1973.

15 *Dolf Sternberger*, Unvergleichlich lebensvoll, aber stets gefährdet: Ist unsere Verfassung nicht demokratisch genug?, Frankfurter Allgemeine Zeitung, 27.01.1970, zur Genealogie der Begriffsschöpfung vgl. *Thomas Schölderle*, Verfassungspatriotismus – Zum 50. Geburtstag einer Wortschöpfung, 2020 (https://www.apb-tutzing.de/download/publikationen/kurzanalysen/Akademie-Kurzanalyse_2020_01_Web.pdf) sowie die Beiträge in: *Steffen Augsberg* (Hrsg.), Verfassungspatriotismus. Konzepte, Kritik, künftige Relevanz, 2024.

16 *Dolf Sternberger*, „Verfassungspatriotismus", Frankfurter Allgemeine Zeitung, 23.05.1979, wieder abgedruckt in Dolf Sternberger, Schriften: X: Verfassungspatriotismus, 1990, S. 13–16.

17  *Daniel Thym*, Verfassungspatriotismus in der Einwanderungsgesellschaft, Archiv des öffentlichen Rechts, Bd. 145 (2020), S. 40–74 (56).

18  *Jürgen Habermas*, Anthropologische ethische Tendenzen in: ders., Eine Art Schadensabwicklung. Kleine Politische Schriften VI, 1987, S. 120–136 (135).

19  *Jürgen Habermas*, Nochmals: Zur Identität der Deutschen. Ein einig Volk von aufgebrachten Wirtschaftsbürgern?, in: ders., Die nachholende Revolution. Kleine Politische Schriften VII, 1990, S. 205–224 (219 f.).

20  Mit der Idee des Verfassungspatriotismus eng verbunden ist die sogenannte Integrationsfunktion der Verfassung, die ältere Wurzeln hat, vgl. dazu *Gary S. Schaal*, Integration durch Verfassung und Verfassungsrechtsprechung?, 2000, sowie die Beiträge in: *Hans Vorländer* (Hrsg.), Integration durch Verfassung, 2002 und *Joachim Bühler*, Das Integrative der Verfassung, 2011. Kritisch dazu *Ulrich Haltern*, Integration als Mythos, Jahrbuch des öffentlichen Rechts der Gegenwart, Neue Folge, Bd. 45 (1997), S. 31–88.

21  *Dieter Grimm*, Identität und Wandel – das Grundgesetz 1949 und heute, Leviathan 37/2009, S. 603–616 (614).

22  Nachweise bei *Jan-Werner Müller*, Verfassungspatriotismus, 2010, S. 42 f.; *Sabine Leutheusser-Schnarrenberger*, Verfassungspatriotismus – ein konservatives Politikkonzept par excellence, in: Michael Kühnlein (Hrsg.), konservativ?! Miniaturen aus Kultur, Politik und Wissenschaft, 2019, S. 159–163 (162 f.).

23  So *Mattias Rößler*, Patriotismus, Nation und gesellschaftlicher Zusammenhalt, in: ders. (Hrsg.), Einigkeit und Recht und Freiheit. Deutscher Patriotismus in Europa, 2006, S. 38–52 (50).

24  Zur Nation als „politische Bewusstseinsgemeinschaft, die als solche handlungsbereit und handlungswillig" ist, vgl. z.B. *Volker Kronenberg*, Die Verfassung als Vaterland? Deutscher Patriotismus und die Perspektive einer weltoffenen Nation, in: Matthias Rößler (Hrsg.), Einigkeit und Freiheit, a.a.O., S. 147–170 (154). Kritisch dazu *Daniel Thym*, Staatsvolk, Migration, Nation, in: Uwe Kischel/Hann Kube (Hrsg.), Handbuch des Staatsrechts, Bd. I, 2023, § 11, Rn. 62: „Eine Renaissance des Konzepts der ‚Nation' ist unwahrscheinlich und wegen der rückwärtsgewandten Suggestivkraft auch nicht erstrebenswert."

25  So *Christoph Jestaedt*, Verfassungspatriotismus. Eine deutsche Erfindung mit Zukunft in und für Europa, in: Matthias Rößler (Hrsg.), Einigkeit und Recht, a.a.O., S. 132–146 (143).

26  Vgl. die Beiträge in: *Norbert Lammert* (Hrsg.), Verfassung, Patriotismus, Leitkultur. Was unsere Gesellschaft zusammenhält, 2006, sowie den Diskussionsüberblick bei *Martin Ohlert*, Zwischen „Multikulturalismus" und „Leitkultur". Integrationsleitbild und -politik der im 17. Deutschen Bundestag vertretenen Parteien, 2014.

27  *Bassam Tibi*, Multikultureller Werte-Relativismus und Werte-Verlust, in: Aus Politik und Zeitgeschichte 52/53 (1996), S. 27 ff. Ausführlicher *Bassam Tibi*, Europa ohne Identität? Die Krise der multikulturellen Gesellschaft, 1998.

28  So *Thomas Meyer*, Leitkultur – ein beschädigter Begriff, Neue Gesellschaft/Frankfurter Hefte 11/2017, S. 22–24.

29  Bayerisches Integrationsgesetz vom 13.12.2016, GVBl. 335. Näher dazu *Andreas Funke*, Integratives Verwaltungsrecht? Analyse und Kritik des Bayerischen Integrationsgesetzes, 2017. Der Bayerische Verfassungsgerichtshof hat das Gesetz zwar in Teilen für verfassungswidrig erklärt, die einschlägigen Passagen zur Leitkultur aber im Wesentlichen gehalten, Urteil vom 03.12.2019 – Vf. 6/7-VIII-17 München.

30  Kritisch auch *Ino Augsberg*, Wertordnung, Leitkultur, in: Uwe Kischel/Hann Kube (Hrsg.), Handbuch des Staatsrechts, Bd. I, 2023, § 9, Rn. 35–53.

31  *Frank-Walter Steinmeier*, Wir, 2024, S. 8. Vgl. ferner nur *Sabine Achour*, Die Leitkultur – eine Leidkultur, Neue Gesellschaft/Frankfurter Hefte 11/2017, S. 18–21; *Armin Pfahl-Traughber*, Leitkultur-Verständnis der AfD vs. Verfassungspatriotismus, Neue Gesellschaft/Frankfurter Hefte 11/2017, S. 25–30.

32  Viertes Grundsatzprogramm der CDU: In Freiheit leben, https://assets.ctfassets.net/nwwnl7ifahow/5CgMnK71ags88lqIxtkCB5/66e14b4cc6a1207a4a5e-4da169e46a33/240507_CDU_GSP_2024_Beschluss_Parteitag_FINAL.pdf, S. 32.

33  Ebd.

34  Zur verfassungsrechtlichen Relevanz des Deutschen aber *Paul Kirchhof*, Deutsche Sprache, in: Josef Isensee/Paul Kirchhof (Hrsg.), Handbuch des Staatsrechts, Bd. II, 3. Aufl. 2004, § 20.

35  Versuch einer Antwort etwa bei *Arnulf Baring*, Es lebe die Republik, es lebe Deutschland, in: Rößler (Hrsg.), Einigkeit und Freiheit, a.a.O., S. 250–271 (260 ff.), der „zurück zur ganzen Geschichte" möchte, die nicht nur „im Licht der Vernichtungslager gesehen werden" könne.

36  Nach *Müller*, Verfassungspatriotismus, a.a.O., S. 65, geht ein normativ gehaltvoller Begriff des Verfassungspatriotismus auf die Frage zurück, „wie Bürger, die sich gegenseitig als Freie und Gleiche anerkennen, eine Form demokratischer Herrschaft etablieren und perpetuieren können".

37  *Georg Schmidt*, Vaterlandsliebe und Verfassungspatriotismus im frühzeitlichen Deutschland, in: Dieter Gosewinkel/Oliver Lepsius/Peter Oestmann (Hrsg.), Vom Reichsbewusstsein zum Verfassungspatriotismus. Zusammengehörigkeit durch Rechtsregeln, 2021, S. 165–187 (187).

38  Vgl. die erhellende Analyse der historischen Standardwerke bei *Dieter Grimm*, Die Historiker und die Verfassung. Ein Beitrag zur Wirkungsgeschichte des Grundgesetzes, 2022. Zur historischen Entwicklung der Verfassungsgerichtsbarkeit vgl. ferner die weiterführenden Beiträge in: *Florian Meinel* (Hrsg.), Verfassungsgerichtsbarkeit in der Bonner Republik, 2019.

39  Näher dazu *Andreas Voßkuhle*, Stabilität, Zukunftsoffenheit und Vielfaltssicherung. Die Pflege des verfassungsrechtlichen „Quellcodes" durch das Bundesverfassungsgericht, in: ders., Europa, Demokratie, Verfassungsgerichte, 2021, S. 241–264.

40  Vgl. nur *Jörg-Detlef Kühne*, Die Reichsverfassung der Paulskirche. Vorbild und Verwirklichung im späteren deutschen Rechtsleben, 2. Aufl. 1998; *Michael Stolleis*,

1948 – ein Knotenpunkt der europäischen Geschichte, in: ders., Konstitution und Intervention, 2001, S. 155 ff.

41 Vgl. nur die Beiträge in: *Horst Dreier/Christian Waldhoff* (Hrsg.), Weimars Verfassung. Eine Bilanz nach 100 Jahren, 2020.

42 *Klaus Stern*, Staatlichkeit und Verfassungsgebung in Deutschland vor 50 Jahren: Das Schicksalsjahr 1948, Die öffentliche Verwaltung 1998, S. 795–805 (800 ff.). *Theo Stammen/Gerold Maier*, Der Prozess der Verfassungsgebung, in: Josef Becker/ Theo Stammen/Peter Waldmann (Hrsg.), Vorgeschichte der Bundesrepublik Deutschland: zwischen Kapitulation und Grundgesetz, 1979, S. 381–419. *Michael F. Feldkamp*, Der Parlamentarische Rat 1948–1949: die Entstehung des Grundgesetzes, überarbeitete Neuausgabe 2019.

43 So *Collings*, Verfassungspatriotismus, a.a.O., S. 1113. Vgl. ferner *Anselm Doehring-Manteuffel*, Richter und Richterinnen des Bundesverfassungsgerichts, in: Meinel (Hrsg.), Verfassungsgerichtsbarkeit, a.a.O., S. 81 ff.

44 Vgl. BVerfGE 5, 85 – KPD-Verbot; 7, 198 – Lüth; 8, 122 – Atombewaffnung; 30, 173 – Mephisto; 33, 303 – Numerus clausus; 34, 269 – Soraya; 39, 1 – Schwangerschaftsabbruch I; 88, 203 – Schwangerschaftsabbruch II; 68, 1 – Nato-Doppelbeschluss; 69, 315 – Brokdorf; 77, 1 – Neue Heimat; 89, 155 – Maastricht; 90, 241 – Auschwitzlüge; 93, 1 – Kruzifix; 95, 96 – Mauerschützen; 105, 252 – Glykol; 108, 252 – Kopftuch I; 138, 296 – Kopftuch II; 153, 1 – Kopftuch III; 90, 286 – Auslandseinsätze der Bundeswehr; 115, 118 – Luftsicherheitsgesetz; 121, 317 – Rauchverbot in Gaststätten; 123, 267 – Lissabon; 129, 124 – Griechenlandhilfen/EFSF; 134, 242 – Garzweiler; 137, 185 – Rüstungsexporte; 107, 339 – NPD-Parteiverbotsverfahren; 144, 20 – NPD-Verbotsverfahren II; 153, 182 – Suizidhilfe; 154, 17 – PSPP; 156, 224 – Parität; 157, 30 – Klimaschutz; 159, 223 – Bundesnotbremse I; 159, 355 – Bundesnotbremse II.

45 Deutlich *Erhard Denninger*, Verfassungspatriotismus und Integration, in: Der Staat, Bd. 60 (2021), S. 495–506 (499 f.).

46 *Jürgen Habermas*, Grenzen des Neohistorismus, in: ders., Die nachholende Revolution. Kleine Politische Schriften VII, 1990, S. 149–156 (153), vgl. dazu *Tim Wihl*, Die Unbestimmtheit der Verfassung. „Verfassungspatriotismus" mit Jürgen Habermas nach 70 Jahren, in: Augsberg (Hrsg.), Verfassungspatriotismus, a.a.O., S. 230–238 (231).

47 Vgl. dazu *Jan-Werner Müller*, Verfassungspatriotismus, a.a.O., S. 54 ff. m.w.N., sowie *Vito Breda*, Constitutional Patriotism, in: Mitja Sardoč (Ed.), Handbook of Patriotism, 2020, S. 179–191.

48 Erhellend dazu etwa *Melissa Muller*, Polarisierung als potenzielle Herausforderung für den Verfassungspatriotismus. Eine vergleichende Analyse zwischen Deutschland und den USA, in: Kristin Y. Albrecht/Lando Kirchmair/Valerie Schwarzer (Hrsg.), Die Krise des demokratischen Rechtsstaats im 21. Jahrhundert, 2020, S. 197–210 (201–206) m.w.N.

49 Vgl. statt vieler die Beiträge in: *Helmut Heit* (Hrsg.), Die Werte Europas. Verfassungspatriotismus und Wertegemeinschaft in der EU?, 2005, sowie zuletzt z.B.

*Paul Linden-Retek*, Constitutional Patriotism as Europe's Public Philosophy, in: Jan Komárek (Ed.), European Constitutional Imaginaries, 2023, S. 259–277.

50 Näher dazu *Jan-Werner Müller*, Verfassungspatriotismus, a.a.O., S. 61 ff.

51 Vgl. die Analyse der Rspr. bei *Andreas Voßkuhle*, Europäische Rechtsgemeinschaft, a.a.O., Rn. 40 ff.

52 Allgemein zu Vertrauen als „unerlässliche Voraussetzung des Zusammenlebens im Gemeinwesen" *Hanno Kube*, Vertrauen und Vertrauensverluste, in: Uwe Kischel/ Hanno Kube (Hrsg.), Handbuch des Staatsrechts, Bd. I, 2023, § 5, Rn. 1.

53 Vgl. *Niklas Luhmann*, Vertrauen. Ein Mechanismus der Reduktion sozialer Komplexität, (1968), 5. Aufl., 2014.

54 *Martin Hartmann*, Die Praxis des Vertrauens, 3. Auflage 2022, S. 11.

55 *Ute Frevert*, Vertrauensfragen, Eine Obsession der Moderne, 2013, S. 22.

56 Siehe https://news.gallup.com/poll/4732/supreme-court.aspx und dazu *Megan Brenan*, Views of Supreme Court Remain Near Record Lows, Gallup, September 2023, https://news.gallup.com/poll/511820/views-supreme-court-remain-near-record-lows.aspx; *Jeffrey M. Jones*, Confidence in U.S. Supreme Court Sinks to Historic Low, Gallup, 2022, https://news.gallup.com/poll/394103/confidence-supreme-court-sinks-historic-low.aspx

57 *Hans Vorländer u.a.*, 75 Jahre Grundgesetz, a.a.O., S. 18, 23. Allgemein zum Ansehen des Bundesverfassungsgerichts vgl. *Hans Vorländer/Gary Schaal*, Integration durch Institutionenvertrauen? Das Bundesverfassungsgericht und die Akzeptanz seiner Rechtsprechung, in: Hans Vorländer (Hrsg.), Integration durch Verfassung, 2002; *Gary S. Schaal*, Vertrauen, Verfassung und Demokratie, 2004; *Werner J. Patzelt*, Warum verachten die Deutschen ihr Parlament und lieben ihr Verfassungsgericht?, Zeitschrift für Parlamentsfragen, Vol. 36 (2005), S. 517–538; *Werner J. Patzelt*, Warum mögen die Deutschen ihr Verfassungsgericht so sehr?, in: Robert Chr. van Ooyen/Martin H. W. Möllers (Hrsg.), Handbuch Bundesverfassungsgericht im politischen System, 2. Aufl. 2015, S. 313–331; *Hans Vorländer/André Brodocz*, Das Vertrauen in das Bundesverfassungsgericht, in: Hans Vorländer (Hrsg.), Die Deutungsmacht der Verfassungsgerichtsbarkeit, 2006, S. 259–295; *Oliver W. Lembcke*, Über das Ansehen des Bundesverfassungsgerichts. Ansehen und Meinungen in der Öffentlichkeit 1951–2001, 2006.

58 Zur „Theorie sozialer Praktiken", die auch unter den Begriffen „Praxistheorie" oder „Praxeologie" firmiert, vgl. hier nur *Andreas Reckwitz*, Grundelemente einer Theorie sozialer Praktiken", Zeitschrift für Soziologie, Jg. 32 (2003), S. 282–301; *Tanja Pritzlaff/Frank Nullmeier*, Zu einer Theorie politischer Praktiken, Österreichische Zeitschrift für Politikwissenschaft, 38. Jg. (2009), S. 7–22; *Hilmar Schäfer* (Hrsg.), Praxistheorie, 2016.

59 *Hilmar Schäfer*, Einleitung, in: ders. (Hrsg.), Praxistheorie, a.a.O., S. 9–25 (13).

60 Näher *Andreas Voßkuhle*, in: Peter M. Huber/Andreas Voßkuhle (Hrsg.), Grundgesetz, Bd. 3, 8. Aufl. 2024, Art. 94, Rn. 14 f. m.w.N.

61 Vgl. *Gertrude Lübbe-Wolff*, Beratungskulturen: Wie Verfassungsgerichte arbeiten und wovon es abhängt, ob sie integrieren oder polarisieren, 2022, S. 243–266.

62 Es gibt letztlich in der Vergangenheit nur zwei Entscheidungen, die innerhalb der Bevölkerung auf ganz überwiegende Kritik gestoßen sind: BVerfG, Beschluss vom 25.08.1994 – 1 BvR 1423/93, NJW 1994, 2943 – Soldaten sind Mörder; BVerfGE 93, 1 – Kruzifix. Vgl. dazu aufschlussreich *Rolf Lamprecht*, Zur Demontage des Bundesverfassungsgerichts. Beweissicherung und Bestandsaufnahme, 1996. Zur Rechtsprechung in der Corona-Krise vgl. weiter unten.

63 *Christian Waldhoff*, Diskussionsbeitrag, in: Gosewinkel/Lepsius/Oestmann (Hrsg.), Reichsbewusstsein, a.a.O., S. 188–196.

64 Diese Traditionslinie beginnt so richtig mit BVerfGE 12, 205 – 1. Fernsehurteil, das Konrad Adenauer nicht erlaubte, einen eigenen staatsnahen Fernsehsender zu gründen, vgl. *Richard Häußler*, Der Konflikt zwischen Bundesverfassungsgericht und politischer Führung. Ein Beitrag zu Geschichte und Rechtsstellung des Bundesverfassungsgerichts, 1994, S. 47 ff., der aus der Anfangszeit des Bundesverfassungsgerichts auch noch den Statusstreit, die EGV-Kontroverse und die Richterwahlnovelle als kritische Momente erwähnt.

65 Näher dazu die Beiträge in: *Falk Jäger* (Hrsg.), Transparenz und Würde. Das Bundesverfassungsgericht und seine Architektur, 2014.

66 Zu diesem Aspekt *Cornelia Vismann*, Medien der Rechtsprechung, 2011.

67 Näher *Tobias Gostomzyk*, Die Öffentlichkeitsverantwortung der Gerichte in der Mediengesellschaft, 2006; *Jannika Jahn*, Die Medienöffentlichkeit der Rechtsprechung und ihre Grenzen, 2021; *Andreas Voßkuhle*, Justiz und Öffentlichkeit – Erfahrungen und Beobachtungen aus Sicht des Bundesverfassungsgerichts, in: Justizministerium Baden-Württemberg (Hrsg.), Live aus dem Gerichtssaal!? Justiz und Öffentlichkeit. Tagungsbericht des 34. Triberger Symposiums des Justizministeriums Baden-Württemberg vom 05. bis 06.12.2013, 2014, S. 47–55.

68 Die regelmäßigen Treffen der Richter und Richterinnen des Bundesverfassungsgerichts mit dem Kabinett der Bundesregierung werden immer wieder – zu Unrecht – kritisiert, vgl. z.B. *Wolfgang Janisch*, Ein umstrittenes Dinner, Süddeutsche Zeitung, 05.11.2021. Auf öffentliche Kritik ist auch die herkömmliche Praxis des Bundesverfassungsgerichts gestoßen, Pressemitteilungen zu Senatsentscheidungen am Abend vor der Verkündung den Mitgliedern der Karlsruher Justizpressekonferenz zur Verfügung zu stellen. Diese Praxis ist im Jahre 2023 eingestellt worden, vgl. dazu etwa *Jost Müller-Neuhof*, Heimliche Pressearbeit des Verfassungsgerichts. Schluss mit dem Theater. Bundesverfassungsgericht verrät vorab seine Urteile, Tagesspiegel, 07.06.2020.

69 *Peter Graf Kielmansegg*, Verfassungspatriotismus – Bemerkungen zu Begriff und Sache, in: Dieter Grimm u.a. (Hrsg.), Verfassung in Vergangenheit und Zukunft: Sechs Jahrzehnte Erfahrungen in Deutschland und Italien, 2011, S. 47–52 (50).

70 Überzeugende Analyse bei *Thym*, a.a.O. Diese Polarisierung zeichnet sich auch in der jüngsten Grundgesetzstudie ab, bei der die Einstellungen zur Beschränkung

von Zuwanderung und dem individuellen Recht auf Asyl eine besonders große Varianz aufweisen, vgl. *Vorländer u.a.,* Einstellungen zu Verfassung und Demokratie in Deutschland a.a.O., S. 37–39.

71 Näher und erhellend zu dieser Diskussion *Stephan Detjen/Maximilian Steinbeis,* Die Zauberlehrlinge. Der Streit um die Flüchtlingspolitik und der Mythos vom Rechtsbruch, 2019.

72 *Lothar Müller,* Eher Elite als „kleiner Mann", Süddeutsche Zeitung, 05.04.2018.

73 Eine Verbindung dieser Argumentationslinie mit der Idee des Verfassungspatriotismus z.B. bei *Katherine Tonkiss,* Constitutional patriotism, migration and the post-national dilemma, in: Citizenship Studies Vol. 17 (2013), S. 491–504.

74 So *Andreas Voßkuhle,* Europäische Rechtsgemeinschaft. Konzept und praktische Umsetzung, in: Wolfgang Kahl/Markus Ludwigs (Hrsg.), Handbuch des Verwaltungsrechts, Bd. III, 2022, § 59, Rn. 31 m.w.N.

75 *Andreas Voßkuhle/Thomas Wischmeyer,* Die Verfassung der Mitte, 2016.

76 So auch *Thym,* a.a.O., S. 47–49.

77 So *Muller,* Polarisierung, a.a.O., S. 207. Diese Entwicklung lässt sich schon länger in den USA beobachten, vgl. z.B. die aufschlussreiche Analyse bei *David Pozen/ Erik L. Talley/Julian Nyarko,* A Computational Analysis of Constitutional Polarization, Cornell Law Review, Vol. 105 (2019), S. 1–84.

78 *Anna-Lena Hollo,* in: Andrea Kießling (Hrsg.), Infektionsschutzgesetz, 3. Aufl. 2022, § 5 Rn. 13; *Christoph Möllers,* Parlamentarische Selbstermächtigung im Zeichen des Virus, Verfassungsblog, 26.03.2020, S. 1–3.

79 Abgewogene Analyse z.B. bei *Jens Kersten/Stephan Rixen,* Der Verfassungsstaat in der Corona-Krise, 3. Aufl. 2022 m.w.N. Vgl. ferner etwa die Referate und Diskussionen auf der Sondertagung der Vereinigung der Deutschen Staatsrechtslehrer in Wien am 09.04.2021, Veröffentlichungen der Vereinigung der Deutschen Staatsrechtslehrer, Bd. 80 (2021).

80 So *Michael Heinig,* Gottesdienstverbot auf Grundlage des Infektionsschutzgesetzes, Verfassungsblog, 17.03.2020. Alle anderen Zitate bei *Matthias Jestaedt/Anna-Bettina Kaiser,* Kritik ja, Verfassungskrise nein: Das staatliche Pandemiemanagement im Lichte des Verfassungsrechts, Verfassungsblog, 31.03.2021.

81 BVerfGE 159, 223 – Bundesnotbremse I; BVerfGE 159, 355 – Bundesnotbremse II.

82 Vgl. z.B. *Hans-Jürgen Papier,* Grundrechtsschutz in Zeiten der Epidemie, Gewerbearchiv 2022, S. 350–355 (352); *Christoph Degenhart,* Entscheidung unter Unsicherheit – die Pandemiebeschlüsse des BVerfG, Neue Juristische Wochenschrift 2022, S. 123–127.

83 Zum Begriff *Florian Meinel,* „Verfassungsfeinde". Zur Herausbildung einer politischen Formel in der Zwischenkriegszeit, in: Gosewinkel/Lepsius/Oestmann (Hrsg.), Reichsbewusstsein, a.a.O., S. 243–263.

84 Vgl. den Überblick bei *Utz Schliesky,* Die wehrhafte Demokratie des Grundgesetzes, in: Josef Isensee/Paul Kirchhof (Hrsg.), Handbuch des Staatsrechts, Bd. XII, 3. Aufl. 2014, § 277. Von der wehrhaften Demokratie ist der Ausnahmezustand ab-

zugrenzen, vgl. dazu grundlegend *Anna-Bettina Kaiser*, Ausnahmeverfassungs-recht, 2020.

85 Zitiert in *Jens Hacke*, Die Bundesrepublik als Idee. Zur Legitimationsbedürftigkeit politischer Ordnung, 2009, S. 90.

86 Näher dazu *Andreas Voßkuhle*, Extremismus im Öffentlichen Dienst – Was tun?, Neue Zeitschrift für Verwaltungsrecht 2022, S. 1841–1847 (1843 f.) m.w.N.

87 *Rudolf Streinz*, in: Peter M. Huber/Andreas Voßkuhle (Hrsg.), Grundgesetz, Bd. 2, 8. Aufl. 2024, Art. 21 Rn. 214.

88 BVerfGE 144, 20 (159 Rn. 405) – NPD-Parteiverbot.

89 Vgl. *Voßkuhle/Wischmeyer*, Verfassung, a.a.O., S. 32.

90 Vgl. *Iven Yorick Fenker*, Tausende protestieren bundesweit gegen Rechtsextremis-mus, Zeit online, 17.02.2024.

91 Zu der in weiten Teilen der Bevölkerung verbreiteten Bereitschaft, „das Grundge-setz aktiv zu verteidigen", vgl. *Vorländer u.a.*, Einstellungen zu Verfassung und De-mokratie in Deutschland, a.a.O., S. 28 f.

92 *Andreas Kopietz*, „Switch Off": Klimaterroristen verüben Anschläge in Berlin und bundesweit, Berliner Zeitung, 17.02.2024.

93 Eine Strafbarkeit nach § 240 StGB verneinten etwa AG Leipzig, Urteil vom 04.07.2023, unveröffentlicht; AG Freiburg i. Brsg., Urteil vom 21.11.2022 – 24 Cs 450 Js 18098/22, aufgehoben durch OLG Karlsruhe, Urteil vom 20.02.2024 – 2 ORs 35 Ss 120/23; AG Tiergarten, Beschluss vom 05.10.2022 – (303 Cs) 237 Js 2450/22 (202/22), aufgehoben durch LG Berlin, Beschluss vom 21.11.2022 – 534 Qs 80/22.

94 Vgl. *Vorländer u.a.*, Einstellungen zu Verfassung und Demokratie in Deutschland, a.a.O., S. 16 f.

95 Vgl. *John Rawls*, Theorie der Gerechtigkeit, 7. Aufl. 1993 (1979), S. 409 ff. Vgl. fer-ner *Hannah Arendt*, Ziviler Ungehorsam, in: Ursula Lutz (Hrsg.), Hannah Arendt: In der Gegenwart. Übungen zum politischen Denken II, 2000; *Jürgen Habermas*, Ziviler Ungehorsam – Testfall für den demokratischen Rechtsstaat. Wider den au-toritären Legalismus in der Bundesrepublik, in: Peter Glotz (Hrsg.), Ziviler Unge-horsam im Rechtsstaat, 1983; *Ronald Dworkin*, Ethik und Pragmatik des zivilen Ungehorsams, in: Thomas Mayer (Hrsg.), Widerstandsrecht in der Demokratie: Pro und Contra, 1984; *Robin Celikates*, Ziviler Ungehorsam und radikale Demo-kratie, in: Thomas Bedorf/Kurt Röttgers (Hrsg.), Das Politische und die Politik, 2010, S. 274–300. *Samira Akbarian*, Ziviler Ungehorsam als Verfassungsinterpreta-tion, 2023.

96 So *Jan-Werner Müller*, Verfassungspatriotismus, a.a.O., S. 68 f.

97 *Jürgen Habermas*, Religiöse Toleranz als Schrittmacher kultureller Rechte, in: ders., Zwischen Naturalismus und Religion. Philosophische Aufsätze, 2005, S. 258–278 (263). Näher dazu *Çidam Çigdem*, Radical Democracy without Risks? Habermas on Constitutional Patriotism and Civil Disobedience, New German Critique, 2017, S. 105–132.

98 Vgl. BVerfGE 91, 1 (17 f.) – Sitzblockaden II.

99 BVerfGE 157, 30 – Klimaschutz.

100 Nach einer Umfrage von Statista vom Januar 2024 finden 40 Prozent der Deutschen die Waffenlieferungen in die Ukraine angemessen, 21 Prozent gehen sie nicht weit genug, https://de.statista.com/statistik/daten/studie/1312216/umfrage/umfrage-deutsche-ukraine-politik/nach

101 Vgl. die Übersicht von YouGov https://www.nzz.ch/visuals/gaza-krieg-in-umfragen-schwindet-die-unterstuetzung-fuer-israel-ld.1770696

102 Nach einer repräsentativen Umfrage der Forschungsgruppe Wahlen vom 21.03.2024 für das ARD-Politbarometer lehnen 69 Prozent der deutschen Bürgerinnen und Bürger das Verhalten Israels in Gaza ab. https://www.rnd.de/politik/umfrage-fast-70-prozent-kritisieren-israels-vorgehen-in-gaza-35LLW7QGZRM-BXBBD7QTWWFWSMQ.html

103 *Navid Kermani*, Das Schweigen vor dem ABER, in: Die Zeit Nr. 47/2023.

104 Näher *Udo Fink/Christine Langenfeld*, in: Huber/Voßkuhle, a.a.O., Art. 26, Rn. 2.

105 *Konrad Duden*, Schützt das Bundesverfassungsgericht!, Verfassungsblog, 07.02.2024; *Gabriele Britz/Michael Eichberger*, Mehr Widerstandskraft, Frankfurter Allgemeine Zeitung, 10.01.2024; *Johannes Masing/Heinrich Wefing* (Interview), „Ich sehe eine gewisse Dringlichkeit", Zeit online, 22.04.2024; *Hans-Jürgen Papier/David Grzeschik* (Interview), Wie sicher ist das Bundesverfassungsgericht vor Demokratiefeinden?, Rheinische Post, 18.01.2024.

# Können die Deutschen „Transformation"?

## Ein (Streit-)Gespräch über deutsche Tugenden und die Bereitschaft zur Veränderung

*Das Gespräch führte Martin Klingst*

*Frau Pausder, Herr Vassiliadis, liest man die Umfragen, steht es schlecht um unsere Wirtschaft, scheinen die guten alten deutschen Tugenden, die unsere Unternehmen und Waren so erfolgreich gemacht haben, allmählich verloren zu gehen. Doch schaut das Ausland auf uns, heißt es nach wie vor, wir Deutschen seien arbeitsam, sparsam, penibel und pünktlich. Stimmt dieses Bild noch?*

**Verena Pausder:** Arbeitsam? Ich habe gerade gehört, dass wir Deutschen nur noch etwa 27,5 Stunden in der Woche arbeiten. Gut möglich, dass wir in dieser kurzen Zeit besonders produktiv sind. Doch glaube ich, dass die Produktivität hierzulande darunter leidet, dass wir uns Themen wie der künstlichen Intelligenz oder Digitalisierung, die uns in dieser geschrumpften Arbeitszeit weit produktiver machen könnten, viel zu wenig annehmen.

*Strebsam, penibel und pünktlich?*

**Pausder:** Ganz ehrlich, strebsam, penibel und pünktlich und erfinderisch zu sein, finde ich tolle Stärken, auch wenn sie oft als spießig belächelt werden. Doch was wir hierzulande an Wohlstand erreicht haben, ist auch der Tugend zu verdanken, dass es uns wichtig ist, dass man sich auf uns und unsere Arbeit verlassen kann. Schon deshalb sollten wir diese Werte auch in Zukunft leben. Was mir allerdings beim Blick auf uns Deutsche und auf unsere Identität zu kurz kommt, ist, dass wir ebenso unternehmerisch, erfinderisch und mutig sind. Selbst in Krisenzeiten gründen wir Unternehmen – nicht nur kleine, nicht nur das Restaurant um die Ecke, sondern auch riesengroße. Und an allen Ecken und Enden schauen wir, wie wir noch besser werden, unsere Produkte und Arbeitsweise perfektionieren können. Dieser Aspekt wird mir zu wenig beleuchtet.

*Und sind wir immer noch sparsam?*

**Pausder:** Das sieht man doch schon an der ewigen Debatte über die deutsche Schuldenbremse. Ich glaube, dieses Instrument ist ziemlich einzigartig in der Welt, und wir interpretieren die Schuldenbremse auch besonders restriktiv. Ob das inmitten der gegenwärtigen Krisen so hilfreich ist, lasse ich mal dahingestellt.

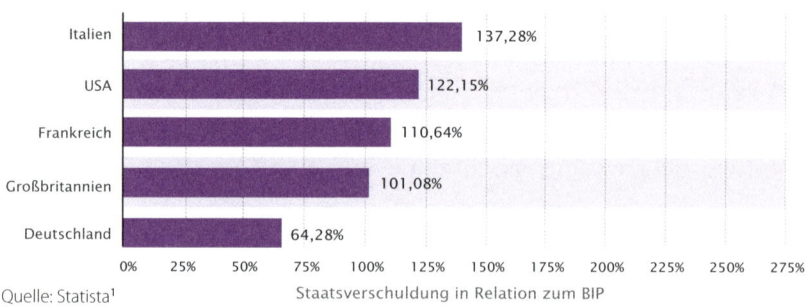

Quelle: Statista[1]

Staatsverschuldung in Relation zum BIP

**Michael Vassiliadis:** Ich komme aus der Industrie und kann überhaupt nicht feststellen, dass die Arbeitszeit an den Maschinen gesunken ist. Zugleich arbeiten die Menschen nicht nur in der Produktion, sondern auch in Laboren und Büros inzwischen besonders flexibel, häufig 24/7. Natürlich schwankt die Produktion je nach Auftragslage, aber sie läuft beständig weiter, jeden Tag, und das mit immer weniger Beschäftigten. Selbstverständlich sind die Mitarbeitenden hierzulande nach wie vor arbeitsam, pünktlich und strebsam. In der Corona-Zeit mussten und konnten viele Menschen zu Hause bleiben. Nicht aber die Industriearbeiter, die „Bänder" standen auch während der Pandemie nicht still, und wir alle wurden versorgt. Ich sehe da schon Motivation und Verantwortungsbewusstsein bei vielen, wenn selbst in einer solchen Situation unterschiedliche Risiken in Kauf genommen werden. Das galt im Übrigen insbesondere auch für die Beschäftigten in der Gesundheitsbranche, bei der Polizei oder Feuerwehr, die die Versorgung und Sicherheit der Bevölkerung gewährleistet haben.

*Gab es da Missgunst?*

**Vassiliadis:** Nein, das lief klaglos und pflichtbewusst! Denken wir nur mal an das Personal im Krankenhaus. Bei ihnen war das Risiko, sich anzustecken und selbst schwer krank zu werden, riesengroß. Haben sie sich beklagt? Nein! Sie haben nach Anerkennung und Respekt gerufen. Zu Recht! Alles in allem funktioniert unser Land immer noch ziemlich gut. Daher sollte die öffentliche Debatte über dieses Thema respektvoll geführt werden und aufmerksam sein und den unterschiedlichen Lebens- und Arbeitsbedingungen gerecht werden.

*Also alles in Butter?*

**Vassiliadis:** Nein, selbstverständlich gibt es Probleme, auch gravierende, und ich will sie nicht schönreden, sondern nur ins rechte Licht rücken. Zu Recht wird zum Beispiel über den Bürokratie- und Dokumentationswahn in Deutschland und Europa geklagt. Wenn ich sehe, was ein Unternehmen heute im Produktionsprozess alles dokumentieren muss, dann frage ich mich ernsthaft: Ist das noch effizient? Wer hat sich das bloß alles ausgedacht? In der Tat ufert der berechtigte Wunsch nach möglichst großer Transparenz wirtschaftlicher Aktivitäten inzwischen völlig aus, fesselt Unternehmertum und die Innovationskraft. Und das sage ich ganz bewusst als Gewerkschafter, weil es mir im Interesse der Arbeitenden enorm wichtig ist, dass unsere Unternehmen und damit die Volkswirtschaft florieren und die Kreativität und das Engagement der Fachkräfte sich nicht in Reports und Berichtspflichten verlieren und verbrauchen.

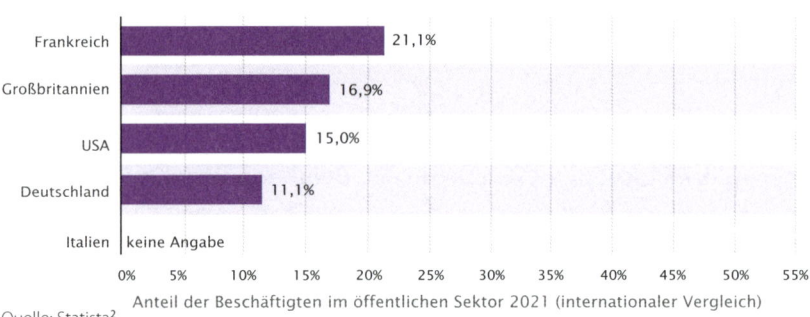

Anteil der Beschäftigten im öffentlichen Sektor 2021 (internationaler Vergleich)
Quelle: Statista[2]

*Viele Arbeitgeber kritisieren, dass in Bewerbungsgesprächen heute sofort die Frage nach der Work-Life-Balance auftaucht. Hat sich die Vorstellung, welche Bedeutung Arbeit im Leben haben soll, haben sich die deutsche Mentalität und Identität verändert?*

**Vassiliadis:** Natürlich trifft man heute vermehrt auf den Wunsch, die neu gegründete Familie auch im Alltag zu erleben, der eigenen Gesundheit mehr Aufmerksamkeit zu schenken, seinen Verpflichtungen in der Pflege der Angehörigen nachzukommen und das verdiente Geld auch ausgeben zu können. Das konnten einige gehobene Schichten schon immer, aber dieser Wunsch ist breiter geworden. Die Beziehung zwischen Zeit und Geld hat sich verändert, das spüre ich auch in der Gewerkschaft. Früher brauchten die allermeisten Menschen ihren Lohn, um irgendwie über die Runden zu kommen. Die gegenwärtige Inflation hat diese Not zwar wieder vergrößert, gleichwohl gibt es viele Menschen, die nach wie vor gut verdienen oder geerbt haben oder denen ihr Geld reicht, weil sie in ihrem Leben andere Prioritäten setzen. Ich würde das aber nicht, wie manche es tun, mit Faulheit oder fehlendem Ehrgeiz gleichsetzen. Die allermeisten Menschen kalkulieren nüchtern und fragen sich: Was will ich von meinem Leben? Insoweit verändert sich hierzulande tatsächlich kulturell etwas, das spüre ich auch in unseren gewerkschaftlichen Diskussionen.

*Das britische Nachrichtenmagazin* Economist *nennt uns erneut den „kranken Mann" Europas. Wenn sich also Mentalitäten und Identitäten verändern, besitzen wir Deutschen noch die notwendigen Tugenden, die Innovationskraft und den Unternehmergeist, um auch in Zukunft zu bestehen? Können wir noch Transformation?*

**Pausder:** Auf jeden Fall! Der Artikel des *Economist* hat mich sehr verärgert, weil er für seine These überhaupt keine stichhaltigen Beweise liefert. Im Bereich der Forschung und in vielem, was unsere Hochschulen und Universitäten leisten, kann Deutschland durchaus mit den USA mithalten. Wir melden in Europa die meisten Patente an, es gibt neben der exzellenten Grundlagenforschung inzwischen auch

*Martin Klingst*

eine ebenso gute angewandte Forschung. Mit anderen Worten: Gute Ideen werden immer öfter in gute Produkte umgesetzt. Wir haben bestens ausgebildete Menschen, unser duales Ausbildungssystem ist Weltspitze, bundesweit werden sogenannte Start-up-Factories ausgeschrieben. Deutsche Ingenieure, die aus der Automobilbranche kommen, arbeiten heute zum Teil im Spacetech-Sektor und werden global umworben. Das alles macht mir Mut. Auch haben wir im Land ausreichend Kapital, siebeneinhalb Billionen Euro privates Kapital und 300 Milliarden Euro, die jedes Jahr von Versicherern angelegt werden. Nur investieren wir leider nicht genug in Innovationen, das muss sich dringend ändern. Aber ich wehre mich gegen die Meinung, dass hierzulande bald das Licht ausgeht. Nein, in den meisten Räumen haben wir das Licht noch gar nicht angemacht.

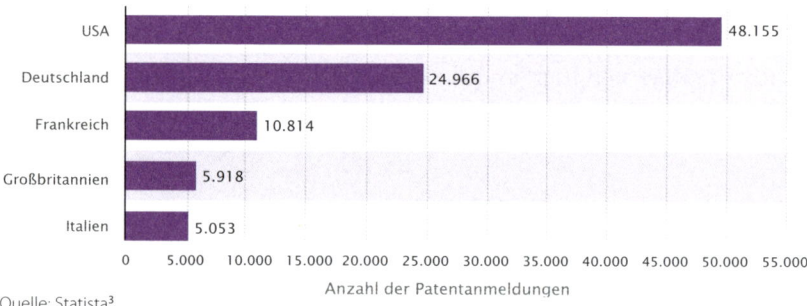

Quelle: Statista[3]

**Vassiliadis:** Wie Frau Pausder stören auch mich diese negativen Charakterisierungen Deutschlands und der Deutschen. Sie sind viel zu pauschal und in weiten Teilen falsch. Schauen wir noch einmal auf die Corona-Pandemie: Nicht nur haben wir in kürzester Zeit einen sehr guten Impfstoff hingekriegt, sondern hatten auch die notwendige Infrastruktur dafür, damit dieses Unterfangen überhaupt gelingen konnte.

*War das nicht eine absolute Ausnahmesituation?*

**Vassiliadis:** Ja, aber sie zeigt auch: Wenn die Not drückt, ist die mentale Bereitschaft da, sich auch auf Risiken einzulassen. Auf einmal entdecken und mobilisieren wir unsere guten Tugenden. Die Geschwindigkeit, mit der plötzlich sowohl die Entwicklung des Impfstoffs als auch dessen Produktion durchgezogen wurden, die Beschleunigung der Genehmigungsverfahren – all das zeigt einerseits, was hier im Argen liegt, und demonstriert andererseits, dass sich unsere Schwierigkeiten lösen lassen. Der Standort Deutschland, der ja nicht losgelöst von unserer deutschen Identität betrachtet werden kann, hat viele Vorteile. Das wird auch im Ausland so gesehen, sonst würden globale Konzerne nicht weiter bei uns investieren. Dennoch gibt es ein paar Dinge, die wir ganz dringend angehen müssen, sonst kriegen wir nicht die notwendigen PS auf die Straße, die wir für eine Transformation unserer Wirtschaft brauchen. In der Tat gönnen wir uns ein paar Gemütlichkeiten, die wir uns absolut nicht mehr leisten können.

*Zum Beispiel?*

**Vassiliadis:** Der Zickzackkurs bei der Energiewende, die Langsamkeit bei der Anwerbung von Fachkräften, das ewige Vor-uns-Herschieben des Bürokratieabbaus. Was die Energiewende angeht, haben wir uns lange damit gebrüstet, dass wir all den anderen Staaten zeigen werden, wie sie funktioniert, nicht nur technisch, sondern auch ökonomisch. Doch die Realität folgte nicht der vollmundigen Ankündigung. Wir haben die Energiewende bislang nicht geschafft, sie ist teuer, enorm zäh und kommt bislang bei den Menschen und Betrieben nicht an.

*Martin Klingst*

*Haben wir uns und unsere Stärken überschätzt?*

**Vassiliadis:** Wir haben uns zu lange damit begnügt, große Ziele zu verkünden, aber bei der Umsetzung gepatzt, weil wir unsere gute Tugend der realistischen, planvollen Umsetzung, über die wir gerade gesprochen haben, hier beiseitegelegt haben.

*An allen Ecken und Enden fehlt es an Fachkräften. Stärkt dieser Mangel die Verhandlungsmacht der Arbeitenden? Mit anderen Worten: Können die, die Arbeit haben oder suchen, die Jobbedingungen diktieren und zum Beispiel eine größere Work-Life-Balance verlangen? Wächst dadurch die Bequemlichkeit, und werden Produktivität und Innovationskraft ausgebremst?*

**Pausder:** Wir müssen hier unterscheiden zwischen einerseits den Gründern und Gründerinnen von Unternehmen, die etwas völlig Neues in die Welt setzen wollen, und all jenen Menschen, die angestellt sind und mit ihrem Arbeitgeber über die Jobkonditionen verhandeln. Wer ein Unternehmen aufbauen will, kann das nicht in Teilzeit tun. Das geht nur, wenn man in einem Markt gründet, in dem es kaum Konkurrenz gibt und es darum ausreicht, wenn man sich drei, vier Tage in der Woche für seine Idee engagiert. Willst du aber etwas Neues, wirklich Relevantes erfinden und auf den Markt bringen, etwa eine Wärmepumpe, einen Batteriespeicher oder etwas, das mit der Fusionsenergie zusammenhängt, dann kannst du das nicht nebenbei einfach so erledigen. Da musst du dich mit ganzer Kraft einbringen, weil andernfalls deine Erfindung dreizehn statt zehn Jahre dauert und sie dir in der Zwischenzeit von der schnelleren ausländischen Konkurrenz weggenommen wird.

*Für Angestellte gilt das nicht?*

**Pausder:** Nein, wenn du einen Job hast, der nicht jeden Tag etwas Neues bringt, den du vielleicht schon seit fünf Jahren ausübst, sieht die Sache anders aus. Da hat die Work-Life-Balance einen ganz anderen Stellenwert. In Großbritannien wird gerade in einer zweistelligen Anzahl von Betrieben die Viertagewoche ausprobiert und evaluiert. Da wird die Produktivität in den Blick genommen und ebenso die Zufriedenheit der Mitarbeitenden, deren Krankenstand und Fluktuation, die Vereinbarkeit von Arbeit, Familie und Freizeit.

*Und was sagen die Ergebnisse?*

**Pausder:** Für eine abschließende Bilanz ist es zu früh, aber erste Ergebnisse deuten an, dass sich die Viertagewoche auszahlt. Sie nutzt der Produktivität ebenso wie der Lebenszufriedenheit der Arbeitenden. Es ist von Vorteil für die Volkswirtschaft, wenn Menschen nicht ausbrennen, nicht zur Kita hetzen müssen, um rechtzeitig ihr Kind abzuholen, wenn sie nicht permanent erkranken, sondern genügend Erholungszeiten haben, wenn sie nicht mit dem Gefühl arbeiten, innerlich längst gekündigt zu haben. Als Unternehmerin würde ich mir darum wünschen, dass wir auch hierzulande wissenschaftliche Studien erstellen und da empirisch reingehen, um herauszufinden: Wie wirken sich verkürzte Arbeitszeiten wirklich aus, egal ob wir von einer Viertagewoche oder weniger Arbeitsstunden an fünf Tagen sprechen? Wir sollten diese Debatte, in der es immer wieder heißt, die Deutschen seien faul geworden, endlich von falschen Ideologien und Emotionen befreien und ganz nüchtern darauf schauen.

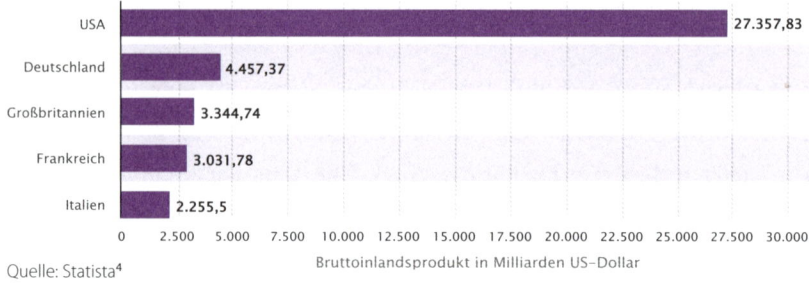

| | |
|---|---|
| USA | 27.357,83 |
| Deutschland | 4.457,37 |
| Großbritannien | 3.344,74 |
| Frankreich | 3.031,78 |
| Italien | 2.255,5 |

0  2.500  5.000  7.500  10.000  12.500  15.000  17.500  20.000  22.500  25.000  27.500  30.000

Quelle: Statista[4]

Bruttoinlandsprodukt in Milliarden US-Dollar

**Vassiliadis:** Völlig richtig. Wer etwas aufbaut, an etwas tüftelt oder politisch etwas verändern will, läuft nicht mit einer Stoppuhr herum. Wer für etwas brennt, arbeitet mehr, wer ausgebrannt ist, kann für nichts mehr brennen. Entscheidend sind gute Arbeitsbedingungen, ein unterstützendes Umfeld, Führung und Inspiration. Frau Pausder, Sie sind eine erfolgreiche Frau, aber viele Frauen können nicht erfolgreich sein, selbst wenn sie es wollten. Weil unsere Gesellschaft noch immer in alten Rollenbildern verhaftet ist, weil Arbeitsmarkt und Jobbedingungen vielen Frauen keinen Erfolg ermöglichen. Selbstverständlich gehört es zur Freiheit jedes und jeder Einzelnen, zu entscheiden, ob und wie viel er oder sie arbeiten will, zumindest wenn man sich diese Abwägung finanziell leisten kann. Gleichzeitig aber müssen die Rahmenbedingungen dafür geschaffen werden, dass alle Menschen auch tatsächlich so viel arbeiten können, wie sie können und wie es für eine innovative Volkswirtschaft notwendig ist. Die Frage also lautet: Wie schaffen wir eine Balance zwischen großer Leistungsfähigkeit und einem gesunden Verständnis von Arbeit? Wie erreichen wir es, dass deutsche Tugenden wieder zur vollen Blüte gelangen, ohne dass die Menschen dabei ausbrennen?

*Und? Haben Sie ein Konzept?*

**Vassiliadis:** Bevor wir über einzelne Maßnahmen sprechen, müssen wir zunächst einmal unsere hochmoralische Debatte entmoralisieren. Weil wir derzeit unter einem großen Mangel an Fachkräften leiden, heißt es oft, die Arbeitsbevölkerung hierzulande sei bequem und faul geworden, die Deutschen schüttelten ihre hervorstechenden Eigenschaften und ihre Identität, die ihnen weltweites Ansehen verschafft hätten, ab. Da sage ich: Bitte mal halblang. Unter dem Strich sind wir sehr fleißig und produktiv. Und wer unter einem Burn-out leidet, darf nicht als Arbeitsverweigerer und Simulant gebrandmarkt werden. Diese Schuldzuweisungen müssen aufhören. Natürlich fehlt es an Arbeitskräften, allerdings bin ich auch froh, dass wir keine Massenarbeitslosigkeit mehr haben. Ich bin noch damit groß geworden, dass fünf bis sechs Millionen Menschen dringend einen Job brauchten. Aber ich will mich nicht um die Beantwortung Ihrer Frage drücken. Hierzulande haben wir nach wie vor ein großes Potenzial an brachliegender Arbeitskraft, das wir mobilisieren könnten, würden wir dafür endlich die geeigneten Bedingungen schaffen.

*An wen denken Sie?*

**Vassiliadis:** In erster Linie an die Frauen, von denen viele gar nicht oder nur in Teilzeit arbeiten. Für die Vereinbarkeit von Beruf und Familie müssen wir als Gesellschaft weit mehr tun als bisher. Aber dann sind da die vielen jungen Menschen, die Jahr für Jahr die Schule ohne einen richtigen Abschluss verlassen und anschließend keine Arbeit finden. Ihre Zahl ist erschreckend hoch und wächst weiter. Natürlich kann nicht jeder Mensch alles, aber jeder und jede kann irgendetwas. Doch wir sind altem Denken verhaftet, sind der Meinung, wer nicht die zehnte Schulklasse absolviert, taugt nichts, ist out und muss halt den Rest seines Lebens mit dem Bürgergeld zurechtkommen. Das ist doch kompletter Irrsinn, denn diese Menschen können ebenso mit Arbeit zu unserer Volkswirtschaft beitragen. Dafür müssen wir diese Menschen befähigen und motivieren. Wir müssen neue Wege beschreiten und innovativ sein.

*Über unser Bildungssystem und die hohe Zahl von Schulabbrechern wird schon seit Ewigkeiten geklagt, ohne dass sich im Ergebnis viel geändert hätte. Sind wir Deutschen noch kreativ genug, Neues und Ungewohntes zu versuchen? Oder sind uns die Ideen ausgegangen, sind wir mutlos und lahm geworden?*

**Pausder:** Wir erziehen nicht zum Mut und zum Risiko. Wir bilden auch nicht dafür aus. Im Vordergrund steht bei uns immer die Sicherheit. Wir Deutschen mögen gerne das Mittelmaß nach dem Motto: Rage nicht zu weit nach oben heraus, aber stürze auch nicht ab, denn dann bist du gescheitert. Klar, ein sicherer Arbeitsplatz, ein gesichertes Einkommen ist für viele Menschen wichtig. Und das sollte auch niemand belächeln. Aber wir brauchen ebenso Leute, die etwas wagen und für etwas brennen, die sich nicht mit dem Mittelmaß zufriedengeben.

*Haben es sich nicht auch manche Unternehmen zu bequem gemacht? Sie, Frau Pausder, beschäftigen sich heute vor allem mit Start-ups, entstammen aber einer mittelständischen Industriellenfamilie. Vor allem der deutschen Großindustrie wird inzwischen eine gewisse Bräsigkeit vorgeworfen? Zu Recht?*

**Pausder:** Es mag einige Beispiele dafür geben. Aber vor allem fehlt es hierzulande am Training in deutschen Tugenden. Unsere Schulen bilden nicht wirklich für das freie Unternehmertum aus, weil es immer gleich heißt: „Unsere Kinder sollen doch keine Kapitalisten werden." Dabei geht es doch gar nicht ums Geldverdienen, sondern darum, die Grundlagen dafür zu schaffen, dass möglichst viele junge Menschen befähigt werden, ihr Leben in die eigene Hand zu nehmen. Dass sie Mut, Kreativität und Risikobereitschaft entwickeln, dass sie eigene Träume entfalten und sich zutrauen, diese auch in die Tat umzusetzen. Ja, auch Strebsamkeit, Pünktlichkeit und die Fähigkeit, mit dem verdienten Geld zu wirtschaften, gehören dazu. Diese Eigenschaften brauchen wir übrigens in allen Bereichen und nicht nur für die Gründung eines Unternehmens.

*Haben wir aufgrund dieser vernachlässigten Identitätsbildung den Anschluss an die internationale Konkurrenz verpasst?*

**Pausder:** So weit würde ich nicht gehen, aber in der Tat können und müssen wir hier deutlich eine Schippe drauflegen. Insgesamt bleibe ich jedoch zuversichtlich. Selbst im vergangenen Jahr, als die Verunsicherung angesichts des Ukrainekriegs und der Energiekrise ständig wuchs, wurden hierzulande rund 2500 neue Start-ups gegründet. Das zeigt doch, dass es nach wie vor viele Menschen gibt, die sich für eine Idee begeistern und dafür ins Risiko gehen. Insgesamt arbeiten inzwischen über 400 000 Beschäftigte in der deutschen Start-up-Wirtschaft.

*Ist die explodierende Start-up-Szene womöglich eine Blase, die auch wieder schnell platzen könnte?*

**Pausder:** Nein, ich glaube, hocherfolgreiche Transportunternehmen wie Flix oder der mit künstlicher Intelligenz arbeitende Online-Übersetzungsdienst DeepL oder der für Touristen nützliche Tourenservice GetYourGuide zeigen doch, dass Innovationen und Start-ups auch hierzulande keine Blase sind. Die Leute merken: Holla, das hat ja wirklich was mit meinem Leben zu tun, macht manches einfacher oder besser oder schneller oder günstiger. Solche Beispiele aus dem echten Leben sind wichtig, um zu begreifen, dass da nicht irgendwelche spinnerten Software-Ingenieure in Berlin irgendetwas bauen, das mit den meisten Bürgerinnen und Bürgern überhaupt nichts zu tun hat. Nachdem vor 20 Jahren die Blase der New Economy geplatzt war, verstehen viele Menschen jetzt, dass dank der Innovationen und Start-ups in Deutschland etwas entsteht, das bleiben wird.

**Vassiliadis:** Ich möchte gerne auch eine Lanze für große Unternehmen brechen. Und zwar nicht, weil sie immer besser sind, sondern weil wir sie brauchen – auch für die Start-up-Welt und für unseren Mittelstand. Schaut man genau hin, stellt man schnell fest, dass wir in Deutschland nicht gerade die größten Konzerne der Welt haben. Das ist manchmal ein Problem. Nehmen wir das Beispiel Unterhaltungselektronik und die dazugehörige Software. Da gab es hierzulande einige echt gute Firmen, doch als sie wuchsen und wuchsen, stießen sie an eine Grenze und fanden für ihre neue Größe in Deutschland keinen Hafen mehr. Was geschah? Sie wurden gekauft, zum Beispiel von Yamaha oder von Apple. Ähnlich ist es bei Video- und Sounddesign-Software, auch da ist deutsches Engineering spitze, doch werden diese Firmen, wenn sie eine bestimmte Größe erreichen, von ausländischen Konzernen aufgekauft. Es gibt hierzulande nicht genügend fruchtbaren Boden, um ein Unternehmen zu wirklicher Weltgröße reifen zu lassen. Der Softwareentwickler SAP ist da eine Ausnahme. Wir trauen uns zu wenig – und wir trauen uns zu wenig zu.

*Woran liegt das?*

**Vassiliadis:** Zum einen ist uns Deutschen eine gewisse Bodenständigkeit eigen. Das ist sympathisch, lässt uns nicht abheben, aber diese Kultur verhindert zugleich das große Träumen, den Mut zum Risiko und eine gewisse unternehmerische Radikalität. Auch zeichnet uns eine Versicherungsmentalität aus – übrigens bis hoch in die Managerkreise. Dort ist sie sogar bisweilen stärker ausgeprägt als bei normalen Arbeitnehmern. Da ich in etlichen Aufsichtsräten sitze, kann ich ein Lied davon singen. Sobald es um Risikobereitschaft oder gar um persönliche Haftung geht, lassen sich manche Manager gleich 25-mal gegen jedes Wagnis absichern. Vielen fehlt das notwendige Unternehmer-Gen.

**Pausder:** Weil wir es in unserer Gesellschaft auch nicht mehr genug heranziehen. In anderen Ländern ist es gang und gäbe, dass von früh auf geradezu spielerisch unternehmerische Tugenden eingeübt werden. In den USA gibt es das berühmte Simulationsspiel des „Lemonade Stand", ein Verkaufsstand für Limonade. Jeder kann dort die Zutaten erwerben, also Zitronen und Zucker, und daraus Limonade herstellen. Und dann beginnt das Unternehmertum und der freie Wettbewerb. Der erste Verkäufer sagt, seine Limonade sei besonders günstig, der zweite, seine schmecke besonders gut, weil er noch andere Ingredienzen hineingerührt habe, der dritte behauptet, seine sei besonders gesund, weil er kaum Zucker verwende. So lernen schon Kinder an einem sehr einfachen Beispiel, was Preisführerschaft, Kostenführerschaft, Marketing, Vertrieb und so weiter bedeuten.

*Martin Klingst*

*Missgönnen wir den Erfolgreichen ihren Wohlstand und argwöhnen, ihr Reichtum könne nicht mit lauteren Mitteln erworben worden sein? Ist Neid eine deutsche Untugend?*

**Pausder:** Da ist etwas dran. Wir sollten unternehmerische Vorbilder stärker ins Licht heben und wertschätzen, was sie auch gesellschaftlich leisten. Sei es Dieter Schwarz, der Gründer des Supermarkt-Imperiums Lidl, der eine Reihe gemeinnütziger Initiativen ins Leben gerufen hat. Oder Ralf Dommermuth, der Gründer des Internet-Serviceproviders United Internet AG, der mit seiner Stiftung United Internet for UNICEF jedes Jahr zweistellige Millionenbeträge für notleidende Kinder aufbringt. Darüber reden wir als Gesellschaft zu wenig, weil viele denken: Ach, das sind doch die Reichen, die muss man jetzt nicht noch loben.

*Liegt es vielleicht auch daran, dass wir Deutschen im Allgemeinen sparsam und genügsam sind, vielleicht zu sparsam angesichts der vielen gleichzeitigen Krisen?*

**Vassiliadis:** Der durchschnittliche Deutsche findet es immer noch reizvoll, ein gut gefülltes Sparbuch zu haben. Das Geld liegt dann in den Banken herum und wird viel zu selten den Start-ups geliehen, weil ein konservatives System mit tausend Vorschriften die Bereitstellung von Kapital so kompliziert macht. Da stellt man sich natürlich die Frage: Wer finanziert hierzulande eigentlich noch Innovationen? In Deutschland gibt es aus historischen Gründen verständlicherweise immer noch eine große Angst vor einer Hyperinflation und enormem Geldverlust. Diese Angst hat sich in unseren Genen festgesetzt, ist ein Teil unserer jüngeren Identität geworden. Doch ein knappes Jahrhundert nach dem großen Crash sollten wir weniger furchtsam sein.

*Welchen Identitätswandel würden Sie empfehlen?*

**Vassiliadis:** Im Vordergrund sollte nicht Sparsamkeit um der Sparsamkeit willen sein. Heute stehen sich Verschwendung und sinnvolles Investieren gegenüber. Verschwendung ist immer Unsinn, hingegen sind Konsum, Investitionen wie der sparsame Umgang mit Ressourcen durchaus ökonomisch. Allerdings werden in der öffentlichen Debatte zurückhaltender Konsum und eine strenge Haushaltsführung meist als eine gute deutsche Tugend gepriesen. Doch Zurückhaltung beim Kauf ist meist wenig sinnvoll, Konsum hat eine volkswirtschaftliche Dimension, bei der es auch darum geht, wer denn hierzulande noch zu kaufende Güter herstellt. Ebenso verhält es sich mit Investitionen in die Zukunft, es ist verrückt, hier einzusparen.

*Haben Sie ein Beispiel?*

**Vassiliadis:** Es gibt viele, aber nehmen wir nur mal den Energiesektor. Wir haben zu wenig in den Energietransport, in flächendeckende Übertragungsnetze investiert, jetzt fehlen überall Leitungen, und wir verlieren wegen dieser fehlenden Infrastruktur Jahr für Jahr zwei bis drei Milliarden Euro. Das ist verschwendeter Strom, verschenktes Geld und eine völlig falsch verstandene Sparsamkeit.

**Pausder:** Dazu passt übrigens auch unsere Debatte über unser nicht mehr wirklich funktionierendes Rentensystem. Dieser Diskussion haftet ebenso etwas typisch Deutsches an. Unsere vorherrschende Mentalität lautet: Der Staat kümmert sich um meine Altersvorsorge, und wenn ich ansonsten sparsam bin, habe ich alles richtig gemacht. Die Kehrseite: Die Deutschen legen sehr wenig Geld in Aktien an, wir haben hierzulande eine extrem niedrige Aktienquote, als Gesamtgesellschaft sind wir an den weltweiten Aktienmärkten und damit im Prinzip auch an Innovationen nur zu neun Prozent beteiligt.

*Was ist die Ursache dieser Zögerlichkeit?*

**Pausder:** Weil die meisten Deutschen Aktien nicht trauen, weil sie diese Geldanlage für suspekt und unsicher erachten und lieber sagen: Lasst uns das Geld besser auf dem Bankkonto horten, da gibt es zumindest Zinsen. Allerdings hat sich an dieser Einstellung über die Zeit nichts grundsätzlich geändert. Auch als es zehn Jahre so gut wie keine Zinsen gab und es auf einmal Gebühren kostete, Geld auf dem Konto liegen zu haben, „sparten" wir weiter. Um kein Missverständnis zu erzeugen: Generell bin ich sehr dafür, dass man umsichtig mit dem Geld wirtschaftet, das man verdient hat. Sparsamkeit ist per se keine negative Tugend. Ich selbst komme aus Ostwestfalen, einer wahnsinnig knauserigen Region. Dort ist man auch deshalb wirtschaftlich so stark geworden, weil man immer mehr eingenommen als ausgegeben hat. Doch sparen darf nicht heißen, dass man auch nicht investiert. Wer das meint, fährt die Wirtschaft gegen die Wand. Deutschland befindet sich da auf einem gefährlichen Pfad.

**Vassiliadis:** Ich stimme Frau Pausder voll und ganz zu. Unsere Renten haben offenkundig zwei gravierende Probleme: zum einen ihre immer schwieriger werdende Finanzierung aufgrund des Generationenvertrags, zum anderen ihre für viele Menschen zu geringe Höhe. Unser Rentensystem ist also nicht nur kostspielig, sondern es kommt auch nicht viel dabei heraus. Wer 45 Jahre ununterbrochen in das System eingezahlt hat, erhält am Ende durchschnittlich 1700 bis 1800 Euro Rente im Monat, das ist nicht gerade üppig. Doch die Debatte über die mangelnde Effizienz unseres Systems hat sich total verhakt.

Die eine Seite, wozu auch die Gewerkschaften gehören, zeigt mit dem Finger allein auf die niedrige Rente, die andere nur auf die zu geringen Einnahmen. Was für ein Unsinn, wir müssen beide Seiten im Blick haben. Es mag einige verwundern, dass ich das als Gewerkschafter sage, aber ich bin, was etwa die Anlage von Renten in Aktien anbelangt, weit entspannter als einige meiner Kolleginnen und Kollegen. Wir brauchen dringend politische und soziale Innovationen.

*Wo finden Sie hierzulande neues Denken?*

**Vassiliadis:** Zu wenig in den Parteien, die doch eine tragende Säule der demokratischen Willensbildung in unserer Gesellschaft sind. Ich bin in den vergangenen Monaten auf vielen Parteitagen gewesen, war aber jedes Mal ernüchtert. Die Ideen, die dort diskutiert wurden, stammen häufig noch aus den 1980er-Jahren, sind abgestanden, so als seien sie plötzlich aus dem Permafrost aufgetaut. Da war wenig Neues dabei. Für mich spricht das für Innovationsträgheit. Wir müssten als Gesellschaft jetzt dringend einen Kassensturz machen und uns fragen: Was sind derzeit unsere drei, vier, fünf wichtigsten Projekte? Darüber und über mögliche Lösungen sollte dann der Wahlkampf geführt werden.

*Sind wir Deutschen überhaupt noch fähig zur Transformation?*

**Pausder:** Weil das Veränderung bedeutet, ist das Thema oft angstbesetzt – und zwar sowohl bei Arbeitnehmern als auch bei Arbeitgebern. Jede Transformation, jeder Wandel von Dingen, an die man sich gewöhnt hat, ist erst einmal für jeden und jede schmerzhaft, für manche mehr, für andere, die etwas resilienter sind, weniger. Wenn ich von Unternehmern und Unternehmerinnen spreche, macht es, glaube ich, einen Unterschied, ob ich eine völlig neue Idee wie die KI in die Welt setze oder ob mein gesamtes eigenes unternehmerisches Leben einer Transformation unterzogen wird.

*Was meinen Sie damit?*

**Pausder:** Wenn ich zum Beispiel ein Start-up gründe und es funktioniert hinten und vorne nicht, dann muss ich die Unternehmensidee noch einmal in eine völlig neue Richtung entwickeln. Doch die Investoren halten sich mit Finanzspritzen zurück. Die Folge: Mir als Unternehmerin fehlt das Geld, das ich brauche, um diesen neuen Weg zu beschreiten, mir steigt allmählich das Wasser bis zum Hals, und ich frage mich: Kriege ich diese notwendige Neuorientierung, dieses „Pivoting", wie wir es nennen, überhaupt noch hin? Die Transformation des eigenen Unternehmens ist für manche äußerst schwierig.

*Sie sprechen von einzelnen Unternehmen. Wie aber sieht es mit der Transformation ganzer Bereiche aus, also zum Beispiel der Notwendigkeit der Digitalisierung? Können wir Deutschen das noch? Oder steht uns da unsere Mentalität im Weg?*

**Pausder:** Da bin ich eher zuversichtlich. Bei der Transformation großer Märkte herrscht eher große Offenheit, bisweilen gar Euphorie. Nehmen wir das Beispiel Arzttermine. Es ist doch völlig verrückt, drei Monate auf einen Besuch beim Orthopäden zu warten. Wieso lässt sich dieses Problem noch immer nicht digital lösen? Anderen Ländern gelingt das doch auch. Zumindest gibt es jetzt E-Rezepte, und man kann mit Fug und Recht fragen: Warum erst jetzt, warum ging das nicht schon viel früher? Oder nehmen wir die digitale Patientenakte. Niemand kann es gut finden, wenn er den Anamnesebogen zum hundertsten Mal ausfüllen muss. Das ließe sich mit einer digitalen Patientenakte verhindern, und ich bin überzeugt, die meisten Menschen würden dem zustimmen, wenn zugleich sichergestellt wird, dass nicht jeder fröhlich Zugang zu deinen Daten erhält und sehen kann, welche Krankheit du hast. Würden wir den Menschen deutlich machen, warum Transformationen notwendig sind und wie sie das individuelle Leben angenehmer machen, dann würden sich auch nicht mehr so viele vor Veränderungen fürchten. Doch wir haben ganz klar ein Kommunikationsproblem. Darum müssen Politik, Gewerkschaften, Verbände und Unternehmen, ja so gut wie alle gesellschaftlichen Kräfte, weit besser als bisher erklären, warum Transformation notwendig und gut ist.

*Scheuen nicht auch deutsche Unternehmen die Transformation, weil ihnen der Mut zum Risiko fehlt?*

**Pausder:** Es mag einzelne Fälle geben, aber grundsätzlich bezweifle ich das. Ich komme aus einer Unternehmerfamilie im Textilbereich, vor zwei Jahren ist unser Familienunternehmen 300 Jahre alt geworden. Wenn in dieser langen Zeit jemand an der Firmenspitze gesagt hätte: „Puh, Transformation und Wandel, da habe ich Angst vor, das lassen wir mal", dann gäbe es uns nicht mehr. In den 1990er-Jahren ist fast die gesamte Weberbranche in Deutschland ausgestorben, und mit Ach und Krach haben wir die Transformation in einen neuen Sektor geschafft. Doch Veränderungen gehören zum Unternehmertum, man muss sich ständig fragen, ob das, was man da tut, noch Sinn macht und am Markt Bestand haben kann. Was ich allerdings in den vergangenen zehn Jahren gespürt habe, war eine gewisse Laissez-faire-Stimmung. Das Geld war billig, der Gas- und Ölpreis günstig, und so mancher dachte: „Mensch, das läuft ja, ich muss mich gar nicht so sehr anstrengen." Jetzt ist alles teurer geworden, die Energie, die Zinsen, und wir wundern uns, warum wir in manchen Bereichen nicht mehr wettbewerbsfähig sind. Die Antwort: Wir haben uns zu lange in Sicherheit gewogen, haben dabei einige wichtige Transformationsschritte verschlafen, gerade auch in der Automobilindustrie.

*Herr Vassiliadis, als Gewerkschaftschef vertreten Sie Branchen, die wie Bergbau und Chemie vom Untergang bedroht sind oder vor einem großen Umbruch stehen, aber ebenso Industriebereiche, die wie der Energiesektor einer Transformation eher zugeneigt sind. Wie stark haben Sie mit Ängsten und Widerstandskräften zu tun?*

**Vassiliadis:** Zunächst einmal möchte ich meinem Unmut darüber Luft machen, dass uns Deutschen die Bereitschaft zur Veränderung abgesprochen und so getan wird, als sei draufgängerischer Mut zum Risiko, egal was es koste, die allein selig machende Lösung. Wir Deutschen sind sehr gut darin, allgemeinen Pessimismus zu verbreiten, wir sind Meister in der Verbreitung von Verunsicherung. Selbstverständlich müssen wir Risiken eingehen, aber uns ist in dieser aufgeregten Debatte auch die Bereitschaft zur Risikoabwägung verloren gegangen.

*Was meinen Sie damit?*

**Vassiliadis:** Wenn ich die Straße überquere, gehe ich regelmäßig ein Risiko ein. Idealerweise laufe ich bei Grün los und setze darauf, dass auch die Autofahrer mitbekommen, dass die Ampel für Fußgänger auf Grün geschaltet hat. Das heißt: Es gibt immer ein Restrisiko, also schaue ich, obwohl ich bei Grün blind loslaufen dürfte, lieber noch einmal nach rechts und links. Das verstehe ich unter einer Risikosorgfalt, die zugleich aber eine Abwägung ist. Überhaupt nicht loszugehen, um ja nicht überfahren werden zu können, wäre Stillstand.

*Was also fehlt uns?*

**Vassiliadis:** Dass wir, nachdem wir die Abwägung unternommen haben, uns für die dann notwendigen Entscheidungen zu viel Zeit lassen. Da ist die Ampel wieder auf Rot, und wir stehen verwundert auf der Stelle. Und da sind andere Länder viel, viel schneller und pragmatischer – und deshalb im Ergebnis auch leistungsfähiger und erfolgreicher. Sowohl als Individuen als auch als Gesellschaft müssen wir wieder lernen, rascher und bewusster zu entscheiden – und zu handeln.

*Was heißt das konkret?*

**Vassiliadis:** Nehmen wir das Thema Wasserstoff. Wollen wir dafür hierzulande eine Infrastruktur aufbauen? Dann brauchen wir vereinfacht gesagt Rohre, und die werden auch Natur verändern. Wollen wir für Strom aus erneuerbarer Energie eine Leitung nach Baden-Württemberg oder Bayern? Dann brauchen wir dafür Leitungen. Wollen wir diese Leitungen unterirdisch bauen, weil sie dann weniger Menschen stören? Dann kostet das mehr Geld, das in anderen Bereichen fehlt. Das wären Beispiele notwendiger Abwägungen, denen Entscheidungen folgen müssen. Macht man allerdings immer nur das Wünschenswerteste zur Handlungsmaxime, kommen wir nicht vom Fleck. Auch das – und nicht nur eine überbordende Bürokratie – gehört zu unserem Dilemma. Ich stimme Frau Pausder zu, die billigen Zinsen, die billige Energie, die günstigen Flüge haben unsere Gesellschaft, Unternehmen wie Menschen, bequem werden lassen. Es war

*Martin Klingst*

wie eine große Party, aus der es plötzlich aufgrund der Pandemie, des Krieges und anderer Krisen ein böses Erwachen gibt. Auf einmal müssen wir uns an die neuen, schwierigen Verhältnisse anpassen, und es ist komplizierter geworden. Das ist sehr schmerzhaft.

*Hat die Party zu lange gedauert und zu Trugschlüssen geführt?*

**Vassiliadis:** Auf jeden Fall. Hinzu kommt, dass manche Unternehmensstrategien ziemlich verwirrt wirken. Das klingt ein bisschen abfällig, ist aber nicht so gemeint. Die Verwirrung entsteht, weil unter anderem die Politik verwirrende Signale setzt. Die Folge: Selbst Firmen, die umsteuern wollen, können sich nicht darauf verlassen, dass die von der Politik beschlossenen Maßnahmen auch morgen noch gelten. Transformation braucht absolute Verlässlichkeit. Denn wenn Firmen Geld in Wandel und Innovationen stecken, dann wollen sie, dass sich das auszahlt. Seit mindestens fünf Jahren predige ich, dass viele Unternehmen gerne weit mehr für Nachhaltigkeit und Digitalisierung, für die Transformation tun würden, es aber an verlässlichen Rahmenbedingungen fehlt. Um es auf den Punkt zu bringen: Ja, wenn wir die Transformation ernst nehmen, werden wir einige alte Industrien verlieren. Das wäre auch kein Problem, wenn wir dank der Innovationen neue Industrien hinzugewinnen würden. Doch wenn wir nicht höllisch aufpassen, verlieren wir beides. Das ist tückisch in einem Land, das keine eigenen Rohstoffe hat, aber überwiegend für den Export produziert – und dessen Bevölkerung zudem in die Jahre kommt. Die Politik muss da eine klare Roadmap für die Transformation erstellen, muss Unternehmen und Menschen zeigen, wohin die Reise gehen soll.

**Pausder:** Ich sehe das etwas anders. Wir haben uns in den vergangenen Jahren – und da schaue ich auch ganz gezielt in Richtung Wirtschaft – leider angewöhnt, immer wenn es nicht gut läuft, der Politik dafür die Schuld zu geben und zu sagen: Die Rahmenbedingungen passen nicht! Als Unternehmerin möchte ich aber ebenso deutlich an unsere unternehmerische Selbstverantwortung appellieren und betonen: Klar, es gibt Dinge, die einer florierenden Wirtschaft im Wege stehen. Aber wir haben uns – auch dank Corona – zu sehr an den Staat als Kindergärtner gewöhnt. Immer wenn wir als Unternehmen ein schlechtes Quartalsergebnis präsentieren, meinen wir, uns sofort beschweren und an die Politik wenden zu müssen.

*Also ein bisschen mehr Selbstkritik?*

**Pausder:** Wir täten jedenfalls gut daran, einen kritischen Blick auf uns selbst zu werfen und zu fragen: Haben wir als Unternehmen die richtigen Weichen für unsere Wettbewerbsfähigkeit gestellt? Haben wir die notwendigen Transformationsprozesse angestoßen? Oder haben wir uns als Wirtschaft mal wieder nur die ganze Zeit an der Politik abgearbeitet? Die Aussage „Wenn ihr Politiker endlich euren Job machen würdet, stünden wir Unternehmen endlich wieder besser da" finde ich, ehrlich gesagt, ein bisschen zu billig. Ich weiß, Herr Vassiliadis, dass Sie das auch nicht gemeint haben. Aber die aktuelle Frontenverhärtung stört mich, denn die Rahmenbedingungen sind nun mal äußert schwierig. Es herrscht Krieg in Europa, deshalb gibt es auch kein günstiges Gas mehr aus Russland, wovon wir als Unternehmen lange profitiert haben. Die Nullzinspolitik ist beendet, und die Inflation setzt uns zu. Jetzt zu sagen, daran ist allein die Ampelregierung schuld, wir Unternehmen können nichts dafür – das greift, mit Verlaub, zu kurz.

**Vassiliadis:** Absolut richtig, Frau Pausder, ich will auch nicht allein den Regierungen die Schuld an der derzeitigen Lage geben. Für die fehlenden Rahmenbedingungen sind viele verantwortlich. Ich saß zum Beispiel in etlichen Kommissionen, in denen wir Ausstiege aus nuklearen und fossilen Energien diskutiert haben. Wenn es darum ging, genauere Voraussagen zu treffen, strategische Neuausrichtungen und konzeptionelle Innovationen für die Transformation zu besprechen, waren auch viele Unternehmensvertreter blank. Andere romantisierten einen Erfolg grüner Roadmaps, die allerdings ohne Subventionen sofort zum Stillstand gekommen wären. Aber beide Lager und die Politik haben sich nicht wirklich für das Offensichtliche interessiert: Wir waren und sind gar nicht so weit und so erfolgreich in der Transformation, wie wir gerne glauben machen wollen. Und auch die großen Akteure der NGO-Szene tragen da Verantwortung. Denn nur Abschaltzeitpunkte minutengenau festzulegen, wie es bei der Kohle das Ziel war, reicht eben nicht aus. Die fehlende Infrastruktur, zum Beispiel beim Ausbau der Nord-Süd-Leitungen für den Strom aus erneuerbaren Energien, war allen bekannt, ebenso, dass die Lücke in der Stromversorgung aufgrund eines früheren Kohleausstiegs auch mit Gaskraftwerken überbrückt werden muss.

*Ist die Debatte um Energie zu sehr moralisch aufgeladen? Ist auch das ein deutsches Mentalitätsproblem?*

**Vassiliadis:** Wir Deutschen diskutieren oft sehr moralisch und zu wenig pragmatisch. Zu Recht sind alle für die Transformation, für den Wandel von fossiler zu erneuerbarer Energie. Aber mit den schwierigen Details befassen sich nur wenige. Und wenn die Kosten der Umstellung bekannt werden, erschrecken wir oder zucken mit den Schultern. Erst jetzt wird ausgerechnet, was uns der ganze Spaß wirklich kostet. Erst jetzt stellen wir fest, welches Engineering wir für die Transformation noch brauchen, welche Speicherkapazitäten und Transportleitungen. Ein Beispiel: Ich sitze im Aufsichtsrat von BASF. Wir haben eine klare Elektrifizierungsstrategie für den größten Chemiestandort der Welt entworfen, nur erhält BASF kaum Strom aus erneuerbarer Energie. Wollte BASF seinen Strom für den Standort Ludwigshafen selbst produzieren, etwa durch den Kauf eines Windparks in der Nordsee, dann kostete dieses Unterfangen – obwohl es unternehmerisch wäre – genauso viel, wie wenn der Strom direkt von RWE gekauft würde. Kurzum: Wir schaffen es nicht, diese Energie-Transformation mit unternehmerischen Konzepten in einer Art und Weise zu untermauern, dass sich die Investitionen, wie etwa der Kauf des Windparks, auch auszahlen würden. Stattdessen träumen wir weiterhin davon, dass bald in jedem Vorgarten ein Windrad oder eine Photovoltaikanlage steht. Vielleicht ist das irgendwann einmal so, aber für den Übergang müssen wir zunächst einmal ganz pragmatisch die Engpässe bei der Stromversorgung schließen. Am besten sollten wir die Unternehmen entscheiden lassen, was sich für sie am ehesten lohnt. Doch sind die politischen Rahmenbedingungen dafür so kompliziert, dass am Ende niemand etwas macht.

*Wenn Sie beide auf die Transformationsbereitschaft schauen, stellen Sie Identitätsunterschiede zwischen Ost- und Westdeutschen fest, zwischen Jungen und Alten, sogenannten Bio-Deutschen und Zugewanderten?*

**Pausder:** Im Start-up-Verband geben wir jedes Jahr den Migrant-Founders-Report heraus. Schaut man da auf die Start-up-Branche, gehen die meisten Gründungsaktivitäten von Menschen aus, die in dieses Land eingewandert sind, jedenfalls im Verhältnis zu ihrem Anteil an der Bevölkerung. Bei ihnen ist der Wille, in diese Gesellschaft hineinzuwachsen, ein Unternehmen zu gründen und aufzubauen, weit ausgeprägter. Zwischen jungen und alten Menschen sehe ich hingegen keinen Unterschied und kann nicht feststellen, dass Ältere am Ende ihres beruflichen Lebens risikoscheuer werden. Sorgen macht mir eher, dass junge Menschen ihre Jobauswahl immer häufiger danach treffen, wie sicher die Arbeitsstelle ist. Irgendwie ist das auch verständlich und wahrscheinlich eine Reaktion darauf, dass alles um uns herum so unsicher geworden ist. Doch wünschte ich mir, dass wir als Gesellschaft jungen Menschen mehr beibringen würden, ins Wagnis zu gehen, ein Unternehmen zu gründen, die eigenen Ideen in die Tat umzusetzen. Wir brauchen auch ein Bewusstsein dafür, dass sich der Mut zum Risiko selbst dann lohnt, wenn die Idee nicht funktioniert.

*Und gibt es Unterschiede zwischen Ost- und Westdeutschen?*

**Pausder:** Als Start-up-Verband haben wir Landesvertretungen in allen Bundesländern. Nach meiner Erfahrung ist das, was da in Ostdeutschland an Neugründungen entsteht, wirklich großartig. Leider haben die Menschen im Osten immer noch nicht den gleichen Zugang zu Kapital. Zum Teil liegt es auch daran, dass man in etlichen östlichen Landstrichen nicht auf die gleiche Industriegeschichte zurückblicken kann wie etwa im Vergleich in Bielefeld, wo ich herkomme und es seit Jahrhunderten Unternehmen ermöglicht wird zu florieren.

**Vassiliadis:** Soweit ich das beurteilen kann, haben wir eine wirklich bemerkenswerte junge Generation, die, um noch einmal an deutsche Tugenden zu erinnern, durchaus innovativ und arbeitsam ist. Es stimmt, der Ehrgeiz, ein eigenes Unternehmen zu gründen, ist vielleicht nicht so ausgeprägt wie früher. Ich glaube aber nicht, dass dafür die Sehnsucht nach Sicherheit ausschlaggebend ist. Ich habe selbst einen Sohn, der noch studiert. Er und seine Freundinnen und Freunde haben einen sehr offenen Blick für die Ökonomie, für die Marktwirtschaft und deren Chancen und Spielregeln. Gleichwohl überwiegen bei ihrer Jobwahl Fragen der Nachhaltigkeit, der Balance zwischen Natur und sozialer Gerechtigkeit. Sie haben einen sehr hohen Anspruch an die Gesellschaft und an sich selbst. In meiner Generation hätten wir das Politisierung genannt. In der Altersgruppe meines Sohnes ist das weniger eine politische Betätigung im klassischen Sinne, also nicht mit dem Eintritt in eine Partei verbunden, sondern drückt sich vor allem in einem bürgerschaftlichen Engagement für die Umwelt, den Klimaschutz und größere soziale Gerechtigkeit aus. Auch in diesen Aktivitäten spiegeln sich Mentalitäten und Eigenheiten deutscher Identität wider.

*Spüren Sie das auch in Ihrer gewerkschaftlichen Arbeit?*

**Vassiliadis:** Ja, zum Beispiel bei den jungen Gewerkschaftssekretären und -sekretärinnen. Jedes Jahr stellen wir neue Leute ein, doch viele entstammen gar nicht mehr einem sozialen Milieu, aus dem vielleicht früher der Weg fast zwangsläufig zu einem Engagement in der Gewerkschaft geführt hätte. Heute wollen die meisten einfach auf der guten Seite der Macht stehen. Sie sind weder kapitalistisch noch antikapitalistisch, sondern möchten etwas Gutes tun. Diese Motivationen gehen nicht immer einher mit einer beruflichen Begeisterung für das freie Unternehmertum, ja nicht einmal mit so klassischen Fächern wie dem Ingenieurswesen. Insofern verändert sich die Identität unserer Gesellschaft kulturell. Ich bewerte das aber nicht negativ, im Gegenteil, ich sehe eine insgesamt besser ausgebildete, besser vernetzte, teamfähigere, weltoffenere, sprachlich begabtere Jugend heranwachsen. Nur müssen wir halt aufpassen, dass es in dieser Generation auch ausreichend Ingenieure und Menschen mit einem Unternehmer-Gen gibt.

*Stellen Sie hier Mentalitäts- und Identitätsunterschiede zwischen Eingewanderten und Alteingesessenen fest?*

**Vassiliadis:** Ich bin ja selbst ein griechisches Migrantenkind, ein Boomer aus einer klassischen Arbeiterfamilie. In meiner Generation hatte man noch den Drang, aus diesem Milieu herauszukommen, nicht weil man sich dort unwohl fühlte, sondern weil man den ökonomischen und gesellschaftlichen Aufstieg wollte. Diesen Drang sehe ich heute immer noch bei vielen Migranten, vor allem bei jenen, die die Chance hatten, in Deutschland Fuß zu fassen. Sie wollen für sich und ihre Familie unbedingt etwas schaffen und empfinden es als Glück und als Chance, dass ihnen hierzulande die Möglichkeit dafür geboten wird. Es ist übrigens eine interessante Beobachtung: Wer als Migrant etwas erreicht hat, wird in seinem Denken oft konservativer und grenzt sich mitunter gegenüber jenen ab, die es nicht so weit gebracht haben.

## Anmerkungen

1 https://de.statista.com/statistik/daten/studie/684061/umfrage/staatsverschuldung-in-den-g20-staaten/#:~:text=Die%20Staatsverschuldung%20von%20Russland%20ist,Staaten%20im%20Jahr%202023%20auf

2 https://de.statista.com/infografik/10405/beschaeftigte-im-oeffentlichen-dienst-in-ausgewaehlten-laendern/

3 https://de.statista.com/statistik/daten/studie/684123/umfrage/anzahl-der-patentanmeldungen-beim-europaeischen-patentamt-nach-laendern/

4 https://de.statista.com/statistik/daten/studie/157841/umfrage/ranking-der-20-laender-mit-dem-groessten-bruttoinlandsprodukt/

# Deutschlands strategische Optionen: Ein Plädoyer für Klarheit

*Von Marina E. Henke*

Der Angriff begann am 24. Februar 2022 gegen 4.15 Uhr. Plötzlich durchbrach das Dröhnen russischer Kampfflugzeuge die nächtliche Stille über der Ukraine. Dann folgte die massive Bombardierung ukrainischer Flugplätze, Militärstützpunkte, Luftverteidigungssysteme, Radarstationen und Munitionsdepots. Innerhalb weniger Stunden rollten Kolonnen russischer Panzer von der Krim im Süden, Belarus im Norden und Russland im Osten in die Ukraine ein, und russische Schiffe blockierten das Schwarze Meer.

Das Ziel des Angriffs war Kiew: die jahrhundertealte Hauptstadt am Dnipro. Der Kreml wollte sie ruckzuck, sozusagen in einem „Blitzkrieg" einnehmen. Putin und seine Entourage gingen fest davon aus, dass Kiew innerhalb weniger Tage fallen würde. In ihren Augen waren die ukrainischen Streitkräfte schwach und der ukrainische Präsident Selenskyj ein Feigling. Und sie nahmen an, dass die NATO einer schnellen Einnahme der Ukraine nichts entgegenhalten würde. Insbesondere Deutschland und Frankreich hielt die russische Regierung für „risikoscheu", für Staaten, die mehr als genug „mit ihrer eigenen Politik beschäftigt" sind.

Wann und wie auch immer Russlands Angriffskrieg zu Ende gehen wird, eines ist sicher: Deutschland war auf den russischen Überfall nicht vorbereitet. Warum nicht? Weil Berlin ihn für undenkbar hielt. Jahrzehntelang stellten die Eliten und viele Bürgerinnen und Bürger unseres Landes den Nutzen militärischer Gewalt infrage. Sie sahen darin keine praktischen Vorteile und hegten ethische Bedenken. Sie waren davon überzeugt, dass Konflikte in der Welt – und vor allem auf unserem europäischen Kontinent – mit politischen, rechtlichen und wirtschaftlichen Mitteln gelöst und überwunden werden könnten. Deutschland wollte für eine neue Art von Stärke stehen. Es sah sich jetzt und in Zukunft als eine „zivile" Macht, die traditionellere militärpolitische Kräfte aussticht, und als eine „normative" Macht, die Standards für gutes Verhalten setzt, an denen sich andere Staaten ausrichten.

Der 24. Februar 2022 zerstörte diesen deutschen Traum. Erneut verletzte ein Staat in Europa mit äußerster Aggression souveräne Grenzen, tötete Zigtausende unschuldiger Zivilisten, trieb Millionen Menschen in die Flucht und beging massive Kriegsverbrechen und Menschenrechtsverletzungen. Ohne die Hilfe der NATO und insbesondere der USA wären die europäischen Staaten allein nicht in der Lage gewesen, die Ukraine zu schützen. Wahrscheinlich würde die Ukraine heute als souveräner Staat nicht mehr existieren.

In den Tagen, Wochen und Monaten nach der russischen Invasion begann in Deutschland ein Umdenken. Die Bundesregierung beschwor den Beginn einer „Zeitenwende" und verkündete die vollständige Überarbeitung der deutschen Sicherheits- und Verteidigungspolitik. Der Bundestag beschloss ein 100 Milliarden Euro schweres Sondervermögen für die militärische Aufrüstung. Die Ampelkoalition unterstützt seither die Ukraine in erheblichem Ausmaß nicht nur finanziell, sondern auch mit Waffen und arbeitet darauf hin, die schon vor Jahren erklärte deutsche Verpflichtung zu erfüllen: ein jährliches Militärbudget in Höhe von (mindestens) zwei Prozent des Bruttoinlandsprodukts.

Gleichwohl werden national wie international Zweifel laut, wie ernst es unser Land wirklich mit dieser proklamierten Zeitenwende meint. Prominente deutsche Politiker äußern sich zweideutig, und es ist völlig ungewiss, wie das Zwei-Prozent-Ziel auch ab 2026, wenn das Sondervermögen erst einmal verbraucht ist, erreicht werden soll, ohne neue Schulden aufzunehmen oder andere wichtige Posten im Staatshaushalt zu kürzen.

Immerhin präsentierte Deutschland im Juni 2023 eine Nationale Sicherheitsstrategie – die erste in der Geschichte des Landes. Die Erwartungen daran waren groß. Viele politische Analysten erhofften sich nun endlich mehr Klarheit über Deutschlands strategische Ausrichtung. Doch diese Hoffnung zerplatzte. Das Dokument enthält nur wenige Elemente, die man „strategisch" nennen kann. Es ist eher eine Wunschliste, eine Aufzählung von Zielen, die erreicht werden sollen.

Um zu verdeutlichen, die weitschweifig, blumig und unscharf die angekündigten Vorhaben der Bundesregierung sind, gebe ich die im Strategiepapier aufgezählten sicherheitspolitischen Ziele hier wortwörtlich wieder „Der Schutz der Menschen, der Souveränität und der territorialen Integrität unseres Landes, der Europäischen Union und unserer Verbündeten"; „der Schutz unserer freiheitlichen demokratischen Grundordnung"; „die Stärkung der Handlungsfähigkeit und des inneren Zusammenhalts der Europäischen Union sowie die Festigung und der Ausbau unserer tiefen Freundschaft mit Frankreich"; „die Festigung der transatlantischen Allianz und der engen und vertrauensvollen Partnerschaft mit den Vereinigten Staaten von Amerika"; „Wohlstand und sozialer Zusammenhalt der Menschen unseres Landes durch den Schutz unserer sozialen Marktwirtschaft"; „eine freie internationale Ordnung auf Grundlage des Völkerrechts, der Charta der Vereinten Nationen und universeller Menschenrechte"; „die Förderung von Frieden und Stabilität weltweit und das Eintreten für Demokratie, Rechtsstaatlichkeit, menschliche Entwicklung und Teilhabe aller Bevölkerungsgruppen als Voraussetzung für nachhaltige Sicherheit"; „der nachhaltige Schutz der natürlichen Lebensgrundlagen, die Begrenzung der Klimakrise und die Bewältigung ihrer Auswirkungen, die Sicherung des Zugangs zu Wasser und Ernährung und der Schutz der Gesundheit der Menschen"; und „ein offenes, regelgeleitetes internationales Wirtschafts- und Finanzsystem mit freien Handelswegen und einer gesicherten, nachhaltigen Rohstoff- und Energieversorgung".[1]

Lässt man diese vielen Ziele vor seinem inneren Auge passieren, so kommt man nicht umhin zu bilanzieren, dass Deutschland nicht nur alles haben will, sondern offenbar meint, auch alles gleichzeitig haben zu können: territoriale Sicherheit *und* großzügige Sozialausgaben; Umweltschutz *und* grenzenlosen wirtschaftlichen Wohlstand; ein starkes Europa *und* beste Beziehungen mit Amerika; die Festigung von Demokratie und Rechtsstaatlichkeit *und* gute Beziehungen zu autoritären Staaten, allen voran China. Das Strategiepapier ignoriert völlig die Unmöglichkeit dieser Gleichzeitigkeit und umgekehrt die Notwendigkeit, Prioritäten zu setzen und Kompromisse einzugehen. Das heißt: Wenn bestimmten Zielen Vorrang eingeräumt werden soll, müssen andere Begehrlichkeiten zurückstehen. Denn eine Strategie ist ja gerade auch deshalb notwendig, weil Deutschland *nicht* genug Ressourcen hat, um alle Ziele auf einmal zu erreichen. Ganz zu schweigen davon, dass einige Pläne gar nicht erfüllt werden können, weil sie im Widerspruch zu anderen Vorhaben stehen.

Eine Strategie zu entwickeln heißt, priorisieren zu müssen: Was ist wirklich vorrangig? Oder um es mit dem US-amerikanischen Ökonom und Strategen Michael Porter im Sinne einer Negativauslese zu definieren: Das Wesentliche der Strategie besteht darin, „zu entscheiden, was man *nicht* tut". Außerdem: Eine Strategie muss realistisch sein. Sie muss also Ziele stecken, die tatsächlich erreicht werden können. Auch daran mangelt es der neuen deutschen Nationalen Sicherheitsstrategie, denn sie ist im Grunde eine endlos lange Wunschliste und deshalb praktisch unbrauchbar.

## Die neu entworfene Nationale Sicherheitsstrategie ist im Grunde eine endlos lange Wunschliste und deshalb praktisch unbrauchbar.

Woher kommt dieser Mangel an strategischem Denken in der deutschen Politik? Worin ist er begründet? Warum wird angesichts der offensichtlichen Defizite im strategischen Denken überhaupt eine Nationale Sicherheitsstrategie entwickelt?

Um nicht falsch verstanden zu werden: Dass die Anstrengung eines Strategiepapiers unternommen wurde, ist hervorragend. Aber wenn diese wichtige Arbeit schon gemacht wird, warum ist das Ergebnis dann derart unzulänglich? Weil die „Politik" dem Denkprozess immer wieder in die Quere kam und gute, mutige Ideen bereits im Keim erstickte? In England, Frankreich oder Kanada ist die Lage aber nicht viel anders, die Regierungen dort sind mit ähnlichen „politischen" Herausforderungen konfrontiert. Auch diese Staaten sind wie Deutschland Demokratien und müssen sich mit Koalitions- oder Kohabitationspartnern auseinandersetzen. Auch dort stehen die unterschiedlichen Ministerien miteinander im Wettbewerb um Politikziele und das knappe Budget. Und dennoch sind diese Länder offensichtlich weit fähiger, kohärente, in sich logische Sicherheitsstrategien zu schreiben.

Es drängt sich der Eindruck auf, dass die politische Elite im Land noch immer nicht wirklich begriffen hat, wie wichtig es angesichts der bedrohlichen Weltlage ist, strategisch zu denken. Denn nicht nur Wladimir Putin versucht, die Welt in seinem Sinne neu zu ordnen. Die gesamte geopolitische Weltordnung ist in Unordnung geraten. Vieles verändert sich gegenwärtig, und Deutschlands Platz in dieser Neuordnung ist ungewiss. Genau deswegen ist strategisches (Vor-) Denken gerade jetzt von großer Bedeutung.

**Es scheint, als habe die politische Elite im Land immer noch nicht wirklich begriffen, wie wichtig es in der heutigen bedrohlichen Weltlage ist, strategisch zu denken.**

## Die neue Weltordnung

Nach dem Fall der Mauer, der deutschen Wiedervereinigung und dem jähen Ende der Sowjetunion und des Warschauer Pakts mündete der Kalte Krieg 1990 in eine neue Weltordnung, geprägt durch die Globalisierung von Staaten, Volkswirtschaften und Kulturen. Es schien, als sei eine friedlichere Welt im Werden. Der Austausch und die Verbreitung von Waren, Dienstleistungen, Informationen, Technologien, Kapital und Menschen über nationale Grenzen hinweg nahmen rapide zu. Deutschland hat wie fast kein anderes Land davon profitiert.

Die Folge: Mit der Zeit verfestigte sich in Berliner Regierungskreisen der Glaube, dass die Dynamiken der Globalisierung, weil vornehmlich gewinnbringend, permanent und unzerstörbar seien. Immer mehr Deutsche wetteten darauf, dass in dieser neuen Ära das Militär an Einfluss verlieren werde und geoökonomische Stärke die wahre Macht der Zukunft sei. In dieser schönen neuen Welt enger wirtschaftlicher Verknüpfung und gegenseitiger Abhängigkeiten schien Krieg undenkbar. Zivile Netzwerke ersetzten Militärallianzen, die prosperierende globale Wirtschaft machte gewaltsame Konflikte – zumindest in Europa – zu einer Angelegenheit der Vergangenheit. Doch wie wir schmerzhaft erfahren mussten und weiter erfahren, erwies sich diese Vision leider als Trugschluss. Im Folgenden werde ich einige Gründe dafür aufführen.

## USA

Schon seit Jahren stecken die Vereinigten Staaten in einem Prozess tiefgreifender sozialer und politischer Transformation. Die Ursachen sind vielfältig: soziale Spannungen zwischen Bevölkerungsgruppen, die von der Globalisierung profitiert haben, und jenen, die deswegen benachteiligt sind oder sich zumindest benachteiligt fühlen; Konflikte zwischen religiösen und nichtreligiösen Teilen der Gesellschaft; Spannungen zwischen den unterschiedlichen ethnischen Gruppen sowie zwischen Menschen in den Küstenregionen und denen im sogenannten „Fly-over Land", in den Weiten des Mittleren Westens. Die Folge ist eine tiefe Polarisierung des amerikanischen politischen Systems, wobei der Republikaner Donald Trump deren plakativstes Symptom ist.

Diese Spaltung der amerikanischen Gesellschaft wird nicht morgen wieder verschwinden, sondern über Jahrzehnte anhalten, mit drastischen Auswirkungen auf die Welt – und damit auch auf Deutschland. Im Kalten Krieg beruhte die US-amerikanische Außen- und Sicherheitspolitik gegenüber Deutschland auf einem parteiübergreifenden Konsens: Politische Priorität war es, in Europa den Frieden aufrechtzuerhalten. Dieses Ziel verfolgten nach dem Zweiten Weltkrieg alle US-Präsidenten, vom Demokraten Harry S. Truman bis zum Republikaner George H. W. Bush. Das ist vorbei, ein polarisiertes politisches System bringt zwangsläufig eine polarisierte US-Außenpolitik hervor – auch gegenüber Deutschland. Das war vor allem in den Trump-Jahren sehr deutlich zu spüren, und wir müssen, je nachdem, wer gerade in Washington an der Macht ist, auf weitere starke Schwankungen vorbereitet sein. Das amerikanische Interesse an Deutschland und Europa wird unterschiedlich stark ausfallen, mal größer, mal kleiner sein. Aber die Schwankungen werden auch Auswirkungen auf andere Dinge haben, die uns wichtig sind, etwa auf die Rechtsstaatlichkeit, die Demokratie, den Freihandel, den Multilateralismus – eben auf die gesamte liberale globale Weltordnung.

Schaut man auf die USA, so herrscht der einzige außenpolitische Konsens zwischen Republikanern und Demokraten derzeit in puncto China. Beide Parteien beäugen mit großer Furcht Chinas enorme wirtschaftliche Macht, aber auch den wachsenden Nationalismus, die Militarisierung und die konstanten Drohungen gegenüber Taiwan.

## China

Ähnlich wie die Vereinigten Staaten ist auch China heute ein zutiefst gespaltenes Land – nur äußert sich diese Polarisierung nicht in der Politik. China ist anders als die USA ein autoritärer Staat, in dem jegliche politische Opposition unterdrückt und verboten wird. Die Spaltung zeigt sich hier zum Beispiel in der riesigen Kluft zwischen Arm und Reich. Gemessen am Gini-Koeffizienten, einem Indikator für die Ungleichheit von Einkommen, ist die chinesische Gesellschaft in den vergangenen drei Jahrzehnten massiv auseinandergedriftet. Je niedriger der Gini-Koeffizient im Bereich von 0 bis 1 ausfällt, desto egalitärer ist die Gesellschaft. 2020 lag der Indikator in China bei 0,468 (fast identisch mit Brasilien, während er in Deutschland nur bei 0,3 lag).

Diese Kluft untergräbt die Legitimität der Kommunistischen Partei Chinas, die eben nicht wie in einer Demokratie auf freien Wahlen beruht, sondern auf der Zusage der Regierung gründet, für den wachsenden wirtschaftlichen Wohlstand der Bevölkerung zu sorgen. Bleibt der für die Masse der Chinesen aus, könnte die Führung in Peking ihren Rückhalt und die Kontrolle über das Land verlieren. Das jedenfalls befürchtet sie, und darum setzt Staatspräsident Xi Jinping, seit er 2012 die Macht in China übernommen hat, alles daran, um die Gefahr eines Kontrollverlusts durch eine maximale Kontrolle der Bevölkerung zu reduzieren.

Nach Schätzungen gibt es in keinem Land der Welt mehr Überwachungskameras als in China. Ein Überwachungsnetzwerk ist entstanden, das jeden der rund 1,4 Milliarden Einwohner innerhalb von Sekunden identifizieren und landesweit tracken, also den aktuellen Aufenthaltsort feststellen und verfolgen kann. Die Konsequenz: Es gibt kaum noch regierungskritische Positionen, sie verschwinden zunehmend aus dem Leben Chinas.

Ein weiteres Mittel der Machtfestigung ist der massive Einsatz politischer Propaganda: Die Liebe zum Land, zur Regierung und zur Partei gilt als das höchste Gut und wird über alles gestellt. Pekings Führung schürt gezielt den Nationalismus, um so das Land zusammenzuhalten. Dabei spielt vor allem der Streit um Taiwan eine herausgehobene Rolle. Die Drohung, diese abtrünnige, von den USA unterstützte Insel mit militärischem Zwang wieder in das Reich der Mitte einzugliedern, ist real und hat großes Gewicht.

Um seinen Anspruch auf Taiwan zu untermalen, bedient sich China einer altbekannten Taktik: Unablässig beschwört es den nationalistischen Mythos von der vermeintlichen Überlegenheit der chinesischen Nation, des chinesischen Volkes und der Rasse. Nation, Volk und Rasse werden zu Opfern von Demütigungen und ungerechter Behandlung durch ausländische Mächte stilisiert. Diese nationalistische Erzählung dient wiederum der Rechtfertigung militärischer Gewalt sowie einer harten Hand gegenüber allen Regimekritikern. Je weniger legitim Chinas Herrschaftsanspruch, desto größer der Ansporn, einen gemeinsamen äußeren Feind zu kreieren.

Weil er weiß, dass der Rückhalt in der Bevölkerung auf ökonomischem Wachstum und Prosperität fußt, versucht Xi Jinping, koste es, was es wolle, die chinesische Wirtschaft auf Erfolgskurs zu halten. Unter anderem will er mit massiven Subventionspaketen chinesischen Produkten auf dem Weltmarkt einen Vorteil verschaffen. So strebt China zum Beispiel danach, sich in möglichst allen Teilen der Lieferkette grüner Technologien ein wirtschaftliches Monopol zu verschaffen, um so ausländische Märkte von chinesischen Unternehmen abhängig zu machen. Was für die globale Weltordnung heißt, dass China zwar weiterhin eine globalisierte Welt will, diese aber bitte schön nach seinen Spielregeln handeln soll.

## Europa

Alle Bundeskanzler von Helmut Kohl bis Olaf Scholz beteuern zwar gebetsmühlenartig die zentrale Rolle der Europäischen Union als „Global Player" und die Bedeutung, die sie damit auch für Deutschland hat, doch steckt die EU in großen Schwierigkeiten. Militärpolitisch ist sie ein Zwerg. Jene sechs Monate, in denen der Kongress in Washington die amerikanische Hilfe für die Ukraine blockiert hatte, haben uns dramatisch vor Augen geführt, was passiert, wenn die EU auf sich gestellt ist. Die Gemeinschaft der 27 war unfähig, der Ukraine aus europäischen Beständen genügend Waffen und Munition zu liefern, folglich konnte das russische Militär in dieser Zeit einige ukrainische Verteidigungslinien überrennen. Erst nachdem die amerikanische Hilfe freigegeben worden war, stockte der russische Angriff wieder. Außerdem: Auch die von der EU gegen Russland verhängten Wirtschaftssanktionen, die manche gerne als Wunderwaffe bezeichnen, erwiesen sich nicht als sonderlich wirksam. Sie konnten den Kreml bislang nicht dazu bewegen, den Krieg zu beenden.

Gewachsen sind auch die Schwierigkeiten auf dem europäischen Paradefeld, der Wirtschaft. In den vergangenen drei Jahrzehnten hat sich der Anteil der EU an der Weltwirtschaft drastisch verringert: 1990 betrug er kaufkraftbereinigt noch etwa 21 Prozent des globalen Bruttoinlandsprodukts, 2023 nur noch 14 Prozent, und der Trend zeigt weiter abwärts. Mehr noch: Inzwischen hinkt auch der EU-Binnenmarkt immer stärker den USA hinterher. 1993 hatten beide Wirtschaftsräume noch eine vergleichbare Größe. Doch während in den USA das BIP pro Kopf zwischen 1993 und 2022 um fast 60 Prozent stieg, wuchs es in Europa nur um weniger als 30 Prozent. Die EU investiert außerdem weniger in digitale und innovative Technologien als die USA und China. Unter den 50 weltweit führenden globalen Technologiekonzernen finden sich nur vier europäische.

Die EU hat sich in den vergangenen Jahrzenten mehr und mehr nach innen gewandt. Darunter litt ihre globale Wettbewerbsfähigkeit, denn diese wurde nicht ernsthaft als ein dringendes politisches Thema betrachtet. Zudem: In einem insgesamt wohlwollenden internationalen Umfeld vertraute die EU auf eine regelbasierte, internationale Ordnung und erwartete, dass andere dasselbe tun würden. Aber das war – wie nicht zuletzt Russlands Angriff auf die Ukraine zeigt – ein großer Irrtum.

## Ohne Sicherheit ist alles nichts

Welche Konsequenzen sind aus all diesen hier beschriebenen Entwicklungen zu ziehen? Wie könnte Deutschland sich in dieser Welt strategisch positionieren? Im Folgenden skizziere ich drei unterschiedliche Strategien. Jede von ihnen enthält einen konkreten Vorschlag dazu, wie Deutschland seine außenpolitischen Instrumente – also seine diplomatischen, militärischen, wirtschaftlichen und technologischen Ressourcen – kohärent einsetzen könnte, um größere Sicherheit zu gewährleisten.

Die drei realistischsten Strategien sind: erstens die Zusammenarbeit mit den USA, zweitens die Zusammenarbeit mit anderen europäischen Staaten und drittens der deutsche Alleingang. Für jede dieser Strategien werde ich auch einige der notwendigen Kompromisse aufzählen, die jeweils einzugehen wären. Denn wie bereits erwähnt: Deutschland kann nicht *alles* zugleich haben.

Deutschlands Priorisierung der Wirtschaft kann angesichts der europäischen und globalen Brandherde nicht mehr toleriert werden. Dafür ist die Welt zu gefährlich geworden.

In meinen Ausführungen konzentriere mich auf das Gebiet der *nationalen Sicherheit* als Kernziel deutscher Strategie. Dies aus dem einfachen Grund: Ohne militärische Sicherheit ist alles nichts! Zu lange hat Deutschland allein das Wirtschaftswachstum als *die* zentrale Aufgabe gesehen und ihr den Vorrang eingeräumt, während die nationale Sicherheit ins Hintertreffen geriet. Anders lässt sich die nachsichtige deutsche Politik gegenüber dem Hegemoniestreben Russlands (und zum Teil auch dem Chinas) nicht erklären. Diese Priorisierung der Wirtschaft kann angesichts der europäischen und globalen Brandherde nicht mehr toleriert werden. Die Welt ist zu gefährlich geworden.

## Strategische Option Nr. 1: Transatlantische Erneuerung

Der Grundgedanke dieser strategischen Option ist, dass die USA der einzige glaubwürdige Garant für Deutschlands Sicherheit sind und bleiben – insbesondere angesichts des revisionistischen Russlands.

In vielerlei Hinsicht ähnelt diese Option also dem aktuellen Status quo. Verändert hat sich daran aber die Einsicht, dass dieses Bündnis mit Amerika keine Selbstverständlichkeit und kein Selbstläufer mehr ist. Und dass Deutschland aus eigenem Interesse von sich aus weit mehr als bisher dafür tun muss. Mit anderen Worten: Um die US-amerikanischen Garantien für Deutschland aufrechtzuerhalten und auch künftige Regierungen in Washington Europas Sicherheit zu interessieren, muss Berlin zeigen und unter Beweis stellen, dass der Alte Kontinent auch im Interesse der Vereinigten Staaten immer noch wertvoll und darum verteidigungswürdig ist.

Das heißt: Deutschland darf sich nicht mehr auf die militärische Stärke und den nuklearen Schutzschirm der USA verlassen, ohne nicht im Gegenzug auch den USA weit mehr als bisher zu liefern. Bundesregierung und Bundestag müssen darum auf amerikanische Vorbehalte gegenüber Deutschland eingehen und insbesondere zwei Forderungen erfüllen: erstens die dauerhafte Erhöhung des Verteidigungsetats auf mindestens zwei Prozent des BIP und zweitens die Neuausrichtung der Beziehungen zu China. Denn letztendlich basiert diese strategische Neuausrichtung auf einem Quidproquo: Deutschland stellt sich in der amerikanisch-chinesischen Rivalität eindeutig auf die Seite Washingtons und stützt damit die Fortsetzung einer US-geführten Weltordnung. Im Gegenzug steigt die Wahrscheinlichkeit, dass die Vereinigten Staaten Europa auch in Zukunft verteidigen.

Eine derartige Neuausrichtung des transatlantischen Bündnisses würde hierzulande eine Militärstruktur erfordern, die sowohl auf die politischen und militärischen Bedürfnisse der USA abgestimmt als auch interoperabel mit anderen NATO-Staaten wäre. Innerhalb Europas müssten zum Beispiel die deutschen Fähigkeiten zur konventionellen Abschreckung potenzieller Gegner, insbesondere von Russland, erheblich erweitert und verbessert werden. Außerhalb Europas müssten deutsche Streitkräfte möglicherweise bestimmte Krisenmanagement-Operationen der USA übernehmen, etwa im Nahen Osten und Nordafrika, um das amerikanische Militär zu entlasten. Es ist wahrscheinlich, dass sich die Vereinigten Staaten nach und nach aus diesen geografischen Räumen zurückziehen, um sich stärker auf Asien und den Konflikt mit China konzentrieren zu können.

Deutschland könnte im Rahmen dieser strategischen Neuausrichtung auch eine größere militärische Rolle im asiatisch-pazifischen Raum übernehmen und die USA bei der Eindämmung Chinas unterstützten. Eher wahrscheinlich ist es jedoch, dass Washington die Deutschen um politischen, wirtschaftlichen und technologischen Beistand in der Auseinandersetzung mit Peking bittet. Denn in diesen Bereichen ist die deutsche Zusammenarbeit mit China besonders stark und Pekings Profit besonders groß, wäre also gerade hier durch eine Umkehr der deutschen Politik der größte Effekt zu erzielen.

Inmitten all dieser strategischen Veränderung wüchse auch der NATO als Institution eine ebenso wichtige wie kritische Rolle zu. Das Verteidigungsbündnis müsste nicht nur die Abschreckungspolitik gegenüber Russland koordinieren, sondern auch alle anderen gemeinsamen Sicherheitsaktivitäten – möglicherweise sogar in Bereichen von Wirtschaft und Technologie.

**Folgt man dieser Konzentration auf das transatlantische Bündnis, welche Kompromisse müsste Deutschland dafür eingehen?** Keine Strategie ist ohne Kosten, deshalb sollten ihre Vor- und Nachteile untersucht und sorgfältig gegeneinander abgewogen werden.

Was wären die Vorteile?

- Ein starkes transatlantisches Bündnis wäre ökonomisch nahezu unschlagbar. Würde eine Erneuerung dieser westlichen Allianz in all ihren Komponenten ernsthaft umgesetzt, hätte China – zumindest mittelfristig – kaum eine Chance, wirtschaftlich zu konkurrieren. Mit nur 10 Prozent der Weltbevölkerung erwirtschaften die USA und die EU gemeinsam immer noch etwa 40 Prozent des Weltvermögens (gemessen am BIP), sie stellen auch 42 Prozent des globalen persönlichen Konsums, verglichen mit gerade einmal einem 20-prozentigen Anteil von China und Indien zusammengerechnet. 36 Prozent der weltweiten Exporte stammen aus den USA und der EU, und 40 Prozent der weltweiten Importe fließen in diese Staaten; beide Wirtschaftsräume sind für etwa 47 Prozent der eingehenden Direktinvestitionen (FDI) und 46 Prozent der ausgehenden Investitionen verantwortlich. Sowohl auf wirtschaftlichem wie technologischem Gebiet könnten also Europa und die USA nach wie vor Berge versetzen. Was aber müsste geschehen, damit es auch so bleibt? Dies- und jenseits des Atlantiks sollten die gemeinsamen Kräfte gebündelt werden. Dafür müsste das immer noch starke Deutschland auf europäischer Seite eine Führungsrolle übernehmen, zum Beispiel durch ein erneutes Engagement für ein gemeinsames Freihandelsabkommen zwischen den USA und der EU.
- Deutschland und die Vereinigten Staaten sind auch immer noch eine gemeinsame Wertegemeinschaft, setzen auf Demokratie, Menschenrechte und Rechtsstaatlichkeit. Auch das macht das Bündnis stark. Zwar teilen Donald Trump und seine „MAGA"-Bewegung dieses Wertebekenntnis nicht, doch sie repräsentieren nicht die Mehrheit der Amerikanerinnen und Amerikaner. Außerdem: Auf institutioneller Ebene gibt es eine stattliche Reihe von Organisationen und Abkommen, die diese Werte stützten und in jahrzehnte-

langer Zusammenarbeit gestärkt haben. Das schuf Vertrauen und neue Freundschaften.

- Gerade Deutschland profitierte nach 1945 wie kaum ein zweiter Staat von den transatlantischen Beziehungen. Jahrzehntelang hat die Bundesrepublik ihre militärische Sicherheit an die USA „ausgelagert" und ist damit bisher auch gut gefahren. Dank dieses Bündnisses mit den USA konnte sich Deutschland auch wiedervereinigen, die Vereinigten Staaten machten es trotz des britischen und französischen Widerstands möglich.

Die transatlantischen Beziehungen waren nie völlig konfliktfrei, immer wieder verlangten US-Regierungen Deutschlands Unterstützung oder wenigstens die Zustimmung zu bisweilen umstrittenen wirtschaftlichen und insbesondere militärischen Maßnahmen, wie etwa während der Kriege in Afghanistan und im Irak. Manchmal machte Deutschland mit, manchmal aber auch nicht, was wiederum die Flexibilität dieser Beziehung beweist.

Was wären die Kosten und möglichen Nachteile?

- Wie bereits erwähnt, ist das amerikanische Interesse an Deutschland und Europa kein Selbstläufer mehr. Um die USA bei der Stange zu halten, muss Deutschland darum ganz gezielt die Beziehungen zu den Vereinigten Staaten kräftigen. Zum Beispiel, indem die Bundesregierung ein deutliches Signal aussendet, dass sie im strategischen Wettbewerb mit China fest an der Seite der USA steht. Die Kehrseite: Zwangsläufig müsste Deutschland dann seine Beziehungen zur Volksrepublik reduzieren. Insbesondere in der Wirtschaft zöge das enorme Kosten nach sich.

China ist Deutschlands wichtigster Handelspartner, das deutsche Engagement im Reich der Mitte übertrifft das der anderen europäischen Partner bei weitem. In den vergangenen Jahren hat Deutschland seine Beziehung zu China oft über die Prioritäten der EU gestellt. Ein Rückgang des Handels würde mit ziemlicher Sicherheit auch wichtige Produktionsprozesse beeinträchtigen, vor allem jene, die von chinesischen Komponenten abhängen. Vor allem Industrien wie die deutsche Automobilbranche würden stark darunter leiden. Da die aktuellen Schritte der deutschen Regierung nicht ausreichen, um die USA, die eine rigorosere Abwendung Deutschlands von China erwarten, zufriedenzustellen, müsste, auch um den Preis spürbarer Nachteile, diesem Wunsch Folge geleistet werden, um so das Wohlwollen Washingtons zu gewinnen.

- Interne politische Entwicklungen in den USA könnten dazu führen, dass sich die Vereinigten Staaten aus Europa und sogar aus der internationalen Politik in großem Maße zurückziehen. Wie oben erwähnt, kann die wachsende Polarisierung der amerikanischen Gesellschaft zu häufigen, teils dramatischen Schwankungen in der US-Außenpolitik führen. Angesichts dieser Unwägbarkeiten könnte es eine riskante Option sein, auf die Erneuerung der transatlantischen Beziehungen zu setzen und ihr die absolute Priorität einzuräumen, könnte Washington doch deutsches Entgegenkommen und deutsche „Investitionen" in das transatlantische Verhältnis schlicht ignorieren. Selbst größte Anstrengungen, sich mit Amerika gut zu stellen, könnten dort auf taube Ohren stoßen, wären also keine Gewähr dafür, dass die USA weiter zu ihren Sicherheitsgarantien stehen.

## Option Nr. 2: Europäische Strategische Autonomie

Die Logik dieser zweiten strategischen Option fußt auf Diskussionen in sicherheitspolitischen Kreisen innerhalb der EU sowie auf der Einbeziehung des Begriffs „Strategic Autonomy" in die *Global Strategy* der Europäischen Union im Jahr 2016. Weder in diesen Gesprächen noch in den schriftlichen Dokumenten gibt es einen Konsens darüber, was genau „strategische Autonomie" eigentlich bedeutet, obwohl ziemlich klar ist, dass Europa, dessen äußere Sicherheit weitgehend von den Vereinigten Staaten abhängt, in puncto Verteidigung autonom werden muss. Deshalb definiere ich hier strategische Autonomie als die Fähigkeit, die es Deutschland ermöglichen würde, in Kooperation mit europäischen Partnern, allen voran Frankreich, sein Territorium und seine politische Souveränität zu verteidigen. Folgte man dieser Logik, würde Europa die politische, operative und militärisch-industrielle Unterstützung durch die Vereinigten Staaten auf ein Minimum herunterfahren können.

Eine solche Autonomie hieße, dass alle europäischen Kooperationspartner massiv in eigene konventionelle Landstreitkräfte, in taktische Luftstreitkräfte sowie in strategische Lufttransport-, Seetransport- und Betankungskapazitäten investieren. Und dass sie, wenn sie diese Autonomie ernst nehmen, auch nach größerer industrieller Unabhängigkeit von den USA streben, indem sie zum Beispiel bestehende amerikanische Plattformen für Waffen ausmustern und durch eigene europäische Plattformen ersetzen.

Eine wirkliche strategische Autonomie würde sehr weit greifen und auch zur Entwicklung einer gemeinsamen europäischen Atombombe führen, um so ganz klar die gemeinsame nukleare Abschreckung zu stärken. Funktionieren kann das aber nur, wenn die europäischen Staaten zugleich als eine enge politische Einheit agieren. Das heißt, die 27 EU-Staaten müssten in der Lage sein, ihre beträchtlichen politischen, wirtschaftlichen und militärischen Ressourcen zusammenzuführen und sie fortan gemeinsam, eben als Einheit, zu nutzen. Eine derartige politische Kohäsion schüfe man aber nur mit einer tiefen militärischen Integration der Europäischen Union oder wenigstens mit der Gründung einer Kerngruppe williger europäischer Staaten, in deren Zentrum ganz offensichtlich Deutschland, Frankreich und eventuell Polen stehen müssten. Sollte eine solch wegweisende Entscheidung unter Beibehaltung der gegenwärtigen EU-Strukturen getroffen werden, blieben dafür nur zwei Wege: entweder Mehrheitsabstimmungen im Europäischen Rat oder die Gründung eines Europäischen Sicherheitsrats mit weitreichender Entscheidungsmacht.

In der Tat würde eine strategische Autonomie einen dramatischen Wandel der bisherigen europäischen Sicherheitspolitik bedeuten. Es wäre ein äußerst schwieriger Schritt, der aber durchaus Vorteile hätte.

Was wären die Vorzüge?

- Eine strategische Autonomie würde es den Staaten der EU ermöglichen, europäische Interessen frei und unabhängig zu verfolgen. Sie könnten sich aus Rivalitäten und Konflikten der USA heraushalten, zum Beispiel mit China oder Iran, Länder, die aus europäischer Sicht als weniger bedrohlich für die eigene Sicherheit wahrgenommen werden. Strategische Autonomie würde Europa auch bei der Beschaffung von militärischer Ausrüstung unabhängiger machen. So könnte die EU selbst ihre Geschäftspartner wählen und verstärkt in europäische Rüstungsindustrien investieren, ohne dafür jedes Mal den USA Rechenschaft ablegen zu müssen.

Was wären die Nachteile?

- Die strategische Autonomie könnte sehr teuer werden. Ein großer Teil der militärischen Ausrüstung Europas befindet sich in einem schockierend schlechten Zustand. Das Institut für Strategische Studien (IISS) schreibt im Jahr 2019, dass zur Verteidigung der EU gegen Russland ohne US-Unterstützung zusätzliche Investitionen von bis zu 350 Milliarden Euro notwendig wären. Und wollte die EU die Ausrüstungslücken allein füllen, würde das mindestens 15 Jahre dauern. In den aufgeführten Kosten noch nicht enthalten ist der finanzielle Aufwand für die notwendige Wartung des Materials oder für die Rekrutierung, Ausbildung und Bezahlung zusätzlichen Personals. Für Deutschland hieße das: Wir müssten nicht nur zwei Prozent des BIP, sondern weit mehr in unsere Verteidigung investieren.

- Eine strategische Autonomie würde außerdem mehr europäische Integration, also mehr Vergemeinschaftung voraussetzen. Wären die 27 Mitgliedstaaten dazu jemals bereit? Es spricht manches dafür, dass nicht der schlechte Zustand der europäischen Verteidigung, auch nicht die hohen Ausgaben oder irgendwelche prozeduralen Hindernisse, sondern vor allem der mangelnde politische Wille einer strategischen Autonomie entgegensteht. Wie fast alle EU-Themen leidet auch die europäische Verteidigung an fehlender politischer Einheit und Kohäsion. Derzeit geschehen 80 Prozent der Materialbeschaffung für Verteidigungsaufgaben und mehr als 90 Prozent der Verteidigungsforschung und -technologie nur auf nationaler Ebene. Die Folge: ein extrem hoher Grad an Fragmentierung. So gibt es in der EU allein 178 verschiedene Waffensysteme, die im Einsatz sind (im Vergleich zu 30 Systemen in den USA).

Selbstverständlich gäbe es Möglichkeiten für mehr europäische Einheit in Sicherheits- und Verteidigungsfragen – einschließlich der Fähigkeit zur gemeinsamen Beschaffung. Zwei Beispiele: Man könnte das Einstimmigkeitserfordernis in der EU durch ein qualifiziertes Mehrheitsprinzip ersetzen und damit Entscheidungen erheblich erleichtern. Oder man schüfe einen Europäischen Sicherheitsrat, der selbstständig alle wichtigen Beschlüsse im Sicherheitsbereich treffen würde. Allerdings erforderten beide Optionen höchstwahrscheinlich eine Reform der EU-Verträge, was angesichts der innereuropäischen Rangeleien derzeit schwierig wäre. Doch auch für diesen Schritt müsste Deutschland eine Vorreiterrolle spielen, denn ohne sein volles Engagement für eine europäische strategische Autonomie ist diese Option undenkbar.

## Option Nr. 3: Minimale Verteidigung

Die dritte Option, Deutschland kümmert sich allein um seine Verteidigung, bedeutete angesichts der gegenwärtigen sicherheitspolitischen Lage die minimalste und zugleich schwächste Position. Deutschland würde aufgrund seiner begrenzten finanziellen Mittel lediglich in Waffensysteme investieren, die zum Schutz seiner physischen Grenzen unbedingt notwendig sind. Alle anderen Sicherheitsprobleme würde man politisch oder diplomatisch zu lösen versuchen, zum Beispiel, indem man Einfluss auf die Streitparteien zu gewinnen sucht, etwa mithilfe des Angebots wirtschaftlicher Vorteile, rechtlicher Zugeständnisse oder anderer Absprachen nach der Devise „Quid pro quo". Auch könnte Deutschland Bedrohungen seiner eigenen Sicherheit dadurch zu überwinden versuchen, dass es in bestimmten Konflikten eine neutrale Position einnimmt, so wie es etwa die Schweiz macht oder lange auch Finnland, bevor es vor kurzem NATO-Mitglied wurde.

Was aber hieße das zum Beispiel für Deutschlands Verhältnis zu Russland? Russland ist aktuell der einzige Staat, der versucht sein könnte, uns mit der Androhung militärischer Gewalt zu erpressen. Eine Strategie minimaler Verteidigung hätte zur Folge, dass wir mangels militärischer Stärke nur politische Mittel einsetzen könnten, um einen russischen Angriff zu verhindern. Indem wir zum Beispiel auf russische Forderungen eingingen und Kompromisse mit dem Kreml schlössen. Eine Möglichkeit wäre eine Übereinkunft mit Wladimir Putin über Russlands territoriale Einflusszonen, die nach dem Willen Moskaus sowohl die Ukraine als auch höchstwahrscheinlich die baltischen Staaten umfassen würden. Eine andere, etwas abgemilderte Kompromissvariante: kleinere taktische oder operationelle Zugeständnisse auf politischer und militärischer Ebene an Moskau, zum Beispiel die schrittweise Reduzierung deutscher Unterstützung für die Ukraine sowie die Lockerung deutscher Sanktionen gegen Russland.

Wie alle anderen Optionen erfordert auch eine Strategie der minimalen Verteidigung eine heikle Abwägung von Prioritäten.

Was wären die Vorteile?

- Eine größere Übereinstimmung zwischen Wählerwillen und Politik: Russlands Krieg gegen die Ukraine hat den deutschen Pazifismus erschüttert, jedoch nicht grundlegend verändert. Zwar sieht eine Mehrheit der Deutschen im russischen Imperialismus eine ernsthafte Bedrohung, aber viele einflussreiche politische Akteure sind nach wie vor gegen größere Investitionen in neue deutsche Verteidigungsprojekte. In einer Umfrage der Körber-Stiftung im Jahr 2024 lehnten 71 Prozent der Deutschen eine militärische Führungsrolle Deutschlands ab. 54 Prozent meinten, die Bundesrepublik sollte sich international eher zurückhalten. All diese Zahlen deuten darauf hin, dass eine minimale Verteidigungsposition womöglich genau das ist, was sich die Bevölkerung von ihrer Regierung wünscht.
- Weniger Geld für Waffen: Eine minimale Verteidigungsposition würde das Verteidigungsbudget kleiner halten als die anderen zwei Optionen. Einschnitte etwa in Sozialausgaben könnten so vermieden werden.

Was wären die Nachteile?

- Eine strategische Position der minimalen Verteidigung wäre nicht vereinbar mit Deutschlands Mitgliedschaft in der NATO und könnte sogar zu einem *De facto*-Zusammenbruch der EU führen.
- Eine minimale Verteidigung würde Deutschland zu einem quasi „neutralen" Akteur in der Weltpolitik machen. Vielleicht könnten wir mit unseren wirtschaftlichen und diplomatischen Möglichkeiten das Weltgeschehen – zumindest in einem gewissen Umfang – weiter beeinflussen. Doch dank der nur schwachen Verteidigungsfähigkeit wären wir nicht in der Lage, diesem Einfluss militärisches Gewicht zu verleihen.

Die Gefahr besteht jedenfalls, dass Deutschland in diesem Fall zu einer Marionette internationaler Machtinteressen würde. In einer globalen Ordnung, die nach wie vor weitgehend von militärischem Muskelspiel geprägt ist, könnte die Entscheidung für eine lediglich minimale Verteidigung als Zeichen der Schwäche interpretiert werden. Gerade auch vom Kreml. Mit dem Einmarsch in die Ukraine hat Russland erneut gezeigt, dass es nicht davor zurückschreckt, seine militärische Macht um jeden Preis einzusetzen. Sollte Deutschland also nicht mehr unter dem Schutzschirm der USA stehen und auch nicht gewillt sein, in eine gesamteuropäische Sicherheit zu investieren, könnte es zum Ziel russischer Expansionsgelüste werden.

## Plädoyer für strategische Klarheit

Zwischen diesen drei strategischen Optionen zu wählen ist schwierig. Jede einzelne birgt Vorteile, aber ebenso erhebliche Nachteile und Kosten. Deshalb neigt ein wankelmütiges Deutschland dazu, keine eindeutige Entscheidung zu treffen, sondern von allem ein bisschen zu machen: die transatlantischen Beziehungen zu stärken (indem es zum Beispiel amerikanische F-35-Kampfflugzeuge kauft, um so die weitere nukleare Teilhabe Deutschlands zu gewährleisten), ohne jedoch Washingtons kritische Haltung gegenüber China wirklich ernst zu nehmen; mit dem französischen Präsidenten Macron über europäische Lösungen laut nachzudenken, ohne jedoch diesbezüglich wirkliche politische Anstrengungen zu unternehmen.

Und zugleich gibt es in Teilen der Bevölkerung und politischen Klasse einen Diskurs und mitunter sogar Handlungen, die der dritten Option, der minimalen Verteidigungsfähigkeit, entsprechen: etwa das Liebäugeln mit einer quasi neutralen Position in der Welt und mit der Aussicht, die Verteidigungsausgaben eben doch nicht dauerhaft zu erhöhen. Dazu zählt auch das Plädoyer für einen sofortigen Waffenstillstand in der Ukraine und für eine rasche Wiederaufnahme der deutsch-russischen Beziehungen.

### Deutschland muss sich eindeutig für eine der möglichen strategischen Verteidigungsoptionen entscheiden. Es geht darum, eine klare Leitstrategie zu entwickeln.

In der Wirtschaft macht es durchaus Sinn, sich auf verschiedene Märkte und Lieferketten zu stützen. Das verringert die Abhängigkeit von einzelnen Ländern oder Firmen. In der Verteidigungspolitik jedoch ist dieses Jonglieren riskant. Zwar mag Deutschland der Ansicht sein, dass die „Dreifaltigkeit" – von jeder Option ein bisschen – funktionieren könnte. Doch die Folge davon wäre ein nur begrenztes Engagement für jede Strategie, sodass am Ende keine wirklich greift und Deutschland im Ernstfall blank dasteht. Zum Beispiel, weil eine zukünftige amerikanische Regierung erklären könnte, Deutschland sei es angesichts seiner engen Beziehungen zu China nicht wert, von den

USA verteidigt zu werden. Eine europäische Verteidigungsalternative stünde jedoch nicht bereit, weil Deutschland bislang nur beschränkt in diese Option investiert hat. Und da ihre „neutrale" Haltung von einem Gegner nicht als Stärke, sondern als Schwäche interpretiert werden könnte, würde die Bundesrepublik schnell in eine Notlage geraten.

Kurzum, Deutschland muss sich deutlich für eine der drei strategischen Optionen entscheiden.

## Mehr Kohärenz: intern und extern

Deutschland ist berüchtigt für seine komplexen Regierungsstrukturen. Von den Kommunen über die Bundesländer bis zur nationalen und europäischen Ebene – sie alle können in außenpolitische Entscheidungen eingebunden sein, manchmal sogar gleichzeitig. Allerdings gibt es meist nur wenige Absprachen und kaum Kohärenz in diesem „Stakeholder-Mix", sodass sich die deutsche Außenpolitik oft als bloßes Stückwerk, unübersichtliches Wirrwarr aus Entscheidungen, Programmen und Aktionen erweist und in der Folge das Land mal in die eine, mal in die andere Richtung marschiert.

**Was es jetzt in der Politik braucht, sind strategische Klarheit und Kohärenz in den Entscheidungen.**

Strategische Klarheit könnte hier Abhilfe schaffen. Sie würde einen Bezugsrahmen schaffen, einen roten Faden spinnen. Allerdings würde eine überzeugende Leitstrategie nicht unmittelbar dazu führen, dass sich alle beteiligten Ebenen sofort umstellen und anpassen. Doch sollte die Festlegung der wichtigsten gemeinsamen Ziele und Prioritäten zumindest gewährleisten, dass jene, die anderer Auffassung sind, nicht einfach von der klaren Vorgabe abweichen können. Denn wer aus der Reihe tanzt, gerät in Erklärungsnot, muss sein Abweichen rechtfertigen und sich Fragen und Kritik gefallen lassen. Indem man so die politischen Kosten für diejenigen erhöht, die gegen den Strom schwimmen, gewinnt man im Gegenzug strategische Klarheit und mehr Kohärenz.

## Größere Effizienz für die politische Ressourcenplanung

Das Entscheidungschaos in der deutschen Außenpolitik ist eine Verschwendung von Geld und anderen wichtigen Ressourcen. Weiß ein Staat nicht genau, welche Ziele er verfolgen will und was er dafür tun muss, um diese zu erreichen, droht er schnell Geld an der falschen Stelle auszugeben. Deutschland kann sich eine solche Vergeudung nicht leisten. Hier könnte strategische Klarheit beziehungsweise eine Leitstrategie eine außenpolitische Richtung vorgeben und den Rahmen festlegen, innerhalb dessen Geld, Überwachungskapazitäten, Zeit und weitere Ressourcen investiert werden. Ohne klare Vorgaben riskiert man, weiter in ein Potpourri von Rüstungsgütern zu investieren und beispielsweise F-35-Kampfflugzeuge zu kaufen, um mit den Amerikanern zusammenzuarbeiten, und zugleich Geld in das FCAS-Projekt mit den Franzosen und Spaniern zu stecken, das ein ähnliches Flugzeug in Europa baut. Wer genug Geld hat, kann sich diese Zweigleisigkeit leisten. Deutschland kann das nicht.

## Mehr Demokratie, Transparenz und Glaubwürdigkeit

Eine klare Leitstrategie würde auch die Chance für eine lebhafte öffentliche Debatte über außenpolitische Ziele öffnen – und damit auch mehr Demokratie schaffen. Der Ruf nach Klarheit zwänge politische Entscheidungsträger dazu, Farbe zu bekennen, und erhöhte damit die

Rechenschaftspflicht der Politik gegenüber der Gesellschaft. Denn wer eine Leitstrategie formuliert, muss die Verantwortung dafür übernehmen, dass sie erfolgreich umgesetzt werden kann. Strategische Klarheit unterstützt die Bürgerinnen und Bürger bei der Entschlüsselung von Politik, hilft ihnen einerseits zu begreifen, was „da oben" entschieden wird, und andererseits sich eine Meinung darüber zu bilden, ob die Vorschläge taugen, ob sie kohärent sind, einen Sinn ergeben oder womöglich nur Interessengruppen und Lobbyisten dienen, die lediglich auf ihren eigenen Vorteil bedacht sind. Denn nur wenn die Öffentlichkeit politische Entscheidungen und Prozesse nachvollziehen kann, vermag sie diese auch zu kritisieren. Ohne strategische Klarheit ist die Auseinandersetzung über Außen- und Sicherheitspolitik nur bedingt konstruktiv.

## Deutschlands Zukunft liegt in der Waagschale

Wir schreiben das Jahr 1953, Dwight D. Eisenhower wurde gerade als 34. Präsident der Vereinigten Staaten vereidigt, in Russland endet das 29-jährige Terrorregime mit Stalins Tod im März. Eisenhower glaubt fest an die aufklärende wie klärende Wirkung energischer, strittiger öffentlicher Debatten. Er möchte, dass die klügsten Köpfe der Vereinigten Staaten über die Zukunft der nationalen Sicherheitspolitik der USA im poststalinistischen Zeitalter nachdenken, und hebt dafür das Projekt „Solarium" aus der Taufe.

Drei Arbeitsgruppen analysieren getrennt voneinander die sowjetisch-amerikanischen Beziehungen. Jede Gruppe besteht aus 21 Mitgliedern, darunter Fachleute, Diplomaten und Militärs, die ungefähr sechs Wochen lang jeden Tag 12 bis 14 Stunden intensiv beraten. Jede Gruppe hat uneingeschränkten Zugang zu Fachwissen und Informationen der US-Regierung. Als die Arbeitsgruppen ihr Ergebnis präsentieren, hört Eisenhower aufmerksam zu und studiert die Empfehlungen. „Solarium" hat maßgeblich die amerikanische Strategie des Kalten Krieges ab 1953 beeinflusst. Bis heute preisen Historiker und Wissenschaftler dieses Projekt als ein leuchtendes Beispiel für einen gelungenen Strategieprozess, der auch für Deutschland wichtige Lehren bereithält.

## Es geht heute darum, grundlegende Entscheidungen darüber zu treffen, wie unsere äußere Sicherheit in Zukunft gewährleistet werden kann.

Die Bundesrepublik Deutschland steht derzeit vor einem ähnlichen Wendepunkt wie damals Eisenhower. Es müssen grundlegende Entscheidungen darüber getroffen werden, wie unsere äußere Sicherheit in Zukunft gewährleistet werden soll. Es wäre darum ratsam, sich ein Beispiel an „Solarium" zu nehmen und hierzulande einen ähnlichen Prozess zügig und Schritt für Schritt in die Wege zu leiten.

Ziel meines Beitrags war es, Möglichkeiten aufzuzeichnen, wie über Deutschlands strategische Zukunft sinnvoll nachgedacht werden kann. Die von mir genannten drei strategischen Optionen könnten Teil einer großen offenen deutschen Debatte werden, in der die Prämissen meiner Vorschläge ohne jede Scheu kritisch untersucht und auf ihre Konsistenz und Kohärenz geprüft werden. In der Vorteile, Nachteile und Kosten unter die Lupe genommen und gegeneinander abgewogen werden. Ich möchte zu einer intellektuellen Reise ermuntern, um größere strategische Klarheit darüber zu erreichen, wohin wir in der Außen- und Sicherheitspolitik steuern wollen.

Noch gibt es für Deutschland keine klare Leitstrategie, aber es ist höchste Zeit, dass wir mit dem Prozess dafür beginnen. Deutschlands Platz in der zukünftigen Weltordnung ist ungewiss. Um nicht außen vor zu bleiben, sondern die neue Weltordnung mitgestalten zu können, muss die Bundesregierung viel strategischer denken als bisher. Sie muss Eindeutigkeit schaffen – für die Politik, für die Bürgerinnen und Bürger sowie für unsere Verbündeten in der Welt.

## Anmerkungen

1   Nationale Sicherheitsstrategie 2023, S. 21, https://www.bundesregierung.de/breg-de/aktuelles/nationale-sicherheitsstrategie-2195890

# Wir sind Weltmeister

## Die Deutschen und der Fußball

*Von Ronald Reng*

Solch eine Rede hatte ein Bundespräsident das letzte Mal vor 27 Jahren gehalten. „Durch Deutschland muss ein Ruck gehen", hatte Roman Herzog am 26. April 1997 der Nation zugerufen. Wer auf Deutschland schaue, „der gewinnt den Eindruck, dass Pessimismus das allgemeine Lebensgefühl bei uns geworden ist. Das ist ungeheuer gefährlich; denn nur zu leicht verführt Angst zu dem Reflex, alles Bestehende erhalten zu wollen, koste es, was es wolle. Eine von Ängsten erfüllte Gesellschaft wird unfähig zu Reformen und damit zur Gestaltung der Zukunft. Angst lähmt den Erfindergeist, den Mut zur Selbstständigkeit, die Hoffnung, mit den Problemen fertig zu werden."

27 Jahre später, am 6. Juli 2024, erklang wie ein Echo eine neue Staatsrede. „Wenn wir immer nur in Tristesse verfallen, uns immer nur erzählen, alles sei grau, dann wird sich nichts verbessern. Man kann immer Probleme sehen – und wir haben Probleme im Land. Man muss aber auch nach Lösungen suchen. Wir können alle anpacken! Lasst uns den Mut haben, Dinge zu probieren, und wenn es nicht klappt, neue Dinge auszuprobieren. Ich wünsche mir für dieses Land, dass wir verstehen, es geht gemeinsam einfach besser."[1]

Wie Roman Herzogs Ansprache fand auch diese Rede große Aufmerksamkeit, und es schien dabei wenige zu erstaunen, dass die staatstragenden Worte diesmal nicht vom Bundespräsidenten, sondern vom Bundestrainer kamen. Julian Nagelsmann machte aus seiner Bilanz der Fußballeuropameisterschaft in Deutschland einen Appell an die Nation. Seine Nationalmannschaft und ihr Publikum hätten während des Turniers „eine Symbiose gebildet", sagte Nagelsmann. „In diesem ganz kleinen Part des Lebens, dem Fußball, haben wir die Kraft des Zusammenarbeitens gezeigt." Tatsächlich hatte das unglückliche Ausscheiden gegen Spanien im Viertelfinale nur akzentuiert, mit welchem Gemeinschaftsgeist die Mannschaft gespielt hatte; wie leidenschaftlich Millionen Deutsche glaubten, sie seien ein Teil des Teams.

## Es scheint so, als wäre gerade die Nationalelf der Spiegel, in dem die Deutschen sich wiederzuerkennen wünschten.

Dass ein Bundestrainer den Rang eines überparteilichen Staatsmannes einnimmt, war neu, aber letztendlich vielleicht auch nur konsequent angesichts des sagenhaften Aufstiegs des Fußballs in Deutschland, inklusive seiner Überhöhung. Unter den zehn meistgesehenen Sendungen in der Geschichte des deutschen Fernsehens finden sich keine Elefantenrunden, keine Krimis, kein „Wetten, dass ..?", sondern ausschließlich Fußballübertragungen.

Im Rückblick erscheint es so, als wäre der Fußball in der Bundesrepublik schon immer der große gemeinsame Nenner der Gesellschaft gewesen; als wäre gerade die Nationalelf schon immer der Spiegel gewesen, in dem die Deutschen sich wiederzuerkennen wünschten. Eine genauere Betrachtung aber wird zeigen, dass der Aufstieg des Fußballs zum populären Identifikationsstifter ein Phänomen der vergangenen 30 Jahre ist.

Julian Nagelsmann, der Bundestrainer und Schattenpräsident, wäre vermutlich erstaunt, dass nach dem ersten deutschen Weltmeisterschaftstriumph 1954 der tatsächliche Bundespräsident Theodor Heuss in seiner Ansprache erklärte, man solle doch diesen Triumph nicht zu wichtig nehmen. „Meine lieben Weltmeister", sprach Heuss bei der Verleihung des Silbernen Lorbeerblattes zu den Spielern: „Wir sind wegen des Sportes da. Ich glaube, wir sollten ihn außerhalb der Politik halten."[2] Noch 1974, als die Deutschen zum zweiten Mal Weltmeister wurden, entschuldigte sich eine der bedeutendsten bundesdeutschen Tageszeitungen, die *Frankfurter Allgemeine Zeitung*, bei ihren Lesern, dass sie während des Turniers dem profanen Fußball etwas mehr Platz als gewöhnlich eingeräumt hatte. „Diese Entscheidung haben wir uns nicht leichtgemacht."[3]

Fußball war in den ersten 40 Jahren der Bundesrepublik (genauso wie in der DDR) ein Sport, den ein Teil der Bevölkerung liebte und der einen ähnlich großen Teil gleichgültig ließ. Und doch schien der Fußball schon damals für Deutschland prädestiniert, das Feld für die eigene nationale Vergewisserung zu werden. Ein politischer Patriotismus war aufgrund der zeitlichen Nähe zum Dritten Reich heikel, wäre er doch immer dem Verdacht ausgesetzt gewesen, die Deutschen liebäugelten schon wieder mit dem faschistischen Nationalismus. Da bot sich der Fußball an. Hier konnten die Deutschen in einer gefühlten Gemeinschaft Freude an ihrem Land spüren, ohne Bedenken zu wecken. Fußball war doch nur ein Zeitvertreib.

## Beim *Nation Building* hat der Fußball eine wichtige Rolle übernommen.

Es ist leicht, über die aufgeladene Bedeutung eines Freizeitvergnügens zu lächeln. Doch im demokratischen Deutschland hat der Fußball beim *Nation Building* eine wichtige Rolle übernommen. „Es

scheint tatsächlich so", schreibt die Publizistin Thea Dorn: „Je fußball-
verrückter Deutschland wurde – desto pazifistischer wurde es. Das
deutsche Streben danach, fußballerische Weltmacht zu werden, ver-
trug sich bestens mit dem Rückzug aus der Weltpolitik."[4] Bei der Europameisterschaft 2024 wurde augenscheinlich, wie sehr Deutschland
– trotz hoher Wahlergebnisse für die teilweise rechtsextremistische
AfD – ein nach außen nichtaggressives Land geworden ist; und wie
sehr der Fußball dabei geholfen hat. Während Fans aus Staaten mit
offenen nationalen Konflikten wie Albanien, Serbien oder der Türkei
die EM-Spiele mit nationalistisch-chauvinistischen Gesängen beglei-
teten, gehörte für das breite deutsche Publikum die Achtung des Geg-
ners genauso zum Spiel wie die Begeisterung für das eigene Team.
Ganz im Sinne der Definition eines anderen Bundespräsidenten,
Richard von Weizsäcker, der 1989 unterschied: „Patriotismus ist Liebe
zu den Seinen; Nationalismus Hass auf die anderen".[5]

## Die spät entdeckte Geburtsstunde einer Republik

Fußball sollte in Deutschland vom ersten Tag an mehr als ein Spiel
sein. Er würde Freiheit bringen und das Stubenhockertum bekämpfen, erklärte der Braunschweiger Gymnasiallehrer Konrad Koch. Sein
Kollege August Hermann hatte 1874 den ersten Fußball aus Großbritannien nach Deutschland gebracht. Auf dem Kleinen Exerzierplatz
an der Rebenstraße organisierten Koch und Hermann unter ihren
Schülern das erste Fußballspiel im deutschen Kaiserreich. Das heißt,
sie warfen den Ball in die Mitte und forderten die Schüler auf, ihn mit
Füßen zu treten.

Koch erkannte in dem regelfreien Herumgerenne Großes. Am Turnen, bis dahin *der* Sport im Kaiserreich, störte Koch schon länger der
militärische Drill sowie der Mangel an Frischluft. Früher, ja, früher

hatte das Turnen noch auf der grünen Wiese und nicht in stickigen Hallen stattgefunden! „Die Turnschulstunden", schrieb Koch, „die eine an militärische Disziplin anstreifende Ordnung nötig machen, beschränken die freie Bewegung des Einzelnen zu sehr und schließen einen Verkehr der Schüler untereinander innerhalb der Stunde völlig aus."[6] Beim Fußball dagegen bewegten sich die Schüler „auf dem Boden der Freiheit".

In der aufkommenden liberalen Bewegung ging es Ende des 19. Jahrhunderts dann aber doch eher um den Wegfall von Handelszöllen und die Freiheit der Rede als um Fußball. Auch verhallte Kochs Plädoyer ungehört, in den Vereinsnamen deutscher Fußballklubs doch auf Anlehnungen an englische Wörter wie „Victoria" oder „Kickers" zu verzichten und stattdessen echte deutsche Klubnamen wie „Wotan" oder „Siegfried" zu wählen.

## Vom ersten Tag an sollte Fußball mehr als ein Spiel sein.

Es dauerte bis zum 4. Juli 1954, bis der Fußball in Deutschland auch massenhaft Menschen bewegte, die sich gar nicht für Fußball interessierten. „Sechs Minuten noch im Wankdorf-Stadion zu Bern, keiner wankt, der Regen prasselt unaufhörlich hernieder", berichtete Herbert Zimmermann für die Radiostationen der ARD.[7] Dann musste aus dem Hintergrund Rahn schießen.

Der sensationelle 3:2-Sieg der deutschen Elf im Weltmeisterschaftsfinale 1954 über Ungarn durch Helmut Rahns spätes Tor gilt heute im Volksmund als „wahre Geburtsstunde der Bundesrepublik". Aus der Asche des Zweiten Weltkriegs hatte sich die deutsche Elf erhoben und als krasser Außenseiter das Undenkbare erreicht: die „Goldene Elf" Ungarns um Puskás, Hidegkuti und Czibor besiegt. Musste das nicht geradezu ein Zeichen sein, dass sich Deutschland auch aus dem moralischen und tatsächlichen Schutt des NS-Regimes wieder als besseres Land aufbauen ließ?

Neun Jahre nach dem Ende des Zweiten Weltkriegs gab es für die Deutschen zum ersten Mal wieder einen Anlass, sich kollektiv als Nation zu freuen und sich gleichzeitig, angesichts des unschuldigen Anlasses eines Fußballsiegs, von den nationalistischen Exzessen der Nazizeit abzugrenzen. Sie taten es zu Hunderttausenden. „Links und rechts, auf den Straßen, auf den Feldern, an den Bahndämmen, auf den Brücken, überall stehen die Menschen", schrieb der Mannschaftskapitän der Weltmeister, Fritz Walter, in seinem autobiografischen Buch 3:2 über die Heimfahrt aus der Schweiz im Sonderzug.[8] „Wir verteilen uns so im Zug, dass die eine Hälfte der Spieler auf der linken, die andere auf der rechten Seite zu den Fenstern hinausschaut. Niemand von den Leuten, die vielleicht schon stundenlang warten, soll umsonst gekommen sein." In Singen, dem ersten Halt nach der Grenze, ist der Bahnhof schwarz vor Menschen. „Hände strecken sich uns entgegen. Blumen, Pralinen und Weinflaschen werden hereingereicht. Beinahe betroffen sehen wir uns gegenseitig an."

In dieser Schilderung Fritz Walters ist nicht nur die geradezu ekstatische Begeisterung über den Coup von Bern zu spüren, sondern auch das Phänomen, dass sich fast immer der Zeitgeist in der Nationalmannschaft erkennen lässt. Die Weltmeister wollten instinktiv so sein, wie Deutschland es sich 1954 vorgenommen hatte zu sein: bis zur Bescheidenheit rücksichtsvoll, zugewandt; sich der historischen Verantwortung nach den nationalsozialistischen Verbrechen bewusst.

Fußballerisch prägt das Bild, das die 54er-Weltmeister setzten, Deutschland bis heute. Der Sieg über die „Goldene Elf" wurde schnell mit dem Kampfgeist, der Aufopferungsgabe und vor allem dem Teamgeist der deutschen Elf erklärt. Denn wie sonst sollte ein Kleiner den Größten besiegt haben? Fortan glaubten die Deutschen, dass sie immer so Fußball spielen müssten; dass diese Attribute gar ihre Nationalcharakterzüge kennzeichnen. Die deutschen Tugenden.

Dabei hatte die deutsche Nationalelf bei der WM 1954 auch ganz andere Züge offenbart. Da war die Frechheit des Ruhrpott-Jungen Helmut Rahn, sein Spielwitz auf dem Fußballrasen und seine Exzentrik jenseits der Seitenlinien, wenn er etwa morgens vom Hotelbalkon aus die Mitspieler und die gesamte Umgebung mit dem Ruf einer Essener Marktfrau weckte: „Prima schnittfeste Tomaten, Leut! Die prima Oma-Lutsch-Birne für zahnlose Großmütter!" Da war die feine spielerische Linie Fritz Walters oder die individualistische Klasse des Halbstürmers Max Morlock, der im WM-Finale Deutschlands erstes Tor schoss. Das alles jedoch wurde in der Bewertung des Sieges verdrängt von den vermeintlichen deutschen Tugenden.

## Eine Fußballmannschaft in Deutschland sollte idealerweise immer so sein wie die deutschen Tugendträger von 1954.

Noch ein halbes Jahrhundert später wunderte sich einer der erfolgreichsten deutschen Trainer, Ottmar Hitzfeld, warum in deutschen Medien in der Fußballanalyse immerzu von Willen und Kampfgeist die Rede sei (beziehungsweise von deren Abwesenheit). „Erstaunlicherweise", sagte Hitzfeld, „erfahren die deutschen Fußballfans über taktische oder technische Details weit weniger als die in anderen Ländern. In Italien oder Spanien, in England oder den Niederlanden ist die ausführliche Erörterung taktischer Zusammenhänge hingegen ein selbstverständlicher Bestandteil der öffentlichen Diskussion über Fußball."[9] Eine Fußballmannschaft in Deutschland sollte idealerweise immer so sein wie die deutschen Tugendträger von 1954 – beziehungsweise dem Image der 54er-Weltmeister entsprechen, das man entworfen hatte.

Erst in den Jahren nach Hitzfelds Wirken, ungefähr ab 2006, änderte sich hierzulande das Reden über und das Betrachten von Fußball nachhaltig. Die Turbo-Globalisierung des Fußballs, die taktische und trainingswissenschaftliche Einflüsse aus der ganzen Welt nach Deutschland brachte, sowie die Digitalisierung des Spiels, die viel tiefere Analysemöglichkeiten eröffnete, machten aus Deutschland ein fußballerisch weltoffenes, neugieriges und kreatives Land. Vermutlich war es nur Zufall, dass just zur selben Zeit mit Joachim Löw ein Mann Bundestrainer wurde, der aus eigenen ästhetischen Vorlieben geradezu das Gegenmodell zum altdeutschen Willensfußball anstrebte. Und man sah, auch Leichtigkeit gehört zum deutschen Spiel.

Der Weltmeisterschaftsgewinn 1954 ist heute längst ein deutscher Mythos. Das Wunder von Bern. Es ist allerdings eine Fehlannahme, dass er schon damals als nationaler Gründungsmoment erkannt und erlebt wurde. Die Menschen hatten gar keine Zeit dafür. So erinnert sich der Kulturwissenschaftler Klaus Theweleit. In seinem Buch *Tor zur Welt. Fußball als Realitätsmodell* schreibt er, der Gründungsmythos sei „eher eine nachträgliche Übertreibung". Die Kriegsgeneration, die er als Zwölfjähriger 1954 auf dem norddeutschen Land erlebte, „feierte diesen Sieg nicht auf solche Weise. Sie war viel zu sehr mit ihren zwei Haupttätigkeiten beschäftigt." Da war zum einen die „absolute Nichtbeschäftigung mit ihrer Verstrickung ins Hitlertum". Und zum anderen der Wiederaufbau. „König Fußball lief 1954 dem König Fleiß bei diesen Leuten nicht den Rang ab. Das Wunder von Bern toppte ihr Wirtschaftswunder nicht."[10]

Tatsächlich blieb der ekstatische Empfang für die Weltmeister eine kurze Eruption. Nach zwei, drei Tagen hatten die Sieger von Bern die zugesteckten Pralinen und Suppenwürfel verstaut und sich ins Goldene Buch ihrer Heimatstädte eingetragen. „Dann stellen wir in meiner Wohnung, Beethovenstraße 44, für drei Tage Klingel und Telefon ab,

stopfen die Finger in die Ohren, wenn wir etwas von Einladungen hören, erzählen, spielen Karten und ‚Mensch ärgere Dich nicht!‘", schrieb
Fritz Walter.[11]

## Der Weltmeisterschaftsgewinn 1954 ist heute längst ein deutscher Mythos, nachträglich glorifiziert zum nationalen Gründungsmoment.

Es lässt sich nicht mehr feststellen, wer den Slogan vom 4. Juli 1954 als
Gründungsdatum der Republik erfand. Einer breiteren Öffentlichkeit
wurde der Zusammenhang durch den Historiker Joachim Fest bekannt, der von den drei Gründungsvätern der Bundesrepublik sprach,
Bundeskanzler Konrad Adenauer, Wirtschaftsminister Ludwig Erhard und Mannschaftskapitän Fritz Walter. Das Wunder von Bern lag
schon Jahrzehnte zurück, als Fest den Gedanken in die Welt setzte.

In den Publikationen von 1954 finden sich keine solch großen Ide-
en zum 3:2 von Bern. In der *Frankfurter Allgemeinen Zeitung* zum Beispiel erschien überhaupt kein Kommentar zu dem Spiel, sondern
einzig der Spielbericht und, zwei Tage später, eine Übersicht über die
Pressestimmen des Auslands. Es gab Wichtigeres, etwa die Bildungs-
politik der Regierung Adenauer, die stattdessen kommentiert wurde.
Fußball war doch nur Sport. Dem widmete die *FAZ* 1954 meist nur
eine halbe oder Viertelseite ihrer knapp bemessenen Papierration.
Auch für die *Süddeutsche Zeitung* waren die Deutschen wegen dieses
Fußballsiegs nicht wieder wer: „Wir gehen etwas aufrechter, unsere
Brust schwillt ein wenig vor Stolz. Lasst uns wieder nüchtern werden!
Das Spiel ist aus, es ist nur ein Spiel. Das Leben geht weiter".[12]

Bundeskanzler Adenauer und Bundespräsident Heuss waren
selbstverständlich nicht zum Finale nach Bern gereist. Es hätte im
Ausland als deutsche Großmachtssehnsucht missverstanden werden

*Ronald Reng*

können, und vor allem: Fußball erschien ihnen nicht bedeutend genug.

Zwischen diesen zwei Polen – der Angst, zu triumphal aufzutreten, und der Überzeugung, Fußball sei doch nur ein Sport – bewegte sich das öffentliche Deutschland 1954. Der Bayerische Rundfunk kappte die Liveübertragung, als der Präsident des Deutschen Fußball-Bundes, Peco Bauwens, anfing, davon zu reden, „was ein gesunder Deutscher, der treu zu seinem Land steht, zu leisten vermag".

Als ähnlich bedenklichen Rückfall in schlimmste Zeiten empfanden es manche Beobachter, als Tausende deutsche Fußballfans im Wankdorf-Stadion in Bern nach dem Sieg die verpönte erste Strophe der Nationalhymne sangen. Sollte Deutschland wieder über allem thronen? Wahrscheinlicher ist, dass die Zuschauer im Rausch des Fußballerfolgs einfach aus Gewohnheit in die Hymne des Dritten Reichs verfielen. Auch wenn es solche Exzesse vereinzelt gab, setzte sich als allgemeine Botschaft des Wunders von Bern durch: „Wir sind wieder wer, aber ganz anders als damals", wie die Politologin Jana Jöckel 61 Jahre danach schrieb; in einem Land, das inzwischen zur Fußball-Republik geworden war.[13]

Das zehnjährige Jubiläum des WM-Siegs von Bern verging, ohne dass Politik oder Fußball-Verband es gefeiert hätten. Das 25-jährige Jubiläum des 3:2 kam und brachte nichts außer ein paar Zeitungsartikeln, weit unten auf den Sportseiten. Warum also wurde das Spiel ungefähr ab Mitte der Neunzigerjahre derart glorifiziert? Ein Kinofilm, der das Wunder von Bern feierte, entpuppte sich 2003 als Kassenschlager. Beim Tod der Protagonisten Fritz Walter (2002) und Helmut Rahn (2003) hielten hohe Politiker Erinnerungsreden. Hunderte, Tausende Artikel, Aufsätze, Bücher widmeten sich in jüngster Zeit dem 4. Juli 1954.

Der banale und vermutlich ausschlaggebende Grund für diese späte Entdeckung ist: Das neu entstandene Privatfernsehen inszenierte ab 1990 aus kommerziellem Eigeninteresse den Fußball als Ereignis für die gesamte Gesellschaft. Fußball wurde eine dramatische, menschliche Show zum Mitfiebern, Mitleiden, Mitfreuen. Fußball wurde das Unterhaltungsthema Nummer eins im Land. Aus dieser neuen, fieberhaften Sicht auf das Spiel sah auch seine Vergangenheit plötzlich viel bedeutender aus. Aus einem erstaunlichen Sporterfolg in Bern wurde das Wunder von Bern.

## Eine Nation ist nichts ohne eine gemeinsam empfundene Geschichte. So wurde das Wunder von Bern im heutigen Deutschland ein Staatsfundament.

Auch die Politik erkannte diese neue Bedeutung des Fußballs und benutzte das Spiel bewusst als Klammer, um die Nation bei Bedarf zusammenzuhalten. Da die Bundeskanzler Helmut Kohl, Gerhard Schröder und die Kanzlerin Angela Merkel allesamt echte Fußballfans waren, schien ihnen diese Aufwertung des Spiels sogar Spaß zu machen. Kohl lud 1990, drei Monate vor der Wiedervereinigung, symbolisch 180 Kinder aus der DDR zum Weltmeisterschaftsfinale Deutschland gegen Argentinien nach Rom ein. Gerhard Schröder (der in jungen Jahren beim Fußballverein TuS Talle den Beinamen „Acker" erhalten hatte) ließ alle Welt wissen, ihm seien im Kino beim *Wunder von Bern* die Tränen gekommen. Angela Merkel trug 2014 bei der WM in Brasilien ihrem sicherheitspolitischen Berater Christoph Heusgen auf, er solle nun bitte das Gespräch mit Russlands Präsident Wladimir Putin weiterführen; sie wolle den Anpfiff des Finales nicht verpassen.

Eine Nation ist nichts ohne eine gemeinsam empfundene Geschichte. So wurde das Wunder von Bern im heutigen Deutschland ein Staatsfundament. Als Ludwig Erhard 1963 vom Wirtschaftsminister zum Regierungschef aufstieg, hatte der *Spiegel* noch die Nase gerümpft. Deutschland bekomme „einen Bundeskanzler, der den *Kicker* liest".

## Ein deutscher Sonderweg: Fußball soll puristisch sein

Als die Deutschen 1974 das zweite Mal Weltmeister wurden, geschah Unerhörtes. Es wurde über Geld geredet. Und die Meinungsmacher der Republik fanden es nicht einmal schlimm, wie viel Geld die Fußballer neuerdings verdienten. „Über die Kommerzialisierung zu lamentieren, so aufdringlich, total und primitiv sie auch sein mag, erscheint sinnlos", schrieb die *Süddeutsche Zeitung* damals zum Auftakt der Weltmeisterschaft. „Der Fußball kann nicht als reine und heile Oase erhalten werden, wenn ringsum das Profitstreben blüht. Die deutschen Nationalspieler handeln nur konsequent, wenn sie ihren Anteil am Gewinn fordern und durchsetzen."[14]

So viel Verständnis musste die bundesdeutschen Nationalspieler überraschen, die bis tief in den Morgen hinein in der Sportschule Malente mit der Verbandsführung um die Prämie für den eventuellen WM-Sieg gerungen hatten. Denn bis dahin hatte sich in Deutschland stets die Meinung am lautesten artikuliert, der Fußball müsse rein sein vom Geld. Selbst Profisportler sollten, irgendwie, doch mehr von der Liebe zum Spiel als von materiellen Wünschen angetrieben werden. Dieses Jammern, der Profisport, also eine Wirtschaftsunternehmung, sei viel zu kommerziell, hält sich bis heute. Damit steht Deutschland ziemlich allein in der Welt da.

Als in England 1888 die erste Profiliga der Welt ins Leben gerufen wurde, organisierten sich die Klubs als Unternehmen. Ihre Besitzer entlohnten die Spieler wie Angestellte und kauften beziehungsweise verkauften sie gleichzeitig wie Ware. Dieses Modell griffen die meisten Länder auf. In Deutschland dagegen wuchs der Fußball aus der Vereinsbewegung. Es gab im 19. Jahrhundert einen regelrechten Vereinsboom, mit Verschönerungsvereinen, Turnvereinen oder Arbeiterbildungsvereinen, die Arbeiter über Methoden der Entlausung, Beseitigung von Hühneraugen oder Bekämpfung von Geschlechtskrankheiten informierten. Das oberste Prinzip eines Vereins war seine Gemeinnützigkeit. Im Fußball wurde daraus Prinzipienreiterei.

## Das Jammern, der Profisport Fußball sei viel zu kommerziell, hält sich bei uns bis heute. Damit steht Deutschland ziemlich allein in der Welt da.

In den 1920er-Jahren startete der Deutsche Fußball-Bund eine regelrechte Kampagne: „Den Professionalismus entlarven und auslöschen." Deutsche Fußballmannschaften, die es nur wagten, gegen Profiteams aus dem Ausland anzutreten, wurden gesperrt. Vergeblich wandte Walther Bensemann, der Gründer des Sportmagazin *Kicker*, ein: „Es wird sich herausstellen, dass die übergroße Mehrheit der FIFA-Verbände durchaus nicht gesonnen ist, am deutschen Sportwesen zu genesen."[15]

Selbst als 1963 – Jahrzehnte später als in anderen bedeutenden europäischen Fußballnationen – mit der Bundesliga endlich eine nationale Profispielklasse gegründet wurde, sollte der Profifußball trotzdem nicht so richtig kommerziell sein. Man beschloss eine Verdienstobergrenze von 1630 D-Mark im Monat. Was dazu führte, dass die Bundesligaspieler gehörig Schwarzgeld erhielten. Aber die Idee vom romantischen Spiel hielt sich, selbst in den Köpfen der Spieler.

Gerd Wiesemes, der von 6 bis 14 Uhr als Materialprüfer im Stahl-
werk arbeitete und abends beim VfL Bochum auf höchster Ebene
Fußball spielte, erzählte mir einmal, wie er 1961 auf das erste Vertrags-
angebot seines Vereins reagiert hatte. Er war davongerannt. Er schäm-
te sich, Geld für das Fußballspielen zu erhalten. Er hatte nur einen
Traum gehabt: ein Mal für die erste Mannschaft des VfL zu spielen.
Diesen Traum wollte er nicht mit Geld beflecken. Nachdem der
18-jährige Wiesemes mehrmals nicht zur Vertragsunterschrift er-
schienen war, machte der Geschäftsführer des VfL Bochum kurzen
Prozess. Er wartete vor der Umkleidekabine, bis Wiesemes heraus-
kam, und führte ihn persönlich zur Vertragsunterschrift ins Büro.

Das alles schien sich Anfang der Siebzigerjahre zu ändern. Die erste Nachkriegsgeneration war erwachsen geworden. Sie forderte eine
liberalere, individualistischere Republik. Die sozialliberale Koalition
von Bundeskanzler Willy Brandt (SPD) – die erste linke Regierung
20 Jahre nach Gründung der Bundesrepublik – änderte Gesetze, die
Frauen nur das Arbeiten erlaubten, wenn sie „ihre häuslichen Pflich-
ten" erfüllten. Studenten protestierten für weniger frontalen Unterricht und gegen eine miefige Sexualmoral. Und irgendwann erreichte
der Schrei nach weniger autoritären Umgangsformen auch den Fußball.

Während der Weltmeisterschaft 1974 war die bundesdeutsche Na-
tionalelf von ihren 60-jährigen Verbandsfunktionären unverändert in
einer Sportschule untergebracht worden, jeweils zwei Spieler in einem
Zimmer ohne Bad, ein Telefon in der Empfangshalle für die gesamte
Mannschaft, und abends kam zum Zeitvertreib der örtliche Pfarrer
Dietrich ins Quartier, um den Herren Nationalspielern Dias einer
Mexiko-Reise zu zeigen. Die Funktionäre verstanden die Welt nicht
mehr, als Außenverteidiger Paul Breitner mit der Abreise drohte, falls

die vorgesehene Siegprämie von 10 000 D-Mark pro Spieler nicht massiv erhöht werde.

Tatsächlich setzte die Verhandlungsdelegation der Mannschaft um Kapitän Franz Beckenbauer dann eine Weltmeisterprämie von 70 000 D-Mark durch. Es war die erste Generation, die spürte, welchen kommerziellen Wert sie besaß. Zur WM 1974, die in der Bundesrepublik ausgetragen wurde, war ein regelrechter Werbemarkt für Fußballer entstanden. Franz Beckenbauer, Gerd Müller, Günter Netzer und ihre Mitspieler warben für Gummibärchen, Benzin und nahmen eine Schallplatte auf: „Fußball ist unser Leben". Einer schaltete sogar in der *FAZ* unter der Kennnummer GK379908 eine Stellenanzeige: „Prominenter Fußballnationalspieler bietet seine Dienste an für Generalvertretung, Fernsehwerbung, Annoncen, Autogrammstunden."

## Bis heute hält sich hierzulande die Idee, der weltweit profitgetriebene Hochleistungssport Fußball müsse Unternehmertum und Gemeinwesen unter einen Hut bringen.

Spätestens seit jener Zeit passte sich der deutsche Fußball schleichend den internationalen Gepflogenheiten des profitgetriebenen Hochleistungssports an. Und blieb doch gleichzeitig bis heute auf seinem Sonderweg. Hartnäckig hält sich 2024 hierzulande die Idee, der Fußball müsse Unternehmertum und Gemeinwesen unter einen Hut bringen. Demonstrativ wird das an dem rechtlich einmaligen Konstrukt deutlich, in das sich deutsche Profifußballklubs gezwängt haben. Investoren dürfen nun Anteil an den Profi-AGs besitzen. Aber egal, wie viel Prozent der Aktien sie in ihrer Hand halten, die Vertreter des eingetragenen Vereins – also letztlich die Vereinsmitglieder – werden in den Entscheidungsgremien mit 51 Prozent immer die Mehrheit behalten.

In der Praxis hat das dazu geführt, dass auf die Fans und Vereinsmitglieder in der Bundesliga weiterhin mehr Rücksicht genommen wird als in allen vergleichbaren internationalen Ligen. Die Eintrittspreise, gerade für die Stehplätze, sind günstiger als in England, Italien und Spanien. Bei den Anstoßzeiten der Spiele wird nicht nur auf die Wünsche der Fernsehsender eingegangen, sondern auch auf die Bedürfnisse der Auswärtsfans. Es wird darauf geachtet, dass ihnen nach dem Spiel genug Zeit für die Rückreise bleibt. In diesem wundersamen Fußball-Land fand sich ein internationaler Star wie der Engländer Harry Kane dann eines Tages im Januar 2024 in einem Ort namens Kirchweidach wieder.

Das Land ist flach und voller Felder rund um Kirchweidach, am Horizont dagegen erheben sich majestätisch die Alpengipfel. Bei der letzten Kommunalwahl erhielt die CSU 78,7 Prozent der Stimmen. Eine bayrische Blaskapelle spielte auf, als Harry Kane vor dem Gasthof zur Post aus dem Auto stieg. Drinnen im Saal warteten die 400 Glücklichen, die eine Eintrittskarte für das Treffen mit Kane erhalten hatten. Praktisch alle waren in rote Nylontrikots des FC Bayern gekleidet. Weißbier wurde ausgeschenkt. Es war ja schon elf Uhr am Sonntagmorgen.

Einmal im Jahr schickt der FC Bayern München seine Profifußballer zu den Fanklubs im ganzen Land, und „Die Roten“ aus dem oberbayrischen Dorf Kirchweidach hatten 2024 den Hauptgewinn gezogen: Zu ihnen wurde die größte Attraktion der Bundesliga gesandt, der 100-Millionen-Mann Harry Kane. „Das war ja verrückt!“, sagte Kane zu einem Landsmann, dem Zeitungsreporter Rob Draper, nachdem er in Kirchweidach mit den Fans Wettkämpfe namens Bierkrugschieben und Nageleinschlagen bestritten hatte. Es bestand kein Zweifel, dass Kane das in einem positiven Sinne meinte: Herrlich irre war es! „So etwas hatte ich noch nie erlebt“, in 13 Jahren als Profifußballer in England. Dort waren die Fans eine Kulisse im Stadion. In Deutschland, lernte er in Kirchweidach, sind sie ein Teil des Vereins. „Dies ist ein Klub, der den Mitgliedern gehört und nicht einem Staatsfonds oder privaten Investor", schrieb Draper im *Guardian* später über den FC Bayern. „Hier, in Kirchweidach, kann man sehen, was das für einen Unterschied ausmacht: Der Kontrast zu englischen Klubs könnte nicht stärker sein."

So hat der deutsche Fußball 2024 sein sehr eigenes Gleichgewicht gefunden: Die Bundesliga ist eine kapitalistische Unternehmung, die weltweit nach der englischen Premier League den zweithöchsten Umsatz erwirtschaftet – und gleichzeitig stiftet der deutsche Fußball mit diesen Millionen auch gemeinnützig Sinn, wie es im Vereinswesen des 19. Jahrhunderts üblich war. 71 Fanprojekte werden vom Bundesligageld mitfinanziert, einmalige Institutionen, die zum Beispiel dafür sorgen, dass nicht nur die Profifußballer ins Trainingslager fahren. Sondern dass bedürftige Kinder am Trainingsort der Profis einen Sommerurlaub verbringen.

## Ihre Begeisterung fürs Vereinswesen halten die Deutschen im Fußball seit über 150 Jahren aufrecht.

Manches bleibt scheinbar immer gleich. Ihre Begeisterung fürs Vereinswesen halten die Deutschen im Fußball seit über 150 Jahren aufrecht. Seit 2010 besteht eine geradezu phänomenale Nachfrage, Mitglied in deutschen Profiklubs zu werden. Bayern München wurde mit 316 000 Mitgliedern der mitgliederstärkste Sportverein der Welt, auch Borussia Dortmund, Schalke 04, der 1. FC Köln und Eintracht Frankfurt gehören mit weit über 100 000 Mitgliedern zu den zwölf größten Vereinen der Welt.

Dabei hatte Eintracht Frankfurt vor 24 Jahren lediglich 5800 Mitglieder. Heute sind es 140 000. Allein im Jahr 2022 meldeten sich bei der Eintracht 30 000 neue Mitglieder an, während die Mitgliederzahlen bei anderen Institutionen wie der Kirche oder politischen Parteien seit Jahren dramatisch sinken. Die neuen Mitglieder von Eintracht Frankfurt oder Bayern München wollen in ihrem Verein keinen Sport treiben. Sie wollen zeigen: Ich gehöre dazu. Und ich will, dass mein Verein eine kollektive, soziale Institution meiner Stadt bleibt.

Daraus spricht fast schon der Traum von Volksbeteiligung und Solidarität, den ein anderer deutscher Staat einst angeblich verfolgte.

## Fußball und nationale Gefühle in der DDR

Jeden Abend nach 20 Uhr, sagt Roland Jahn, habe er im Westen gelebt. Dabei saß er unverändert zu Hause in Jena, mitten in der DDR. Doch wie so viele verfolgte Jahn klammheimlich das Abendprogramm der westdeutschen Fernsehsender.

Roland Jahn wurde in den 1980er-Jahren als Bürgerrechtler so etwas wie der Staatsfeind Nummer eins der DDR-Regierung. Im wiedervereinigten Deutschland berief ihn der Bundestag 2011 zum Leiter der Stasiunterlagenbehörde. Jahn war aber als Heranwachsender auch ein Fußballtalent beim führenden DDR-Klub FC Carl Zeiss Jena – und als Fußballfan wohl nicht untypisch für die DDR. Er hatte zwei Lieblingsteams: eines im Osten, Carl Zeiss Jena, eines im Westen, Borussia Dortmund. Beim legendären 1:0-Sieg der DDR über die Bundesrepublik bei der Weltmeisterschaft 1974 freute er sich für die DDR-Auswahlspieler Konrad Weise, Harald Irmscher oder Lothar Kurbjuweit, die er aus seiner Fußballzeit in Jena kannte. Gleichzeitig war er traurig, dass „seine" bundesdeutsche Mannschaft verloren hatte, und obendrauf gönnte er dem DDR-Staat nicht den Triumph. Das war eine ziemlich verwirrende Gefühlsmischung. Hatte es nicht immer geheißen, beim Fußball sei es einfach: Man sei für ein Team, also gegen das andere?

Im Fall von Jahn war die Abneigung gegen die DDR-Auswahl durchaus politisch. „Ich hätte niemals mit einer DDR-Fahne wedeln können, auch nicht, um Fußballer anzufeuern", erzählte er mir. Öfter waren die weitverbreiteten Sympathien von DDR-Bürgern für die bundesdeutschen Fußballer aber wohl eher pragmatisch: Weil es die DDR-Mannschaft bis auf 1974 nie zu einer Welt- oder Europameisterschaft schaffte, übertrug man seine Gefühle eben auf die andere deutsche Mannschaft.

Für die DDR-Regierung war die Zuneigung ihrer Bürger zur bundesdeutschen Elf allerdings ein Problem. Hatte die DDR unter ihrem ersten Staatsoberhaupt, Walter Ulbricht, noch die Wiedervereinigung angestrebt (in einem kommunistischen System), so propagierte sein Nachfolger Erich Honecker nach seiner Machtübernahme 1971 die Idee einer ganz neuen, nämlich sozialistischen deutschen Nation. Mit der Bundesrepublik verbinde diese Nation rein gar nichts, auch keine gemeinsame Geschichte. „Unsere Republik und die BRD verhalten sich zueinander wie jeder von ihnen zu einem dritten Staat", erklärte Honecker wenige Wochen nach seinem Amtsantritt. „Die BRD ist somit Ausland, und noch mehr, sie ist imperialistisches Ausland."[16] Entsprechend war Honecker bestrebt, ein eigenes, separates Nationalgefühl aufzubauen. Gerade der Sport sollte dabei massiv helfen. Hinter den Erfolgen der DDR-Sportler, so der Plan, würden sich die Menschen kollektiv versammeln.

Tatsächlich wurde der Sport das wohl einzige Gebiet, auf dem die DDR Weltklasse erreichte. Sportler aus dem Land mit gerade einmal 17 Millionen Einwohnern gewannen ab 1968 bei Olympischen Spielen regelmäßig so viele Medaillen wie sonst nur die Hegemonialmächte

USA und Sowjetunion. Bei den Siegerehrungen für DDR-Sportler oder vor Fußball-Länderspielen durfte allerdings der Text der DDR-Nationalhymne nicht mehr gesungen werden. Denn gleich in der ersten Strophe hatte es geheißen: „Lass uns dir zum Guten dienen, Deutschland, einig Vaterland." Dieses einig Vaterland hatte nach Honeckers Anordnung nun nicht mehr zu existieren, in *Meyers Universal-Lexikon* konnte es die Bevölkerung fortan nachlesen. „Deutschland: bis 1945 Land in Mitteleuropa …", hieß es da. „Dann von ausländischen und deutschen Imperialisten systematisch gespalten."

## Im Sportland DDR nahm der Fußball eine Sonderstellung ein. Er machte Probleme, weil sich bei ihm die Erfolge nicht so planen ließen wie in anderen Sportarten.

Mit einem weltweit einzigartigen Aufwand an Geld und Know-how förderte die DDR den Hochleistungssport, bekanntlich nach 1974 auch mit einem menschenverachtenden Dopingsystem. Der international etablierte Politologe Thomas Fetzer glaubt nachweisen zu können, dass die Strategie, durch Sporterfolge ein neues, eigenes Nationalgefühl zu schaffen und zu stärken, in den frühen Siebzigerjahren durchaus aufging. Die außergewöhnlich hohen Fernseh-Einschaltquoten bei Siegen von DDR-Sportlern legten „eine Euphorie über die Triumphe der Athleten" nahe. „Das westdeutsche *Wir-sind-wieder-wer* von 1954 fand hier sein Ost-Pendant, das aber treffender durch die Formel *Wir-sind-doch-wer* beschrieben werden könnte."[17] Der Fußball allerdings nahm im Sportland DDR eine Sonderstellung ein. Der Fußball machte in den Augen der DDR-Regierung Probleme.

Im Fußball ließen sich Erfolge nicht so planen wie beim Kanufahren, bemerkten die DDR-Sportpolitiker entrüstet. Im Fußball musste ein riesiger Aufwand betrieben werden, um eine Spitzenelf zu formen, und dann pfiff der Schiedsrichter falsch, hatte der Gegner einen einzigen guten Moment, wurde der Ball beim Torschuss durch eine Unebenheit im Rasen abgefälscht. Während Schwimmer und Leichtathleten mit ihren ständigen Weltrekorden die DDR als vermeintliches Erfolgsland porträtierten, scheiterte die DDR-Fußballauswahl international regelmäßig in der Qualifikationsrunde. Nur einmal gewann ein Klub aus der DDR einen Europapokal, der 1. FC Magdeburg 1974.

Zudem kam es im Fußball zu Massenandrang im Stadion – und in der Masse fühlten sich die Menschen frei, politischen Widerspruch kundzutun. 1971 waren zum Schrecken des Politbüros 1300 DDR-Bürger unter Vorwänden nach Warschau gereist, um die bundesdeutsche Mannschaft bei ihrem Länderspiel gegen Polen anzufeuern. Banner wie „Chemnitz grüßt den Kaiser Franz" ließen sich nicht übersehen. Im März 1983 pfiffen 75 000 Zuschauer beim EM-Qualifikationsspiel DDR gegen Belgien in Leipzig so wütend und ausdauernd, dass der Schluss nahelag: Sie pfiffen die DDR-Auswahl stellvertretend für die Regierung aus.

Bis zum Ende der DDR hielt der Fußball – wie sonst vielleicht nur die Popmusik und das Fernsehen – allen Bemühungen Honeckers zum Trotz bei vielen Bürgern ein gesamtdeutsches Nationalgefühl aufrecht. Die Lieblingsvereine hießen unverändert Bayern München wie Dynamo Dresden, 1. FC Köln wie 1. FC Magdeburg.

Überhaupt verdrehte der Fußball mit seinen emotionalen Momenten vom kollektiven Siegen und Verlieren für den Geschmack der DDR-Regierung zu vielen Leuten den Kopf. Dabei halfen selbst Parteifunktionäre mit, dass im Fußball der DDR großkapitalistische Gepflogenheiten wie Schwarzgeldzahlungen Einzug hielten. Wenn Georg Buschner als Vereinstrainer des FC Carl Zeiss Jena die Spieler mit einer Prämie motivieren wollte, sei er zum Generaldirektor des

Carl-Zeiss-Werkes gegangen und habe gesagt: „Ich brauche 60 000 Mark", erzählte Buschners Assistent Paul Dern. „Eine Viertelstunde später hatte er die Sechzigtausend." Der Monatslohn eines Arbeiters in der DDR betrug damals 600 Mark.

## Mit den Jahren wurde der Fußball in der DDR immer mehr zur Gegenwelt zum autoritären Staat.

Aus all diesen Gründen beäugte das Politbüro der DDR den Fußball misstrauisch. Mehrmals versuchte die Partei, durch sogenannte „Fußball-Beschlüsse" den Fußballsport zu ordnen. Ohne Erfolg. Mit den Jahren wurde der Fußball in der DDR auf den Rängen wie in den Umkleidekabinen immer stärker eine Gegenwelt zum autoritären Staat. 1985 berichtete der Generalsekretär des Deutschen Fußball-Verbandes der DDR, Karl Zimmermann, dem Politbüro, wie es im Fußball nach all den staatlichen Ordnungsversuchen zugehe. Oberligaspieler erhielten bei Vereinswechseln heimlich 30 000 Mark Handgeld. Im Bezirk Karl-Marx-Stadt würden Betriebe von der lokalen Parteiführung gezwungen, zwischen 10 000 und 60 000 Mark aus ihrem Etat unter der Hand an die führenden Fußballvereine abzutreten. „Lieber Genosse Erich Honecker", schrieb daraufhin das für Sport zuständige Politbüromitglied Erich Krenz, „wir sind bei der Verwirklichung der Fußball-Beschlüsse im Prinzip nicht weitergekommen."[18]

## Das Sommermärchen: Fußball soll die Nation entkrampfen

Der Kölner Unternehmer Volker Struth hatte mit Bleistiften und Klarsichtfolien schon ein ordentliches Vermögen verdient, als er 2004 in Lissabon die Fahne entdeckte. Fasziniert registrierte der Büroartikelvertreiber beim Besuch der Fußballeuropameisterschaft in Portugal, dass unzählige Autos zu Ehren der Fußballer mit der portugiesischen Landesfahne geschmückt waren. An einem geparkten Wagen studierte Struth die Drahtkonstruktion, mit der ein Heimwerker die Fahne an der Kühlerhaube befestigt hatte. Ein Gedankenblitz traf Struth: Das war doch was für ihn! In zwei Jahren fand die Weltmeisterschaft in Deutschland statt! Struth blickte sich um, stahl die Drahtkonstruktion, schwor später, so etwas noch nie gemacht zu haben, und ließ in China Zehntausende Deutschlandfähnchen mit Plastikhalterung für Autos produzieren.

Bei der WM 2006 war die schwarz-rot-goldene Fahne dann überall. An Fenstern, in Schrebergärten und eben auch an Autospiegeln und Kühlerhauben. „Es ist nicht ausgeschlossen, dass andere anderswo zeitgleich auf die Idee mit den Autofähnchen kamen, aber ich vermute, man hat sie bei mir abgekupfert", schreibt Struth in seiner Autobiografie *Meine Spielzüge*: „In meiner Wahrnehmung war ich der Mann, der die Fahne nach Deutschland brachte."[19]

Die Begeisterung, aber vor allem die Selbstverständlichkeit, mit der sich die Deutschen während der WM millionenfach mit der Landesfahne schmückten, verblüffte die Deutschen selbst. Jahrzehntelang hatten sie im verkrampften Verhältnis zu nationalen Symbolen gelebt. Man musste doch vorsichtig sein, nicht wieder wie ein Nazi zu wirken. Doch tatsächlich war an der Normalisierung des Nationalgefühls über Jahrzehnte schleichend gearbeitet worden. Und schon da spielte der Fußball eine Rolle.

Der damalige Präsident des Deutschen Fußball-Bundes, Hermann Neuberger, sorgte dafür, dass die Nationalmannschaft beim Länderspiel gegen Schweden am 17. Oktober 1984 der Nationalhymne nicht mehr andächtig lauschte, sondern sie erstmals mitsang. Den Spielern war zum Üben vorab extra der Text nach Hause geschickt worden. Der *Spiegel* bewertete zum Spaß die Spieler in einer „Einzelkritik": Mit

Herz hätten vor allem Harald Schumacher, Dietmar Jakobs und Hans-Peter Briegel gesungen. Zeitgleich wurden bei der Nationalelf erstmals vorsichtig die Nationalfarben schwarz-rot-gold eingeführt, zunächst 1984 auf der Trainingskleidung, dann zur Weltmeisterschaft 1990 auf den Trikots. 40 Jahre war die Spielkleidung der bundesdeutschen Elf demonstrativ puristisch schwarz-weiß gewesen.

Geradezu nervös wurde beobachtet, wie das Ausland auf diese Normalisierung des Nationalgefühls reagierte. Anders als zum Beispiel die britische Presse zitierten bundesdeutsche Zeitungen von jeher zu Fußballspielen der Nationalelf ausführlich ausländische Pressestimmen. Die Meinung der anderen war wichtig. Das kann als klares Zeichen eines unsicheren Nationalgefühls gedeutet werden. Oder als ernsthaftes Interesse an der Welt. Beides scheint in Deutschland stärker entwickelt als in den USA, Großbritannien oder Frankreich.

1990, als die Mannschaft von Trainer Franz Beckenbauer mit schwarz-rot-goldenem Schweif auf dem Trikot in Rom Weltmeister wurde, debattierte sogar der Bundestag darüber, wie wir wohl so auf die Welt wirkten. Schließlich hatte die anstehende Wiedervereinigung im Ausland alte Ängste vor einer deutschen Großmacht geweckt. „Wer den deutschen Fußballern in diesen Tagen zuschaut, der verliert – wie auch ich – irgendwie die Angst vor den Deutschen", rief die Grüne Antje Vollmer vom Rednerpult herunter. „Sie spielen nämlich nicht nur gut und erfolgreich; sie spielen auch irgendwie schön und irgendwie richtig emanzipatorisch."[20]

Dieser Wille, vom Auftreten einer Fußballmannschaft quasi auf den Volkscharakter zu schließen, bleibt bis heute etwas sehr Deutsches. In England zum Beispiel wurde bei der EM 2024 lange über die dröge Spielweise ihrer Nationalelf gestöhnt. Aber in den britischen Medien wurde die einschläfernde Darbietung einzig auf den Defensivfanatismus von Nationaltrainer Gareth Southgate zurückgeführt. Auf die Idee, in dem drögen Spiel gleich den erschlafften Zustand der Nation zu erkennen, kam keiner.

## Der Wille, vom Auftreten einer Fußballmannschaft auf den Volkscharakter zu schließen, bleibt bis heute etwas sehr Deutsches.

Die Fahnen 2006 kamen also nicht von ungefähr, sondern drückten eine politisch gewollte und seit den Achtzigerjahren sanft forcierte Entkrampfung der Nation aus. Mit etlichen Kampagnen verfolgte die Regierung von Angela Merkel die Absicht, die Weltmeisterschaft 2006 zur Selbstdarstellung des Landes zu nutzen. Nach innen wie außen sollte das Bild eines vernünftigen, liebenswerten Deutschlands gesendet werden.

Schon einmal hatte sich die Bundesrepublik an solch einer Imageschärfung durch eine Sportveranstaltung versucht. Die Olympischen Spiele 1972 in München sollten Deutschland als fröhliches, in die Völkerfamilie zurückgekehrtes Land präsentieren. Doch der tödliche Angriff palästinensischer Terroristen auf die israelischen Sportler zerstörte diese Vision jäh.

2006 versuchte die Bundesregierung, mit Kampagnen wie „Die Welt zu Gast bei Freunden" und „Du bist Deutschland" den Ton zu setzen. Das Public Viewing auf Fanmeilen wurde eingeführt und Kulturfeste wie André Hellers Fußballglobus finanziert, um das kollektive Erleben zu fördern. Und zugleich wuchs die Sehnsucht, bei der Fußball-WM sich selbst und mit der ganzen Welt friedlich zu feiern, von unten, aus dem Volk selbst. Die Publizistin Thea Dorn fand ein neues Wort für diese inklusive, alle umarmende und doch nationale Stimmung: „Partyotismus".

*Ronald Reng*                                                                    185

„Es wurde nicht marschiert, es wurde getanzt. Es wurde nicht gebrüllt, es wurde gesungen. Andere Nationen wurden nicht ausgegrenzt, sondern in die Mitte genommen", fasste Bundestagspräsident Norbert Lammert die Atmosphäre zusammen.[21] Das Schlagwort, das bis heute jene fröhlichen Tage charakterisiert, wurde vom *Spiegel* am 18. Juni 2006 erfunden: Sommermärchen. Damals hielt die *Spiegel*-Redaktion den Ausdruck offenbar selbst noch nicht für so bedeutend. Auf dem Titel des Magazins wählte sie die Schlagzeile: „Die Deutschland-Party". Erst im Heft, als Überschrift des Aufmachers, findet sich: „Deutschland, ein Sommermärchen".

Als die Party am 10. Juli 2006 vorüber war, ermittelten Forscher der Universität Marburg, dass der Nationalismus in Deutschland durch die weltoffene WM-Stimmung nicht kleiner geworden war. In den Jahren später musste registriert werden, dass die selbstverständliche Einbindung von Migrantenkindern in die Nationalelf und in Amateurfußballklubs nichts über die wirkliche Integration von Zuwanderern oder die Toleranz gegenüber Fremden in Deutschland aussagt.

Das darf aber nicht wirklich überraschen. Auch Fußball, der vermeintlich letzte Treffpunkt der ganzen Nation, erreicht längst nicht alle. Und selbstverständlich haben Stimmungen, die beim Fußball erzeugt werden, bei vielen Menschen nur einen oberflächlichen Effekt. Unzweifelhaft hatte aber das Sommermärchen 2006 ganz erstaunliche Auswirkungen. Das Deutschlandbild in der Welt änderte sich nachhaltig. Im *Nation Brands Index* fand sich das Land nach der WM 2006 auf dem ersten Platz wieder. Vor allem in den Kategorien „Menschen", „Kultur" und „Tourismus" fanden die 26 000 Befragten Deutschland plötzlich grandios. In Großbritannien, wo viele Bürger Deutschland länger als anderswo zuvorderst mit dem Nationalsozialismus in Verbindung gebracht hatten, war Deutschland nach dem Sommermärchen in Umfragen das am meisten bewunderte Land nach Schweden. Und diese neue Wertschätzung hielt noch acht Jahre nach dem Sommermärchen an. Auch die Deutschen mochten sich nach der WM 2006 offensichtlich selbst mehr als zuvor. Nach einer Umfrage der *FAZ* von 2009 erklärten 70 Prozent, sie fühlten sich ihrer Nation „von Herzen verbunden".

## Fußball bringt eine Grundeigenschaft des heutigen Deutschlands zum Ausdruck: Selbst in angespannten bis hysterischen Zeiten ist es im Kern ein ehrgeiziges, aber eben kein fanatisches Land mehr.

Dementsprechend wurde die Hoffnung auf ein zweites Sommermärchen vor der nächsten Großmeisterschaft im eigenen Land geradezu überstrapaziert. Bei der EM 2024 wurde dann nicht nur über freundliche deutsche Gastgeber und sich kennenlernende Fans aus ganz Europa geschwärmt, sondern zugleich auch heftig über sagenhaft unpünktliche deutsche Züge und nationalistische Störtöne einzelner Fangruppen im Stadion gestöhnt. Die EM 2024 war kein Märchen, sondern ein realistisches Abbild einer aufgewühlten Zeit. In einer repräsentativen Umfrage des WDR zur Europameisterschaft gaben 21 Prozent an, sie fänden eine Nationalmannschaft mit mehr Spielern mit weißer Hautfarbe besser. Woraufhin die Vizepräsidentin des Bundestags, die Grüne Katrin Göring-Eckardt, glaubte, die Nationalelf wiederum für ihre Vision von Deutschland einspannen zu müssen: „Diese Mannschaft ist wirklich großartig. Stellt euch kurz vor, da wären nur weiße deutsche Spieler." Würde sie damit nicht ebenso Menschen nach ihrer Hautfarbe bewerten, musste sich Göring-Eckardt fragen lassen.

Angesichts des offenen Rassismus und einer allgemeinen Polarisierung der Gesellschaft fragte sich die *Frankfurter Rundschau*, welche

Wirkung denn Julian Nagelsmanns „Ruck-Rede" haben könnte. Natürlich keine, ist man versucht zu sagen. Fußball kann politische Probleme und gesellschaftliche Turbulenzen nicht tiefergehend beeinflussen. Fußball bringt jedoch eine Grundeigenschaft des heutigen Deutschlands zum Ausdruck. Selbst in angespannten, teilweise hysterischen Zeiten ist es im Kern ein ehrgeiziges, aber eben kein fanatisches Land mehr. Die Niederlage im EM-Viertelfinale gegen Spanien wurde von der Fußballrepublik Deutschland, bis auf ein paar einzelne schlechte Verlierer, sportlich genommen.

70 Jahre nach dem Wunder von Bern braucht Deutschland nicht mehr zwingend Fußballsiege zur Selbstbestätigung. Wenn die Nationalelf mitreißend und teilweise grandios gespielt und am Ende doch verloren hat, ist das auch in Ordnung. Das ist die Geisteshaltung einer wahrlich in sich ruhenden Nation, zumindest auf dem Fußballfeld, so wie es am schönsten zwei Bundestagsabgeordnete bereits während der WM 1990 auf den Punkt gebracht hatten: „Wir Deutsche müssen nicht immer Weltmeister sein", schloss Antje Vollmer damals ihre Bundestagsrede. „Aber ab und zu doch!", rief die SPD-Abgeordnete Ingrid Matthäus-Maier hinterher.

# Anmerkungen

1  Öffentliche Rede von Julian Nagelsmann am 06.07.2024 in Herzogenaurach.
2  Zit. nach Jana Jöckel: Vom „Wunder von Bern" zum „Sommermärchen" 2006. Fußball-Weltmeisterschaften und die deutsche Nation. Münster 2015, S. 125.
3  FAZ, 04.07.1974.
4  Thea Dorn, Richard Wagner: Die deutsche Seele. München 2011, S. 173.
5  Rede von Richard von Weizsäcker am 24.05.1989 in Bonn, https://www.bundespraesident.de/SharedDocs/Reden/DE/Richard-von-Weizsaecker/Reden/1989/05/19890524_Rede.html
6  Dorn, Wagner, Deutsche Seele, 2011, S. 165.
7  https://www.zitate.eu/autor/herbert-zimmermann-zitate/203293
8  Fritz Walter: 3:2. Das Spiel ist aus. Deutschland ist Weltmeister. München 2004, S. 203.
9  Zit. nach Klaus Theweleit: Tor zur Welt. Fußball als Realitätsmodell. Köln 2004, S. 106.
10  Ebd., S. 40.
11  Walter: 3:2, 2004, S. 215.
12  Hans Schifferle in der SZ vom 06.07.1954.
13  Jöckel, Vom „Wunder von Bern" zum „Sommermärchen", 2015.
14  Leitartikel von Claus Heinrich Meyer, Süddeutsche Zeitung, 12.06.1974.
15  Zit. nach Dorn, Wagner, Deutsche Seele, 2011, S. 169.
16  Rede von Erich Honecker vor Militärs auf Rügen 1972, zit. nach Dennis Mitteregger: Die konstruierte Nation und ihre Manifestierung im Fußball. Hamburg, 2011.
17  Thomas Fetzer: Die gesellschaftliche Akzeptanz des Leistungssportsystems. In: Hans-Joachim Teichler (Hrsg.): Sport in der DDR. Eigensinn, Konflikte, Trends. Köln, 2003, S. 293.
18  BArch DY 30/IV 2/2.0239 Nr. 251.
19  Volker Struth: Meine Spielzüge. München 2021, S. 50.
20  Bundestagssitzung vom 21.06.1990 unter Tagesordnungspunkt 23, https://www.bundestag.de/protokolle
21  Zit. nach Jöckel, Vom „Wunder von Bern" zum „Sommermärchen", 2015, S. 186.

# Wie deutsch sind die Deutschen?

## Über das Gelingen von Integration

*Von Serap Güler*

Ungefähr zwei Millionen Menschen sind in den vergangenen zwei Jahren nach Deutschland gekommen. Angesichts der zunehmenden globalen Konflikte ist der permanente Zustrom von Zuwanderern keine Überraschung. Denn auch wenn sogenannte „bad actors" wie Russland, China und Iran alles tun, um die liberale Weltordnung zu untergraben und die Europäische Union zu destabilisieren, ist die deutsche Demokratie mit all ihren Freiheiten – auch im Lichte der Anfechtung durch extremistische Parteien im Innern – nicht in Gefahr. Sie ist damit für all jene Menschen ein Hoffnungsland, die vor Unterdrückung und Krieg fliehen. Zuwanderung ist auch für das überalternde Deutschland essenziell, um das am Laufen zu halten, was die Nachkriegsgeneration mit Blut und Schweiß aufgebaut hat: unseren Wohlstand. In der Theorie ist Zuwanderung also eine Win-win-Situation, in der Praxis allerdings wird Gesellschaft und Politik der Spiegel einer herausfordernden Integration vorgehalten, die bislang nicht in jeder Hinsicht geglückt ist.

Bereits neun Jahre sind seit der Flüchtlingskrise im Herbst 2015 vergangen. Neun Jahre sind eine lange Zeit, in der man sich auf die veränderte Weltlage und die für Deutschland absehbaren Auswirkungen hätte einstellen können. Experten warnen seit Jahren vor den revisionistischen Plänen Wladimir Putins. Viel zu lange waren wir in unserer Wohlstandsblase gefangen und dachten, wir wären von Freunden umgeben. Seit dem russischen Angriffskrieg sind wir also nicht nur vornehmlich vom Migrationsdruck aus Nordafrika betroffen. Zusätzlich bieten wir jetzt Ukrainern Schutz in unserem Land. Dass diese Zuwanderung zu Reibungen führen würde, war vorhersehbar. In dieser Intensität allerdings nicht. Doch es mag fast paradox erscheinen: Deutschland steht trotz allem im Vergleich zu unseren europäischen Nachbarn, die es mit ähnlichen Herausforderungen zu tun haben, gut da: In Frankreich sehen wir, dass die einwanderungsfeindlichen Rechtspopulisten mittlerweile eine sehr starke Kraft sind. In den Niederlanden ist die letzte Regierung an der Migrationsfrage zerbrochen. Dagegen ist die deutsche AfD mit Prozentzahlen im mittleren zweistelligen Bereich noch ein moderater Ausdruck des Protests, wenngleich ich gestehe, dass mich das aufgeraute gesellschaftliche Klima hierzulande beunruhigt.

Seit ich 2017 in Nordrhein-Westfalen zur Staatssekretärin für Integration berufen wurde, habe ich es mir zu meiner Arbeitsphilosophie gemacht, das Glas halb voll statt halb leer zu sehen. Dass dies keine naive Weltsicht ist, lässt sich im Großen und Ganzen auch an der Entwicklung der Zuwanderung hierzulande ablesen: Rund zwei Drittel der Geflüchteten haben seit 2015 Arbeit gefunden, lernen die deutsche Sprache und sind willens, am gesellschaftlichen Leben teilzunehmen. Und auch die Willkommenskultur und das Engagement vieler Ehrenamtlicher haben gezeigt, dass unser Land in der Lage ist, solidarisch und offen zu handeln.

Als Integrationspolitikerin und Deutsche mit türkischer Migrationsgeschichte habe ich viele unterschiedliche Menschen treffen dürfen. Daher weiß ich, Gesellschaften sind keine starren Konstrukte. Sie sind nie in sich geschlossen und immer in fließender Bewegung. Sie sind keine homogene Masse. Und das ist auch gut so. Die deutsche Geschichte hat gezeigt, wohin eine Ideologie führt, die sich der Homogenität verschreibt: in die unmenschlichste Tragödie unserer Zeitgeschichte. Meine Biografie ist daher auch so etwas wie ein Wunder: Dass es Deutschland nach dem Ende des Nationalsozialismus geschafft hat, eine Demokratie in diesem Land zu etablieren, die Menschen aus unterschiedlichen Weltregionen eine neue Heimat bietet, in der Vielfalt gelebt wird, ist nicht vom Himmel gefallen. Dafür braucht es Demokraten, die Offenheit als Stärke empfinden, und Zuwanderer, die diese Offenheit als Chance begreifen. Auch wenn in den vergangenen Jahrzehnten oft – auch das eine oder andere Mal ziemlich kontrovers – um die richtige Migrationspolitik gestritten wurde, so können wir im Jahr 2024 sagen: Wir haben uns zu einem erfolgreichen Einwanderungsland entwickelt.

## Demokratie, Freiheit und eine offene Gesellschaft sind die größte Bedrohung für Systeme, die auf Gewalt und Kontrolle beruhen.

In einer Welt, in der immer mehr Länder auf dem Weg in eine Autokratie sind, ist dies keine Selbstverständlichkeit, sondern vielmehr ein gesellschaftlicher und politischer Erfolg. Umgekehrt markieren Abschottung und Fremdenfeindlichkeit den Beginn einer Abwärtsspirale moderner gesellschaftlicher Errungenschaften. Was folgt, wenn Autokraten wie Putin für ihre politischen Zwecke Mehrheiten und Minderheiten gegeneinander ausspielen, können wir seit drei Jahren in der Ukraine beobachten. Dort findet nicht nur ein Krieg gegen die Ukrainer und Ukrainerinnen statt, sondern es wird mit Waffen auch auf die europäischen Werte und die europäische Lebensweise geschossen. Demokratie, Freiheit und eine offene Gesellschaft sind die größte Bedrohung für Systeme, die auf Gewalt und Kontrolle beruhen.

Die Folgen sind unmittelbar und betreffen uns alle: Menschen flüchten nicht nur vor Krieg, sondern vor der Gewalt und Überwachung in ihrem eigenen Staat, vor Katastrophen, Elend, Armut und Not. Sie fliehen dorthin, wo sie sich in Freiheit eine Existenz und Wohlstand aufbauen können. Sie fliehen in ein Land, in dem es ihre Kinder einmal besser haben sollen, als sie es hatten. Laut dem Flüchtlingshilfswerk der Vereinten Nationen UNHCR sind weltweit mehr als 100 Millionen Menschen auf der Flucht. Die Mehrheit sind Binnenflüchtlinge, aber Dutzende von Millionen überqueren Grenzen. Für Millionen ist Europa das Ziel. Die globalen Flüchtlingsströme stellen alle vor gewaltige Herausforderungen, die Geflüchteten wie die aufnehmenden Gesellschaften. Wohl wissend, dass Mauern und Zäune niemanden aufhalten werden, müssen wir europäischen Demokraten gemeinsam eine Lösung finden – und zwar sowohl was eine schnellere und bessere Integration als auch was Begrenzungsmöglichkeiten der Zuwanderung anbelangt. Integration hört nicht bei der Gewährung eines Zufluchtsorts, „einem Dach über dem Kopf" auf. Integration benötigt eine gemeinsame Sprache, einen gemeinsamen Bildungsraum, Orte des Kennenlernens und des Miteinanders, Integration benötigt die menschliche Offenheit Geflüchteter wie Aufnehmender.

Gesellschaften sind nicht statisch, sondern befinden sich, wie gesagt, in einem immerwährenden Fluss. Zuwanderung hat die deutsche Gesellschaft in den vergangenen Jahrzehnten auf vielfältige Weise beeinflusst, hat das soziale, kulturelle und wirtschaftliche Gefüge des Landes nachhaltig geprägt und verändert. Diese Einflüsse aus unterschiedlichen Weltgegenden haben Deutschlands kulturelles

Erbe – ja, auch seine Identität – erweitert, was sich sowohl in der Musik, der Kunst, der Literatur und natürlich auch in der Küche widerspiegelt. Städte wie Köln, Berlin oder Hamburg sind die Epizentren einer Multikulti-Gesellschaft. In ländlichen Regionen hingegen – insbesondere in den neuen Bundesländern – ist dieser Einfluss, sind diese Veränderungen und neuen Prägungen weit geringer. Hier fallen Unterschiede als Folge von Zuwanderung schneller auf, weil sie halt seltener vorkommen. Es ist historisch gewachsen, dass Menschen mit Migrationsgeschichte eher in Städte ziehen und dort ihre neue Heimat finden. Denn Zuwanderung hat meist ökonomische Gründe, die einen suchen Arbeit, die anderen brauchen Arbeitskräfte. Doch Jobs gab und gibt es nun mal kaum auf dem Land. Und gerade dort verzeichnen rechtspopulistische Parteien wie die AfD erstaunliche Wahlerfolge.

Nun kann man sich trefflich fragen: Warum grassiert gerade dort Fremdenfeindlichkeit, wo es wenig bis gar keine Fremden gibt, nicht aber in Städten mit einem hohen Migrantenanteil? Das scheint paradox und zeigt, dass Integration komplexer ist, als es die Politik manchmal von links oder rechts behauptet und für ihre jeweilige politische Agenda instrumentalisiert. Fakt ist: Zuwanderung hat zu einem kulturellen Austausch und einer Vielfalt geführt, die die deutsche Gesellschaft bereichern. Zugleich hat sie auch Fragen gesellschaftlicher Verständigung aufgeworfen und die Notwendigkeit aufgezeigt, Brücken zwischen Zugewanderten und Alteingesessenen sowie zwischen den unterschiedlichen Kulturen zu schlagen, um ein gedeihliches Zusammenleben zu ermöglichen und zu fördern.

Für einen Brückenschlag muss allerdings erst einmal eine Standortbestimmung erfolgen, muss der Ausgangspunkt der Brücke festgelegt werden. Dieser Ausgangspunkt ist das deutsche Grundgesetz, die gemeinsame Rechts- und Wertebasis, der Common Sense, die unserem Zusammenleben einen Rahmen geben.

## Das deutsche Grundgesetz ist der Ausgangspunkt, die gemeinsame Rechts- und Wertebasis, der Common Sense, die unserem Zusammenleben einen Rahmen geben.

In diesem Zusammenhang taucht auch immer wieder das Wort „Leitkultur" auf, ein Begriff, über den bereits viel diskutiert und gestritten wurde. Meiner Meinung nach ist angesichts der aktuellen Entwicklungen eine klar definierte Leitkultur relevanter denn je. Was meine ich damit? Eine Leitkultur muss unsere freiheitlich-demokratischen Werte widerspiegeln und zugleich die Beiträge von Menschen mit Zuwanderungsgeschichte einschließen. Denn eine Leitkultur, die nur Ansprüche an Zuwanderer stellt oder als Abgrenzung zu ihnen dient, kann nicht nachhaltig sein.

Einige hierzulande sehen im Grundgesetz die alleinige Leitkultur. Aber das Bekenntnis zum deutschen Staats- und Verfassungsrecht allein reicht nicht aus für die Identifikation mit unserem Land. Gesellschaftliche Aspekte wie die Ausübung eines Ehrenamts, das Erlernen der deutschen Sprache und die Ablehnung von Antisemitismus sind ebenfalls Teil unserer Leitkultur. Diese Werte und die Notwendigkeit ihrer Akzeptanz müssen klar aus- und angesprochen und in den Integrationsprozess eingebunden werden.

Es ist außerdem falsch verstandene Toleranz, die kulturelle oder religiöse Verweigerung mancher Zuwandernden unkritisch hinzunehmen. Unsere Leitkultur muss auch Grenzen definieren, die einer freien Religionsausübung im Rahmen der persönlichen Freiheit gezogen werden sollten. Konkret: Der Zwang, bereits im Kindesalter religiöse Kleidung tragen zu müssen, widerspricht den Prinzipien unserer freien Gesellschaft, hingegen müssen freiwillige religiöse Praktiken, soweit sie nicht die Rechte Dritter verletzen, respektiert werden.

Grundsätzlich aber gilt: Eine gemeinsame Leitkultur entsteht nicht allein durch Politik beziehungsweise durch politische Vorgaben, sondern durch den Dialog mit Kirchen, Gewerkschaften, Kulturschaffenden und Zuwanderern. Es geht mir also nicht um konkrete Benimmregeln, sondern vor allem um das Gespräch, den Dialog und damit verbunden um gegenseitigen Respekt und Anstand. Ein Kind wird als „Tabula rasa" geboren, als unbeschriebenes Blatt. Es ist zuvörderst die Aufgabe der Familie und erst in zweiter Linie Aufgabe des Staates, dieses Blatt zu füllen, einen Menschen zu einem mündigen Bürger zu erziehen, der im Laufe des Lebens in der Lage ist, ein selbstbestimmtes Leben zu führen und seinen Beitrag zum Gelingen wie zur Finanzierung unseres Gemeinwesens zu leisten.

## Deutsche Sprache als Schlüssel

Die deutsche Sprache ist nicht nur Schlüssel zur Integration, sondern essenzielles Bindeglied zwischen Zuwanderern und Alteingesessenen, sie ist Voraussetzung, dass der Brückenschlag zwischen unterschiedlichen Kulturen und Lebenswelten gelingen kann. Sprachkenntnisse ermöglichen Geflüchteten und Migranten, alltägliche Interaktionen zu meistern – sei es beim Einkauf, bei Arztbesuchen oder Behördengängen. Ohne Sprachkenntnisse bleibt der Zugang zu grundlegenden Dienstleistungen und Informationen versperrt, aber auch – ebenso wichtig – zu den Herzen der Menschen.

Soziale Kontakte und Netzwerke, die grundlegend sind für das Wohlbefinden und für das Hineinfinden in die Gesellschaft, lassen sich leichter mit einer einheitlichen Sprache aufbauen. So entsteht ein Gefühl der Zugehörigkeit und werden Isolation und Einsamkeit gemindert. Kinder und Jugendliche, die die deutsche Sprache beherrschen, haben bessere Chancen, in der Schule und Ausbildung erfolgreich zu sein. Sprachkompetenz ist die Grundlage für das Verständnis des Lehrstoffs und die aktive Teilnahme am Unterricht. Die deutsche Sprache ist oft eine Grundvoraussetzung für den Zugang zu Ausbildung und Arbeitsmarkt. Kurzum, Deutschkenntnisse verbessern die Beschäftigungschancen und fördern die wirtschaftliche Unabhängigkeit der Zugewanderten.

Sprachkenntnisse vereinfachen ebenso den Zugang zu kulturellen Inhalten und Traditionen der Aufnahmegesellschaft, sie fördern das Verständnis und die Akzeptanz der deutschen kulturellen Normen und Werte. Und sie geben Zugewanderten das nötige Rüstzeug, um sich selbst in diese Gesellschaft einzubringen und für sie einzustehen. Denn Sprachkenntnisse befähigen zur Teilnahme an gesellschaftlichen und politischen Prozessen. Menschen, die Deutsch sprechen, können ihre Interessen besser vertreten, sich in Vereinen engagieren und aktiv am Gemeinschaftsleben partizipieren. Das Beherrschen der Sprache stärkt das eigene Selbstbewusstsein und hilft Menschen mit Migrationsgeschichte, ein neues Leben aufzubauen, das ihre Identität, die Identität der Zuwandernden, entscheidend prägt. Sie fühlen sich nicht länger als Außenseiter, sondern als Teil der Gesellschaft.

Viele Geflüchtete haben in ihrem Herkunftsland oder während der Flucht traumatische Erfahrungen gemacht. Sprache verbessert die Möglichkeit, psychologische und medizinische Unterstützung zu erhalten und über das Erlebte zu sprechen. Sprachkurse erweitern außerdem das Wissen, sorgen im Alltag für Struktur und Routine, was ebenfalls bei der Bewältigung der Traumata helfen kann. Deutsch zu lernen sollte daher im Zentrum jeder Integrationsstrategie stehen und zusätzlich von Maßnahmen begleitet werden, die Mehrsprachigkeit fördern und wertschätzen.

## Zukunft unserer Wirtschaft

Seit Jahren schauen wir eher tatenlos zu, wie unsere Gesellschaft altert. Selbstverständlich ist es eine schöne Tatsache, dass Menschen heute im Vergleich zu früher weit älter werden und mehr von ihrem Leben haben. Das spricht auch für unser Gesundheitssystem und die gestiegene Lebensqualität, wäre da nicht der gravierende Mangel an Kindern, an jungen tatkräftigen Menschen, kurzum: an Nachwuchs. Dieser Mangel führt dazu, dass nicht nur dringend benötigte Fachkräfte fehlen, sondern dass die Alterspyramide allmählich auf den Kopf gestellt wird, der Generationenvertrag gefährdet und die Sozialsysteme überlastet werden.

Fakt ist: Diese Probleme und demografischen Herausforderungen müssen durch gezielte Zuwanderung abgefedert werden. Nur so kann die riesengroße Lücke an Fachkräften in Branchen wie IT, Ingenieurwesen, Pflege und Gastronomie geschlossen werden. Qualifizierte Fachkräfte aus dem Ausland sind für unsere Wirtschaft unverzichtbar, denn nur mit ihnen kann sie auch in Zukunft im internationalen Wettbewerb bestehen. Es geht darum, tatkräftige wie kluge Köpfe nach Deutschland zu holen. Doch die werden nur angezogen, wenn sie hierzulande ein Willkommensklima vorfinden und eine Verwaltung, die ihnen das Ankommen und ihre Lebensgestaltung in Deutschland nicht unnötig schwer macht. Wir haben schon einmal erfahren, welch positiven Effekt und welche Dynamik Zuwanderung auslösen kann. Das war in den 1960er-Jahren, als auch meine aus der Türkei stammenden Eltern angeworben wurden. Diese Gastarbeitergeneration hatte einen wesentlichen Anteil am Aufbau Westdeutschlands.

Dieses Kapitel der deutschen Nachkriegsgeschichte hält jedoch auch eine Lehre bereit, die wir, wenn wir über Integration reden, besser als bisher beherzigen sollten. Niemand hat diese Lehre treffender zusammengefasst als der Schriftsteller Max Frisch: „Wir riefen Arbeitskräfte, und es kamen Menschen."

## Integration ist keine Einbahnstraße. Zuallererst gehört dazu, dass die Aufnahmegesellschaft Zuwanderer als Menschen und nicht nur als Arbeitskräfte sieht – und schätzt.

Ja, Zuwanderer stehen nicht nur am Fließband, ackern nicht nur in Fabriken, Geschäften, Restaurants. Sie sind Menschen, die Heimat und Familien verließen, die viel geopfert haben, um bei uns mit anzupacken und Teil der deutschen Gesellschaft zu werden. Doch auf diesem Weg wurden und werden ihnen immer noch zu viele Steine in den Weg gelegt. Integration ist keine Einbahnstraße. Es mag banal klingen, aber zuallererst gehört dazu, dass die Aufnahmegesellschaft Zuwanderer als Menschen und nicht nur als Arbeitskräfte sieht – und schätzt. Willkommen zu sein, als Mensch und Individuum gesehen zu werden und in eine Gemeinschaft aktiv eingegliedert zu werden drückt einen Vertrauensvorschuss aus und sendet ein Gefühl der Verbundenheit.

Zugleich muss es der eigene Anspruch zugewanderter Menschen wie auch ihre Pflicht sein, sich mit einer anfangs ungewohnten Umgebung zu arrangieren. Das bedeutet ein Mindestmaß an Respekt gegenüber den Werten und der Lebensweise der aufnehmenden Gesellschaft. Wenn sich zum Beispiel Lehrerinnen beklagen, dass vereinzelt Schüler mit Migrationsgeschichte Frauen nicht als Lehrperson akzeptieren, dann ist bei der Vermittlung unserer liberalen Werte wie etwa dem Gleichheitsgrundsatz etwas gründlich schiefgelaufen. Als Staat müssen wir diesem Problem verstärkt durch politische Bildung entgegenwirken. Wir müssen aber auch ein Auge auf Familiendynamiken werfen, denn viele Kinder von Zugewanderten balancieren täglich zwischen dem in den eigenen vier Wänden gelebten traditionellen Familienbild und der liberaleren Außenwelt. Deshalb braucht es auch hier die wertvolle Arbeit von Vereinen wie auch staatlicher Sozialarbeiterinnen und Sozialarbeiter, die als „Mittler zwischen den Welten" den betroffenen Jugendlichen einen Weg weisen und sie in ein selbstbestimmtes Leben führen.

Aber ebenso benötigen wir auf administrativer Ebene einen Wandel der Zuwanderung und Integration. Notwendig sind klare, faire und transparente Regelungen, und ein Punktesystem, wie es in anderen Ländern erfolgreich praktiziert wird, könnte hierbei Modell stehen. Dabei dürfen wir jedoch nicht vergessen, dass Integration Zeit und Ressourcen erfordert. Unser Land kann und sollte nur so viele Zuwanderinnen und Zuwanderer aufnehmen, wie es erfolgreich integrieren kann. Ein Dach über dem Kopf ist nur der Anfang einer langen Integrationskette. Erforderlich sind zum Beispiel auch genügend Wohnraum, ausreichend Kindergarten- und Schulplätze.

Darüber hinaus sind eine umfassende Sprachförderung, der Zugang zu Arbeits- und Ausbildungsplätzen, interkulturelle Bildungsangebote, gesundheitliche Versorgung, soziale Beratungsdienste sowie die Förderung des gesellschaftlichen Engagements und der Teilhabe unerlässlich. Seit 2015 hat Deutschland in diesen Bereichen durchaus Erfolge erzielt. Die Sprachförderungsprogramme wurden ausgeweitet und verbessert. Soziale Beratungsdienste bieten umfangreiche Unterstützung in rechtlichen und sozialen Fragen. Außerdem wurden zahlreiche Projekte und Programme initiiert, um das gesellschaftliche Engagement und die Teilhabe von Zuwanderern zu fördern. Was wir aber auch aus der Praxis gelernt haben: Jedem gerecht zu werden heißt, einzugrenzen und zu begrenzen.

## Für einen Generationenschnitt bei der doppelten Staatsbürgerschaft

Es ist unter den demokratischen Parteien politischer Konsens, dass wir als Wirtschaftsstandort attraktiver werden müssen für kluge Köpfe und starke Hände aus anderen Teilen der Welt. Dafür jedoch, wie in einem neuen Gesetz beschlossen, den erleichterten Erwerb der deutschen Staatsbürgerschaft als Lockmittel einzusetzen, halte ich für falsch. Deutschland bietet als begehrter Arbeitsplatz Zuwanderern heute schon sehr viel – weit mehr als die meisten Länder dieser Welt.

Derzeit entwickeln sich einige Staaten von einer Demokratie zurück zu einer Autokratie. Viele Menschen verlieren damit ihr Recht auf ein selbstbestimmtes Leben. Etwa in Ungarn oder in Italien spielt es leider plötzlich wieder eine Rolle, wen und wie man liebt. Gleichgeschlechtliche Beziehungen haben es wieder schwerer. Deutschland ist dank seiner stabilen Verfassung hier nach wie vor ein Fels in der Brandung. Ebenso können wir auf unser Gesundheitssystem, das eine schnelle Versorgung garantiert, auf unseren Sozialstaat, der niemanden zurücklässt, und auf unser Bildungssystem, das allen gleiche Chancen ermöglicht, stolz sein. Selbstverständlich gibt es auch hier immer Verbesserungsbedarf, aber im Großen und Ganzen bieten die Arbeitsbedingungen hierzulande eine gute Voraussetzung, um ein selbstbestimmtes Leben in Wohlstand aufzubauen.

Auch schuf das Fachkräftezuwanderungsgesetz von 2019 etliche Erleichterungen, wie etwa die gezielte Anwerbung von Fachkräften im Pflegebereich und im Handwerk oder die schnellere Anerkennung von Berufsabschlüssen. Dennoch gibt es Bereiche, in denen wir besser werden können und sogar müssen. Das beginnt mit einer drastischen Verkürzung der nach wie vor viel zu langen Wartezeit für ein Arbeitsvisum in unseren Auslandsvertretungen. Auch bei der Anerkennung ausländischer Abschlüsse müssen wir schneller werden. Ebenso sind bürokratische Hürden und die schleppende Digitalisierung im Bereich der Fachkräfteanwerbung – salopp gesagt – gravierende Wettbewerbsnachteile für Deutschland.

Alle Jahre wieder erhitzt außerdem das Thema Einbürgerung die Gemüter, vor allem die Frage, welche Kriterien und welche Aufenthaltsdauer für den Erwerb der deutschen Staatsangehörigkeit gelten sollten. Auch diese Diskussion sollten wir mit einer Offenheit führen, die zu einem Einwanderungsland und zu den Herausforderungen einer gelingenden Integration passt. Ich selbst halte nicht viel von einer Verkürzung der Aufenthaltszeit, bevor ein Antrag auf Erteilung der Staatsbürgerschaft gestellt werden kann. Jene acht Jahre, die bis vor kurzem noch erforderlich waren (jetzt sind es nur noch fünf), bevor man sich unter bestimmten Bedingungen einbürgern lassen konnte, mögen auf den ersten Blick als viel zu lang erscheinen. Aber das, was die deutsche Staatsbürgerschaft bietet, nämlich die volle Mitgliedschaft in einer der wirtschaftlich stärksten Gesellschaften der Welt, ist meines Erachtens diese Wartezeit wert. Eine Verkürzung auf nunmehr fünf und in Einzelfällen sogar auf lediglich drei Jahre, wie es die Ampelregierung beschlossen und in ein Gesetz gegossen hat, ist der falsche Ansatz.

Warum? Bei einer Einbürgerung geht es nicht allein um die bereits geleistete Integration. Es gibt hierzulande Zugewanderte, die, auch ohne deutsche Staatsbürger zu sein, sehr gut integriert sind. Ebenso gibt es solche, die trotz erteilter Staatsbürgerschaft nach wie vor großen Nachholbedarf bei ihrer Integration in die deutsche Gesellschaft haben. Die Voraussetzungen eines Antrags auf einen deutschen Pass – legaler Aufenthalt, ausreichende Sprachkenntnisse sowie der Nachweis einer Erwerbstätigkeit – sind ebenso notwendig wie richtig, sind sie doch Indikatoren einer guten Integration und sollten darum weiter eingefordert werden.

Allerdings garantiert die Erfüllung dieser Kriterien nicht, dass der Antragsteller oder die Antragstellerin sich auch mit unserem Land identifiziert, sich als Teil, als Mitglied der deutschen Gesellschaft empfindet und sieht. Das geschieht Schritt für Schritt, in einem Prozess – und der braucht Zeit. Um es zu verdeutlichen: Man kann sich in einem Aufnahmeland durchaus wohlfühlen, ohne sich zugleich mit ihm zu identifizieren und dessen Werte zu teilen. Ich halte darum Zeit und Identifikation für die beiden wichtigsten Voraussetzungen einer Einbürgerung. Gewiss, der Erwerb der Staatsbürgerschaft kann die Identifikation mit der neuen Heimat fördern und beschleunigen. Aber ein Mindestmaß an Identifikation mit Deutschland muss bereits vor einer Einbürgerung vorhanden sein. Alles andere wäre Augenwischerei und nicht nachhaltig.

## Einwanderungsland zu sein heißt: Menschen aus der Fremde für das eigene Gemeinwesen zu gewinnen, sie zu umwerben und ihnen eine neue Heimat zu bieten.

Einwanderungsland zu sein heißt: Menschen aus der Fremde für das eigene Gemeinwesen zu gewinnen, sie zu umwerben und ihnen eine neue Heimat zu bieten. Menschen anzuziehen, die sich auf der Basis unserer Werte hierzulande ein Leben aufbauen, die ein fester Teil der deutschen Gesellschaft werden wollen. Selbstverständlich schlagen bei vielen hier lebenden Menschen mit Migrationsgeschichte zwei Herzen in der Brust: Das eine pocht für ihr Herkunftsland, das andere für Deutschland. Auch diese Tatsache gehört zur Realität eines Einwanderungslandes, und es muss akzeptiert und anerkennt werden, dass viele Zuwanderer sich auch weiterhin ihrer alten Heimat verbunden fühlen. Ein selbstbewusster Staat hält es darum auch aus, wenn eingewanderte Bürgerinnen und Bürger zumindest temporär eine doppelte Staatsbürgerschaft besitzen. Ein selbstbewusster Staat zweifelt nicht an der Loyalität dieser zugewanderten Menschen, nur weil sie auch gegenüber einem anderen Staat loyal sind. Deutschland ist ein solch selbstbewusster Staat.

Wer mir jetzt Naivität vorwirft, dem entgegne ich: Als ehemalige Staatssekretärin für Integration in Nordrhein-Westfalen weiß ich aus eigener Erfahrung sehr wohl, dass einige Menschen das Privileg einer doppelten Staatsbürgerschaft auch mit dem Ziel ausnutzen und missbrauchen, um unsere Demokratie auszuhöhlen und zu bekämpfen. Selbst wenn es nur eine kleine Minderheit ist, gilt dem Schutz unserer freiheitlichen Demokratie höchste Priorität. Deutschland ist nach dem dunkelsten Kapitel seiner Geschichte in kurzer Zeit zu einer der weltweit erfolgreichsten Demokratien gereift. Was hart erarbeitet wurde, kann man auch wieder verlieren, vor allem wenn antidemokratische Kräfte am Werk sind. Deshalb plädiere ich auch dafür, dass zugewanderte Doppelstaatler, die wiederholt das Gesetz brechen und eine Gefahr sind, als eine Konsequenz auch den Verlust ihrer deutschen Staatsbürgerschaft fürchten müssen.

Grundsätzlich bin ich jedoch der Meinung, dass eine doppelte Staatsbürgerschaft nur temporär verliehen und nicht „vererbt" werden sollte. Deshalb mache ich mich schon länger für einen sogenannten Generationenschnitt stark. Das heißt: Weil die erste Zuwanderergeneration sowie deren Kinder meist noch einen starken Bezug zu ihrem Herkunftsland haben, sollten sie zwei Pässe haben dürfen. Doch die fortlaufende Weitergabe doppelter Staatsbürgerschaften an Nachfolgegenerationen halte ich für falsch, vor allem wenn diese Menschen keine direkten Beziehungen mehr zum Herkunftsland ihrer Großeltern haben. Eine Staatsbürgerschaft darf niemals zum Staubfänger werden.

*Serap Güler*

Wenn also Deutschland für die Kindeskinder inzwischen sowohl zum Herkunfts- als auch zum Heimatland geworden ist, gibt es keine logischen Gründe mehr für die Weitergabe einer doppelten Staatsbürgerschaft. Diese Kindeskinder sind nicht nur Angehörige unseres Staates, sie sind auch die Zukunft Deutschlands. Denn auch auf sie wird es ankommen, diese Zukunft mitzugestalten.

## Kalifat-Forderungen gehören verboten

Ich finde es erschreckend, dass Menschen im Jahr 2024 auf einer Großdemo die Einführung eines Kalifats in Deutschland verlangt haben – und dies auch ungehindert durften. Immer häufiger werden solche Fotos und Videos in meine Timeline gespült. Mich machen diese Bilder wütend, gerade als Muslimin. Für mich stehen diese Menschen außerhalb unseres gemeinsamen Wertefundaments und gehören als Feinde der freiheitlichen Demokratie nicht zu Deutschland. Ehrlicherweise kann so gut wie kein Land auf dieser Erde Menschen mit einer derartigen Gesinnung als Teil der Gesellschaft wollen. Deswegen ist die öffentlich erhobene Forderung nach einem Kalifat ein Fall für die Strafjustiz. Was nicht ausschließt, dass wir uns selbstkritisch fragen müssen, an welcher Stelle die Integration fehlgeschlagen ist.

Wenn nun einige prominente „Stimmen des Islam" behaupten, beim Kalifat handele es sich lediglich um einen übergeordneten Wertekonsens, der das Zusammenleben im deutschen Staat nicht berühre, überzeugt mich das nicht. Laut der Bundeszentrale für politische Bildung setzt der Kalif Gesetze durch, verteidigt und vergrößert sein Herrschaftsgebiet und überwacht die Regierung. In einer Demokratie wie Deutschland, in der Staat und Religion voneinander getrennt sind, ist ein Kalifat keine Option, sondern eine Gefahr. Ich würde sogar behaupten, dass selbst jene Menschen, die zwar für ein Kalifat auf die Straßen gehen, aber zugleich seit Jahren die Freiheiten hierzulande genießen, letztlich nicht bereit wären, sich selbst zurück ins Mittelalter zu katapultieren.

## „Die Bundesrepublik Deutschland ist ein demokratischer und sozialer Bundesstaat." Dieser Satz bildet den Kern unserer Verfassung. Und für diesen Kern gilt laut Grundgesetz sogar eine „Ewigkeitsgarantie".

„Die Bundesrepublik Deutschland ist ein demokratischer und sozialer Bundesstaat." Dieser Satz entstammt keinem Parteiprogramm, er ist auch nicht nur eine bloße These, sondern bildet den Kern unserer Verfassung. Und für diesen Kern gilt laut Grundgesetz sogar eine „Ewigkeitsgarantie". Mit anderen Worten: Würde dieser Satz gestrichen, gäbe es keine Demokratie mehr, würde auch unsere Verfassung aufhören zu existieren. Für mich folgt daraus: Menschen, die das Kalifat fordern, gehören bestraft und ihre Demonstrationen verboten. Unsere Gesetze lassen das zu, sie müssen nur angewendet werden.

## Muslime, steht endlich auf

Am Ende dieser Ausführungen möchte ich aus meiner persönlichen Erfahrung schöpfen und mit einer Forderung an meine muslimische Community schließen: Ich kann hier in Deutschland meine Religion frei ausleben – so wie es ungefähr sechs Millionen weitere Musliminnen und Muslime und x Millionen Angehörige anderer Religionen auch können. Dass die freie Religionsausübung ein von der Verfassung geschütztes Recht ist, ist alles andere als selbstverständlich, gerade mit Blick auf die politischen Umstände in der islamischen Welt. Umso absurder erscheint es, dass sich hierzulande einige Muslime mit islamistischen „Märtyrern" solidarisieren und sogar Verständnis für deren Gewalttaten aufbringen, weil sie zum Beispiel die „Politik der Großmächte" gegenüber islamischen Staaten als ungerecht empfinden. Ihnen kann ich nur entgegenhalten: Ihr seid hierzulande keine Opfer, Deutschland und die Welt schulden euch gar nichts! Ob ihr in Berlin, Hamburg, Leipzig, München oder Dortmund lebt, ihr habt in Deutschland alle Möglichkeiten, ein selbstbestimmtes Leben zu führen. Als Muslime.

Dass manche Muslime an vielen Orten dieser Welt meine Religion missbrauchen und Gewalt verherrlichen, ist leider bittere Realität. Umgekehrt will ich mich aber auch nicht damit abfinden, dass jedes Mal, wenn Islamisten einen Anschlag verüben, meine Religion und die ganz überwiegende Mehrheit friedliebender Muslime dafür in Geiselhaft genommen werden. Gegen diese Pauschalisierungen sollte man als Muslim und Muslimin aktiv Vorkehrungen treffen, indem man zum Beispiel solche Terrorattentate eindeutig öffentlich verdammt.

Es dürfte eigentlich nicht so schwer sein, sich in einem Rechtsstaat klar und deutlich von einem Straftäter zu distanzieren. Denn es kann nicht sein, dass wir einerseits schweigen, wenn Selbstmordattentäter und sogenannte „Märtyrer" das öffentliche Bild unserer Religion bestimmen und beschädigen, andererseits aber immer dann den Mund weit aufmachen, wenn Kritik am Islam geäußert wird oder wir uns über gesellschaftliche Diskriminierung und Ausgrenzung beschweren. Wenn wir hierzulande und überall in der Welt als Angehörige einer friedliebenden Religion wahrgenommen werden wollen, müssen wir endlich lernen, unverzüglich eine klare Trennlinie zu jenen Extremisten zu ziehen, die im Namen des Islam Angst und Terror verbreiten. Die friedliche Koexistenz aller Religionen muss unser Mantra werden.

Doch leider verschließen zu viele Muslime immer noch die Augen vor der extremistischen Gefahr. Die wachsende Zahl islamistischer Anschläge ist ein Beleg für die Radikalisierung. Sie geschieht oft in Hinterzimmern, verbreitet sich via YouTube und TikTok und hat ein Ausmaß erreicht, das Polizei und Nachrichtendienste allein kaum noch in den Griff bekommen. Die Sicherheitsbehörden brauchen die Unterstützung einer wachen Glaubensgemeinschaft, die religiöse Hetzer und Scharfmacher von sich aus offen verurteilt. Alle Muslime sollten sich darum fragen, ob sie in ihrem Umkreis Leute kennen und dulden, deren Gewaltgeneigtheit sie zwar nicht teilen, aber die sie auch nicht an die deutschen Sicherheitsbehörden ausliefern möchten. Hier geht es um die Demonstration von Zivilcourage, die wir ebenso gegenüber Rechts- oder Linksextremisten erwarten.

Ich hoffe und setze darauf, dass wir in unseren islamischen Gemeinden in Deutschland darüber eine ehrliche Debatte führen. Ja, es ist wichtig, der Öffentlichkeit deutlich zu machen, dass die allermeisten Muslime im Islam eine friedliebende und tolerante Religion sehen. Aber dieses Bekenntnis ist zu leise. Viel zu leise. Es muss lauter und zur religiösen Pflicht werden. Ich halte es mit dem Islamwissenschaftler Navid Kermani, der es auf den Punkt gebracht hat: „Wenn sie jedoch beteuern, ‚echte‘ Muslime könnten keine Terroristen sein, sollten sie künftig strikt darauf achten, dass aus Muslimen keine Terroristen werden."

# Deutschland und das Christentum

## Religion als Solidaritäts-Ressource

*Von Klaus Mertes*

Wer sich mit dem Verhältnis von Kirchen und Gesellschaft befasst, muss die seit langem dort stattfindenden Veränderungen in den Blick nehmen. Das geht nicht ohne die Kenntnis einiger Zahlen und Trends.

Seit 1972 führt die Evangelische Kirche in Deutschland (EKD) regelmäßig eine „Kirchenmitgliedschaftsuntersuchung" (KMU) durch. Die sechste und jüngste wurde im November 2023 auf der Tagung der EKD in Ulm vorgestellt – und zwar zum ersten Mal unter Beteiligung der katholischen Kirche. Diese Studie trägt den Titel: „Wie hältst du's mit der Kirche?"[1] Wollte die erste KMU von 1972, die nur in der westlichen Bundesrepublik erhoben wurde, vor allem herausfinden, wie stark die Kirchenbindung der damals immer noch vergleichsweise großen Zahl von Kirchenmitgliedern war, widmet sich die neueste Studie der heutigen Bedeutung von Religion in den unterschiedlichsten Lebensbereichen. Das erklärt auch ihren besonderen Wert über eine rein binnenkirchliche Selbstvergewisserung hinaus.

# 1. Kirchenzugehörigkeit und Konfessionslosigkeit

1972 gehörten noch neun von zehn Bundesbürgern einer der beiden großen Religionen an. Konkret: Die Bevölkerung Westdeutschlands bestand zu 46 Prozent aus Mitgliedern der Gliedkirchen der EKD, zu 44 Prozent aus Mitgliedern der katholischen Kirche, zu fünf Prozent aus Konfessionslosen und zu fünf Prozent aus Mitgliedern anderer Religionsgemeinschaften.

Mit dem Fall der Mauer und der Wiedervereinigung veränderte sich die konfessionelle Zusammensetzung signifikant: Jetzt waren nur noch sieben von zehn Bundesbürgern Mitglied einer der großen Kirchen, gab es in Deutschland insgesamt nur noch 37 Prozent Protestanten und 36 Prozent Katholiken. Jeder Fünfte war inzwischen konfessionslos, und fünf Prozent gehörten anderen Religionsgemeinschaften an.

Dieser Sinkflug verstetigte sich mit der Zeit. 33 Jahre später, zum Zeitpunkt der KMU-Erhebung 2022, waren nur noch 23 Prozent der Bevölkerung evangelisch, 25 katholisch, 43 hingegen konfessionslos und neun Prozent Angehörige anderer Religionsgemeinschaften. Mit insgesamt 48 Prozent lagen die Kirchenzugehörigen nur noch knapp vor den Konfessionslosen. Leicht anders fällt das Ergebnis aus, zählt man Orthodoxe und kleinere christliche Gemeinschaften hinzu. Dann stellen die sogenannten „Christgläubigen" heute noch etwas mehr als die Hälfte der Bevölkerung. Noch. Die KMU geht jedoch davon aus, dass der Anteil der „Christgläubigen" im Jahr 2024 unter die 50-Prozent-Marke sinken, der Anteil der Konfessionslosen hingegen 2027 diese Marke überschreiten wird.

Die Studie offenbart allerdings ein ebenso interessantes wie aufschlussreiches Paradox: Während die Kirchenbindung sinkt, steigen die Erwartungen der Bevölkerung an ebendiese Kirchen, selbst die Erwartungen jener Menschen, die nicht kirchlich gebunden sind. So hat Religion zwar für einen wachsenden Teil keine oder kaum noch Bedeutung, jedoch nicht, wenn es um Kindererziehung geht. Das zeigt schon die Tatsache, dass kirchliche Kitas und Schulen hochbegehrt sind und der Nachfrage nicht hinterherkommen. Diese Attraktivität genießen kirchliche Bildungseinrichtungen auch in konfessionslosen Elternhäusern. Der Grund: Viele Eltern, ob sie einer Kirche angehören oder nicht, sehen den Mangel an religiösem Wissen und theologischer Bildung durchaus kritisch und wünschen sich, dass Kitas und Schulen ihren Kindern auch die Dimension des Glaubens anbieten und erschließen.

**Während die Bindung an die Kirchen sinkt, steigen die Erwartungen an sie, selbst die Erwartungen jener Menschen, die überhaupt nicht kirchlich orientiert sind.**

Diesen Wunsch teilen übrigens ebenso muslimische Eltern. Auch sie suchen vermehrt den Kontakt zu kirchlichen Bildungsinstitutionen, weil sie sich dort eine offenere Atmosphäre für religiöse Praxis und die Frage nach Gott erhoffen. Kirchliche Bildungsinstitutionen haben sich auf diese veränderte Nachfrage eingestellt. Längst verstehen sie sich nicht mehr nur als bloßer kirchlicher Dienstleister, der das konfessionelle Milieu stabilisieren soll, sondern als aktive Mitwirkende eines gesamtgesellschaftlichen Bildungsauftrags.

Die Kluft zwischen schwindender Kirchenzugehörigkeit und bleibender Bedeutung von Religion wird auch durch andere Ergebnisse der KMU-Studie untermalt. So hat die kirchliche Seelsorge – vor allem in schwierigen Lebenssituationen – für 34 Prozent der Bevölkerung zumindest noch immer „etwas Bedeutung", zum Beispiel im Trauerfall, in Lebenskrisen oder bei Naturkatastrophen. Letztlich spiegelt das auch die innerkirchlich bekannte Tatsache wider, dass manche Menschen weiterhin einer Kirche angehören, sich ihr sogar zugehörig fühlen, ohne sich jedoch besonders für religiöse Fragen zu interessieren. Dafür gibt es unterschiedliche Gründe wie etwa Familientraditionen und eine gewisse Nähe zum Herkunftsmilieu.

Manche Menschen mögen sich auch nach wie vor mit den Grundwerten der christlichen Kultur wie etwa der Nächstenliebe, der Solidarität mit den Schwächeren und dem Einsatz für Frieden und Gerechtigkeit verbunden fühlen, empfinden aber zugleich eine Distanz zu kirchlicher Glaubenspraxis in Liturgie und Gebet sowie zu einzelnen Normen der kirchlichen Lehre. Andere hingegen haben womöglich eine hohe Wertschätzung für christliche Kulturwerke wie sakrale Bauten, Kirchen, Dome, Basiliken und Klöster und sind voller Bewunderung für die Darstellung christlicher Themen in der bildenden Kunst, in Musik und Dichtung, aber wahren zugleich Abstand zum kirchlichen Dogma, zu volkskirchlicher Religiosität und zum Gemeindeleben vor Ort, weil sie sich darin nicht wiederfinden oder diese ihren ästhetischen und intellektuellen Ansprüchen nicht genügen.

## 2. Typologie religiöser Orientierungen

Zum besseren Verständnis des gesellschaftlichen Wandels und der beschriebenen Paradoxien trägt auch die von der KMU im Jahre 2022 unternommene Typologisierung religiöser Orientierungen bei. Deshalb soll auch sie hier in den Blick genommen werden. Unterschieden wird zwischen kirchlicher und nicht kirchlicher Religiosität[2], und die KMU hat dafür vier Typen entwickelt: den „kirchlich-religiösen" Typ, den „religiös-distanzierten" Typ, den „säkularen" Typ und „die Alternativen".

Zum ersten, dem „kirchlich-religiösen" Orientierungstyp zählt die Studie 13 Prozent der Bevölkerung; vier Prozent dieser Gruppe gehören keiner Konfession an. Dieser Typus zeichnet sich durch seine kirchlich orientierte Religiosität aus, sie ist für die eigene Lebensführung relevant, wirkt stabilisierend und/oder vertiefend. Die „Kirchlich-Religiösen" haben außerdem starke gesellschaftliche Bindungen, gute nachbarschaftliche Kontakte und Vertrauen in gesellschaftliche Institutionen. Das Durchschnittsalter dieser Gruppe ist vergleichsweise hoch. Schon deshalb wird es den „kirchlich-religiösen" Typ mit der Zeit immer seltener geben. Ebenso interessant: Die Studie zählt – *mutatis mutandis* – ebenso ein Viertel der etwa 5,6 Millionen Muslime in Deutschland zu dieser Gruppe.

Die KMU-Studie unterteilt die Gruppe der „Kirchlich-Religiösen" in weitere Subtypen. Geht es um ihre kirchlich gelebte Religiosität, ist die eine Hälfte „religiös-geschlossen", die andere „religiös-offen". Konkret: Erstere konzentrieren sich einzig und allein oder zumindest vornehmlich auf kirchliche Traditionen, Letztere hingegen verbinden diese Traditionen zugleich mit einer Offenheit auch für kirchenferne Religiosität – und zwar nicht im Sinne einer Konversion zu anderen religiösen Traditionen, sondern indem sie sich offen zeigen für Begegnungen mit anderen Religionen, sich von ihnen anregen lassen und dabei ihre eigene Beziehung zu Religion und religiösen Traditionen weiterentwickeln.

Ein Beispiel: Der Geflüchtete, der von der Kirchengemeinde beherbergt wird und/oder dort „Kirchenasyl" erhält, ist nicht nur ein Geflüchteter, sondern ebenso ein Muslim, den und dessen Religion man im Rahmen der interreligiösen Begegnung und Freundschaft ernst nimmt. Ein weiteres Beispiel: Kontemplation erschöpft sich nicht in christlichen Übungstraditionen – geistliche Exerzitien, klösterliche Mystik, Chorgebet –, sondern erstreckt sich auch auf das Interesse am Wissen und der Praxis nicht christlicher Mystik. Die vielfältigen Angebote in kirchlichen Exerzitienhäusern und klösterlichen Zentren sind dafür ein Beleg.

Zum zweiten Typus, den „Religiös-Distanzierten", zählt die KMU ein Viertel der Bevölkerung. Die meisten Mitglieder dieser Gruppe gehören zwar einer Kirche an, aber ihre Religiosität ist wenig gefestigt und eher diffus. 16 Prozent der Konfessionslosen sind Teil dieses Typus. Der britische Sozialwissenschaftler David Voas nennt die unscharfe, konturenlose religiöse Haltung dieser Gruppe „fuzzy fidelity".

Begriffe wie „Gott" oder „das Göttliche" sind den „Religiös-Distanzierten" durchaus vertraut, doch im Unterschied zu den „Religiös-Kirchlichen" würden sie niemals sagen: „Ich glaube an einen Gott, der sich in Jesus Christus zu erkennen gegeben hat." Den „Religiös-Distanzierten" begegnet man in der Kirche vor allem bei Gottesdiensten zu Weihnachten oder anderen wichtigen traditionellen Kirchenereignissen wie etwa Taufen, Trauungen und Beerdigungen. Laut KMU-Studie zählt ebenso die Hälfte der Muslime in Deutschland zu diesem distanzierten Typus.

Die dritte Gruppe, die „Säkularen", stellen hierzulande die Mehrheit. In Westdeutschland gehören ihr 56 Prozent der Bevölkerung an, in Ostdeutschland gar 73 Prozent. Auch ein Viertel der Muslime sind „Säkulare". Bemerkenswert ist, dass sich in dieser Gruppe selbst einige Kirchenmitglieder wiederfinden. Was sie alle eint, ist ihr fehlender Bezug zum Religiösen.

Diese Gruppe wird von der KMU ebenfalls unterteilt, und zwar in die Subtypen „Säkular-Geschlossene", „Säkular-Indifferente" und „Säkular-Offene". Erstere lehnen Religion grundsätzlich ab, halten sie für überholt und schädlich. Der zweite Subtypus besitzt zwar ein gewisses religiöses Wissen, kam aber in seiner Kindheit mit Religion kaum in Berührung und bleibt deshalb indifferent. Der dritte Subtypus der „Säkular-Offenen" lehnt Religion zwar nicht aktiv ab, er wäre in einem gewissen Maße sogar für sie empfänglich, doch ist ihm Religiosität nicht besonders wichtig.

Die sogenannten „Alternativen" sind die vierte und letzte Gruppe dieser Typologie. Mit gerade einmal sechs Prozent der Bevölkerung fallen sie nicht sonderlich ins Gewicht, sind aber gleichwohl relevant, weil sie eben auch alternativen religiösen Orientierungen zuneigen.

## 3. Der Missbrauchsskandal und das verlorene Vertrauen

Wie die Untersuchung zeigt, ist die Erosion kirchlicher Bindung frappant, bei den Katholiken noch signifikanter als bei den Protestanten. Für die katholische Kirche ist das besonders dramatisch, haben doch Kirchenbindung und Kirchlichkeit des Glaubensaktes für sie traditionell ein größeres Gewicht als für Protestanten.

Was also treibt diese Erosion an? Ein wichtiges Ergebnis der Studie: Der Rückgang der Kirchenbindung korrespondiert mit dem sinkenden Vertrauen in die Kirche[3] – und deshalb wächst auch die Neigung zum Kirchenaustritt. Vor allem die Missbrauchsskandale haben das Vertrauen in die Institution schwinden lassen.

**Weniger Kirchenbindung geht einher mit sinkendem Vertrauen in die Kirche. Vor allem die Missbrauchsskandale haben das Vertrauen in die Institution schwinden lassen.**

Waren früher in erster Linie Gleichgültigkeit und Desinteresse Grund für einen Austritt, steht heute die Kritik an kirchlichem Handeln im Vordergrund. Viele Katholiken nehmen vor allem Anstoß an der aus ihrer Sicht ungenügenden Aufarbeitung des Missbrauchsskandals. Erst an zweiter Stelle folgt die Kritik an Glaubensfragen. Von Missbrauchsskandalen erschüttert wurden ebenso die protestantischen Kirchen. Im Januar 2024 legte die EKD eine breit angelegte unabhängige Studie des dafür gegründeten Forschungsverbunds ForuM zur sexualisierten Gewalt in der evangelischen Kirche vor.[4] Doch insgesamt spielt das Missbrauchsthema, soweit es Protestanten betrifft, in der öffentlichen Wahrnehmung – und damit oft auch in der evangelischen Selbstwahrnehmung – eine vergleichsweise geringere Rolle.

Insbesondere in der katholischen Kirche tut sich außerdem eine große Kluft zwischen den persönlichen Einstellungen der Mitglieder und den Lehrinhalten der Institution auf. Mehr als acht von zehn Katholiken befürworten die Segnung homosexueller Partnerschaften, die demokratische Wahl kirchlicher Führungspersonen und die Abschaffung des Zölibats. Der Missbrauchsskandal hat die Debatte über diese Themen weiter befeuert und die Kluft noch vergrößert. So hat zwar, was etwa die Segnung homosexueller Partnerschaften anbelangt, das jüngste päpstliche Schreiben „Fiducia supplicans" – wenn auch nur unter sehr eingeschränkten Bedingungen und ohne Abstriche von der kirchlichen Lehre zur Homosexualität (prinzipielle Verurteilung homosexueller Handlungen, Ablehnung gleichgeschlechtlicher Partnerschaften und der Ehe für alle) – die Möglichkeit von Segnungen gleichgeschlechtlicher Paare ermöglicht, jedenfalls soweit diese Paare sich, wie es heißt, in einer kirchlich „irregulären Situation" befinden. Doch selbst diese minimale Öffnung hat sofort heftigsten Widerspruch vor allem in der afrikanischen Bischofskonferenz und in einigen orthodoxen Kirchen hervorgerufen.[5]

Noch allerdings ist das Vertrauen der Mitglieder in die Institution Kirche nicht völlig verloren gegangen. Danach befragt, was sie von einem Austritt abhalten könnte, antworteten vier von fünf Katholiken, die mit ebendieser Frage ringen: „Ich würde nicht austreten, wenn die Kirche deutlicher bekennen würde, wie viel Schuld sie auf sich geladen hat." Acht von zehn sagen, sie würden bleiben, „wenn Frauen und Männer in der Kirche die gleichen Rechte haben", und sieben von zehn, „wenn sich die Kirche radikal reformiert".

## Noch allerdings ist das Vertrauen der Mitglieder in die Institution Kirche nicht völlig verloren gegangen.

Diese Voten machen deutlich, unter welchem enormen Druck speziell die Deutsche Bischofskonferenz (DBK) steht. Bekanntlich beschlossen die deutschen Bischöfe gemeinsam mit dem Zentralkomitee der deutschen Katholiken (ZdK) nach der Veröffentlichung der Missbrauchsstudie[6] einen „Synodalen Weg". Dieser Weg soll „der gemeinsamen Suche nach Antworten auf die gegenwärtige Situation" dienen „und nach Schritten zur Stärkung des christlichen Zeugnisses" fragen.[7] Doch die Ergebnisse der KMU zeigen, dass es bislang nicht gelungen ist, verlorenes Vertrauen zurückzugewinnen.

Es hat einen Grund, dass gerade die Missbrauchsskandale die katholische (und ebenso die evangelische) Kirche tief erschüttern, verletzt sexualisierte Gewalt doch in besonderem Maße die Werte, die die Kirche zu vertreten beansprucht.

Und man könnte im großen Entsetzen der nicht kirchlichen Öffentlichkeit über dieses dunkle Kapitel eine besondere Wertschätzung ebenjener kirchlichen Grundsätze sehen, die von der Kirche missachtet wurden. Deshalb ist die Fallhöhe bei den Kirchen noch höher als etwa bei Sportvereinen.

Die Aufarbeitung der eigenen Skandale ist bislang allerdings unzureichend. Es wäre zwar ungerecht zu behaupten, dass nichts geschehen ist. Beinahe jede Diözese hat inzwischen Aufklärungsberichte vorgelegt und Aufarbeitungskommissionen eingerichtet. Ein Verfahren für die Leistung sogenannter Anerkennungszahlungen wurde beschlossen und umgesetzt. Die Präventionsarbeit in den kirchlichen Institutionen gilt als vorbildlich. Gleichwohl kann bislang niemand guten Gewissens behaupten, die Kirche habe diese immens wichtige Aufgabe erledigt. Das gilt vor allem für die tieferen strukturellen Faktoren, die Missbrauch und Vertuschung in der Kirche begünstigen.

**Es ist eine Illusion zu meinen, das Problem der innerkirchlichen sexualisierten Gewalt sei endgültig zu „erledigen". Einen „sauberen" Idealzustand hat es nie gegeben, und es wird ihn auch nie geben.**

Ohnehin ist es eine Illusion zu meinen, es gäbe einen Punkt, an dem man sagen könne, das Problem sei „erledigt", die Dinge seien getan und die Kirche sei wieder so, wie sie vor dem Missbrauchsskandal war; sie sei von dem Übel „gereinigt". Denn zur Wahrheit gehört auch: Einen „sauberen" Idealzustand hat es nie gegeben und wird es auch nie geben. Die Beschäftigung mit der innerkirchlichen sexualisierten Gewalt ist kein Buch, das geschlossen werden kann. Nach wie vor melden sich Opfer, die jahrzehntelang geschwiegen haben. Und allen Präventionsmaßnahmen zum Trotz werden Ritzen bleiben, durch die sich der Missbrauch von Macht und Vertrauen immer wieder neu einschleichen kann. Deswegen wird es auch weiter Anzeigen sexualisierter Gewalt in der Kirche geben. Heute trauen sich Opfer eher als früher, über das Unrecht, die erlittene Gewalt und ihre Traumata zu sprechen. Der Mythos, dass es „so etwas bei uns" nicht gäbe, ist Vergangenheit. Das ist ein Erfolg der Skandalisierung und Aufarbeitung und macht paradoxerweise die Kirche zu einem sichereren Ort als zu Zeiten des funktionierenden Mythos.

Der Missbrauchsskandal zeigt noch mehr: In aller Deutlichkeit offenbart er den Zusammenhang wie auch den Unterschied zwischen einerseits dem Glaubensverlust der Kirchenmitglieder und andererseits dem Glaubwürdigkeitsverlust der Kirchen. Die tiefe Krise trifft eine Institution, die ebenso wie die Parteien, Verbände, Schulen, Krankenhäuser und letztlich der Staat selbst für ihren Dienst an den Menschen in besonderem Maße auf Vertrauen angewiesen ist.

Die KMU-Ergebnisse demonstrieren aber auch, dass es – positiv gewendet – durchaus einen inneren Zusammenhang gibt zwischen der Glaubwürdigkeit der Institution und dem Glauben selbst, also der Zustimmung zur Botschaft und Vision der Institution. Andersherum: Je unglaubwürdiger die Institution Kirche, desto gefährdeter auch der Glaube. Folglich geben immer mehr katholische (und evangelische) Befragte als Grund für ihren Kirchenaustritt an, dass sie ihren Glauben bewahren und deshalb vor der Institution Kirche schützen wollen.

## Es gibt einen Zusammenhang zwischen der Glaubwürdigkeit der Institution und dem Glauben selbst, was heißt: Je unglaubwürdiger die Institution Kirche, desto gefährdeter der Glaube.

Derartige Äußerungen belegen nicht nur, dass die Glaubwürdigkeitskrise der Kirchen inzwischen in der Mitte der Institution selbst angekommen ist, sondern sie konfrontieren die Kirche zugleich mit dem Glaubwürdigkeitsparadox. Das heißt, die Kirche kann ihre Glaubwürdigkeit nur wiedergewinnen, wenn es ihr bei der Aufarbeitung des Skandals um mehr geht als nur um sich selbst, also um mehr als die bloße Wiederherstellung der institutionellen Glaubwürdigkeit.

Mit anderen Worten: Solange alle Anstrengungen primär von der Sorge um den eigenen Glaubwürdigkeitsverlust getrieben sind, kann kein Vertrauen wiederhergestellt werden. Denn die Menschen sind nicht dumm, sie spüren sofort, wenn es der Kirche im Grunde nur um sich selbst und nicht um Gerechtigkeit für die Opfer[8] geht. Deshalb wenden sich viele von der Institution ab. Dabei sollte doch gerade die Kirche wissen, dass die Bergpredigt die Prioritäten genau umgekehrt gewichtet. Dort heißt es: „Euch muss es zuerst um sein Reich und um seine Gerechtigkeit gehen; dann wird euch alles andere dazugegeben." (Mt 6,33) Eben auch eine erneuerte Glaubwürdigkeit.

Die fundamentale Krise trifft allerdings nicht allein die Kirchen, sondern ebenfalls Politik und Staat. Warum? Weil sich diese Krise auch auswirkt auf den nach wie vor erheblichen Beitrag der Kirchen im Sozial-, Gesundheits- und Bildungssektor. Das sind jene Bereiche, die ohne kirchliche Unterstützung nicht funktionieren würden und an deren ausreichender Versorgung Politik und Staat ein besonderes Interesse haben.

Außerdem stellt sich die dringende Frage, welchen eigenen Beitrag die Politik zur Bewältigung der durch Missbrauchsskandale hervorgerufenen Krise leisten kann – und zwar nicht nur bei der Aufdeckung und Aufarbeitung sexualisierter Gewalt in staatlichen Institutionen, sondern ebenso in den Kirchen selbst.

Festzuhalten ist gleichwohl: In den Augen der Öffentlichkeit scheitert die Auseinandersetzung der Kirchen mit ihren Missbrauchsskandalen selbst dann, wenn sie in dem einen oder anderen Fall tatsächlich – zumindest in Teilen – gelingt. Auch das hat Gründe: In Deutschland gibt es zwischen kirchlichen Institutionen (Diözesen, Orden, Verbänden) und den Opfern sexualisierter Gewalt keine dritte, unabhängige Instanz, die – wie etwa in den angelsächsischen Ländern – selbstständig und hoheitlich agieren kann. In den USA, Australien und Irland war und ist es zum Beispiel dem Staat möglich, aus eigener Vollmacht Kommissionen zu bilden, die die Aufarbeitung übernehmen und dabei ein aktives Zugriffsrecht auf die Kirchen haben.[9] Das heißt aber zugleich, dass der Staat in die Mitverantwortung genommen wird und verpflichtet ist, Ergebnisse zu liefern.

In Deutschland jedoch ist eine solche staatliche Pflicht wegen des weit gefassten kirchlichen Selbstbestimmungsrechts schwer vorstellbar. Und die Unabhängige Beauftragte der Bundesregierung für Fragen des sexuellen Kindesmissbrauchs (UBSKM) ist kein Ersatz und kann die Lücke nicht füllen. Sie hat keine eigenen hoheitlichen Befugnisse gegenüber den Kirchen, ist organisatorisch beim Bundesministerium für Familie, Senioren, Frauen und Jugend angesiedelt und nimmt eine eher anwaltschaftliche Rolle für die Anliegen der Betroffenen und die Förderung wissenschaftlicher Aufarbeitung ein.

## Weil die Kirche Teil des Gemeinwesens ist, bleibt auch die Aufarbeitung der sexualisierten Gewalt in ihr eine gesamtgesellschaftliche Aufgabe.

Die Vertrauenskrise der Kirche lässt Gesellschaft, Staat und Politik jedenfalls nicht unberührt, ja fordert sie sogar heraus. Denn die Kirche ist Teil des Gemeinwesens und keine Parallelgesellschaft, die neben der säkularen Gesellschaft ein Eigenleben führt. Die Aufarbeitung der sexualisierten Gewalt in der Kirche ist und bleibt darum eine gesamtgesellschaftliche Aufgabe.

## 4. Religion als Solidaritätsressource

Auch das ist eine wichtige Erkenntnis der KMU: So gut wie alle Menschen in Deutschland haben hohe Erwartungen an das soziale Engagement kirchlicher Institutionen, also nicht nur die konfessionsgebundenen, sondern ebenso die konfessionslosen. Sie alle sind dafür, dass Kirchen soziale Beratungsstellen betreiben, sich für Geflüchtete und den Klimaschutz einsetzen. Auch das zeigt, wie sehr Kirchen in Deutschland als fester Teil der Gesellschaft empfunden werden.

Das lässt sich in letzter Zeit ganz praktisch beobachten. Vielerorts fanden und finden zum Beispiel Aktivitäten der Klimabewegung „Fridays for Future" im Bündnis mit kirchlichen Gemeinden und Verbänden statt. Gemeinden vor Ort, offene Kirchengebäude und Räume der Stille sind Kontaktstellen zwischen Bevölkerung und Kirche. Es gibt viele Berührungspunkte, weit mehr als oft angenommen. So sagen 35 Prozent der Bevölkerung, darunter 21 Prozent der Konfessionslosen, sie hätten in den vergangenen zwölf Monaten mindestens einmal Kontakt mit einer kirchlichen Einrichtung gehabt. Das gesellschaftliche Engagement der Kirchen wird positiv bewertet und die Kirche als Ort der Gemeinschaftsbildung gesucht und geschätzt.

Ebenso interessant wie aufschlussreich: Religiosität und Kirchlichkeit sind auch positive Triebkräfte für ehrenamtliches Engagement außerhalb des kirchlichen Raums. So verrichtet etwa die Hälfte der Katholiken und Protestanten (gegenüber einem Drittel der Konfessionslosen) ehrenamtliche Arbeit in gänzlich unterschiedlichen zivilgesellschaftlichen Bereichen, sei es bei der freiwilligen Feuerwehr, als Lesepaten, im Pflegebereich, bei der Integration von Geflüchteten und vielem mehr. Laut KMU stellen die „Kirchlich-Religiösen" mit 61 Prozent den höchsten Anteil im Ehrenamt, die „Säkularen" mit 33 Prozent den niedrigsten.

Diese Bedeutung der Religion als Motivation für soziales Engagement bestätigt auch die Bertelsmann Stiftung in ihrer Studie „Ressourcen für Solidarität. Religion macht einen Unterschied".[10] Dort heißt es, dass Menschen, die sich einer Religion (Christentum, Judentum, Islam) zugehörig fühlen, wie die Mehrheit der Deutschen, das gesellschaftliche Solidarklima hierzulande positiv beurteilen, dabei aber häufiger (71 Prozent) als Konfessionslose (59 Prozent) sagen, dass sich Arme und Notleidende auf diese Unterstützung verlassen kön-

nen, wohl auch im Wissen darum, welch großen Beitrag Wohlfahrts-
verbände in religiöser Trägerschaft leisten.

Besonders markant sind laut Bertelsmann-Studie die Unterschiede
zwischen Religiösen und Nichtreligiösen dort, wo beim „solidari-
schen Verhalten" sowohl die Spendenbereitschaft als auch das freiwillige soziale Engagement gemessen werden. So sagen zwei von drei
Religiösen und die Hälfte der Konfessionslosen, sie würden einen Teil
eines potenziellen hohen Lottogewinns wohltätigen Zwecken zukom-
men lassen. Tatsächlich gespendet haben in den vergangenen zwölf
Monaten 70 Prozent der Religiösen und 59 Prozent der Nichtreligiösen.

Dieser Unterschied hat nicht nur individuelle Gründe, sondern
auch strukturelle Ursachen. So ist im Christentum die sonntägliche
Kollekte ein ritualisierter Beitrag zum Leben der Gemeinde und zur
Unterstützung Bedürftiger; die Spende wird von der Kirche mehr
oder weniger eingefordert. Eine große Rolle spielen auch die jährlichen Spendenkampagnen der großen internationalen kirchlichen
Hilfswerke. Ähnlich ist es im Islam. Dort gibt es sowohl das *Zakat*,
eine obligatorische Sozialabgabe, die bei Überschreiten eines bestimmten Schwellenwertes 2,5 Prozent des jährlichen Kapitalvermö-
gens umfassen soll, als auch die *Sadaqa*, eine fakultative Form der
Spende. Grundsätzlich gilt jedoch für alle diese Zuwendungen: Geld-
fluss und Spendenverhalten sind immer auch vom Vertrauen in die
Institutionen und Organisationen abhängig. Wer spendet, vertraut
diesem Netzwerk, ist überzeugt, dass das Geld dort in guten Händen
ist. Religiöse Zugehörigkeit stärkt das Vertrauen.

Die Autoren der Bertelsmann-Studie bilanzieren: Auch in einer
hochpluralen Gesellschaft spielt Religion eine „moderat positive Rolle für Solidarität"; der Glaube, gleich ob christlich, muslimisch oder
jüdisch, fördert das Zusammengehörigkeitsgefühl und die Hilfsbe-

reitschaft dank seiner sozialethischen Normen und Ideale, die sich nicht nur auf die eigene Gruppe beschränken; religiöse Praxis ist für die in Kirchen eingebundenen Kinder und Jugendlichen eine gute Schulung in Solidarität.

**Der Glaube gleich welcher Art fördert das Zusammengehörigkeitsgefühl und die Hilfsbereitschaft dank seiner sozialethischen Normen und Ideale, die sich nicht nur auf die eigene Gruppe beschränken.**

Diesen Schluss gewinnt man ebenso aus der Binnensicht der Religionen, sind nach ihrem Selbstverständnis doch Gottesdienst und soziales Engagement untrennbar miteinander verbunden. Das gilt für alle drei großen monotheistischen Religionen, also für Christen, Juden und Muslime gleichermaßen. Der Rückgang kirchlicher Bindung und gottesdienstlicher Praxis bleibt da nicht ohne Folgen. Auch wenn er nicht automatisch zu einem Weniger an zivilgesellschaftlicher Solidarität führt, braucht es für die dauerhafte Sicherung des gesellschaftlichen Zusammenhalts funktionierende Netzwerke des Vertrauens, die auf gemeinsamen ethischen Überzeugungen basieren und krisenhafte Phasen überstehen können.

## 5. Zur aktuellen Relevanz theologischer Bildung

Die Autoren der Bertelsmann-Studie stellen eine entscheidende Frage: Wie kann die wichtige Ressource Religion angesichts des wachsenden Desinteresses an Religion und des Mitgliederschwunds der Kirchen erhalten werden? Das ist nicht einfach, weil sich die öffentliche Berichterstattung, wie die Autoren der Studie kritisieren, zu einseitig auf die Probleme der Kirchen fokussiert. Dadurch werden antireligiöse Ressentiments verstärkt und der gesellschaftliche Zusammenhalt geschwächt. Die Studie empfiehlt darum, das Augenmerk öfter auf erfolgreiche religiöse Initiativen zu richten, und plädiert für die Beibehaltung und Weiterentwicklung des deutschen Kooperationsmodells zwischen Staat und Religionsgemeinschaften.

Die Konzentration auf die negativen Aspekte von Religion bekräftigt aber nicht nur bereits vorhandene Vorurteile, sie führt ebenso zu einem Wissensverlust, der inzwischen vor allem auf dem Wissen um diesen Verlust beruht. Denn auch das gehört zum paradoxen Erscheinungsbild von Religion in einer säkularen Gesellschaft: Je schwächer die Religion, desto heftiger wird sie kritisiert. Die Folge sind Verdrängung und gar Tabuisierung religiöser Themen und Sprache, was einerseits noch anfälliger für Ressentiments macht und andererseits fundamentalistische Kräfte in allen Glaubensgemeinschaften stärkt.

## Die Fokussierung der Öffentlichkeit auf die negativen Aspekte von Religion erzeugt nicht nur eine Bestärkung der Vorurteile, sondern ebenso einen Wissensverlust. Je schwächer die Religion, desto heftiger wird sie kritisiert.

Ein weiteres Paradox: Atheisten (und auch solche, die sich eher als Agnostiker bezeichnen) wissen oft mehr über Religion als religiöse Menschen. Die Philosophen Friedrich Nietzsche und Ludwig Feuerbach stammten aus Pfarrhaushalten. Sie kannten die Religion, die sie ablehnten, bis ins letzte Detail. Das ist völlig anders bei Menschen, die seit Generationen nichts über Religion gehört und gelernt haben. Sie sind leichter verführbar und darum religiösen Extremisten eher ausgeliefert.

Eine der Folgen schwindender theologischer Bildung: Wann immer sich die säkulare Gesellschaft mit dem Thema Religion befasst, verengt sie in ihrer Hilflosigkeit den Blick allein auf fundamentalistische und extremistische Erscheinungen und darauf, wie man dieser Gefahr am besten vorbeugt. In Berlin-Neukölln wurde zum Beispiel im Herbst 2021 eine „Stelle gegen konfrontative Religionsbekundungen" eingerichtet, der religiös begründetes „Dominanzverhalten" von Jugendlichen in der Schule gemeldet werden kann, also zum Beispiel das Mobbing von Schweinefleisch essenden Mitschülern, die Beschimpfung von als christlich wahrgenommenen Mitschülern als „Kreuzfahrer" oder Gewalt gegen Mädchen, die kein Kopftuch tragen.

## Wann immer sich die säkulare Gesellschaft mit Religion befasst, verengt sie den Blick auf fundamentalistische und extremistische Erscheinungen und die Mittel, dieser Gefahr vorzubeugen.

Die Stelle wird mit Bundesmitteln gefördert und vom Verein für Demokratie und Vielfalt in Schule und beruflicher Bildung (DEVI e.V.) getragen. Der Verein engagiert sich schon seit mehreren Jahren erfolgreich in der Prävention extremistischer, konfrontativer Religionsbekundungen an Berliner Schulen,[11] befasst sich also mit ganz konkreten Bedrohungen. Diese Gefahr geht übrigens von völlig unterschiedlichen Schülerinnen und Schülern aus – und nicht nur, wie manche Berichterstattung und Debatte glauben macht, von muslimischen Kindern und Jugendlichen.

Das Projekt stieß allerdings auf Widerstand. Anfang 2022 meldete sich ein Bündnis von rund 120 Wissenschaftlern, Mitgliedern der Zivilgesellschaft und etlicher Organisationen zu Wort[12] und beklagte, dass dieses Vorhaben aus pädagogisch-praktischer Sicht die Konflikte „entgegen dem erklärten Ziel, zum Schulfrieden beizutragen" nicht abmildere, sondern zu verschärfen drohe. Gerügt wurde vor allem der Mangel an „belastbaren Kriterien", um bestimmte Verhaltensweisen

228

als „konfrontativ" einordnen zu können. Damit, so die Kritiker, erhöhe sich das Risiko von Fehleinschätzungen.

Kein Zweifel, „auch in Neuköllner Klassenzimmern", so die Erklärung der Gegner, „sind – wie in der gesamten Gesellschaft – Fälle von Antisemitismus, Homo- und Transfeindlichkeit oder Sexismus ein ernst zu nehmendes Problem. Diese Fälle sind hinlänglich bekannt und werden besonders im Hinblick auf muslimisch wahrgenommene Schülerinnen und Schüler medial breit verhandelt." Dennoch etabliere die Aufforderung an die Lehrkräfte, nicht näher definierte Vorfälle „konfrontativer Religionsbekundungen" an eine externe Stelle zu melden, eine Kultur der Denunziation und zerstöre das Vertrauen zwischen Lehrern und Schülern. Stattdessen fordern die Unterzeichner der Erklärung die Einrichtung einer unabhängigen Beschwerdestelle für jedwede Diskriminierung in Schulen und Kitas. Aufgabe dieser Stelle sollte es sein, für Rechts- und Handlungssicherheit zu sorgen.

Schaut man auf den Verein DEVI e.V.,[13] so fällt auf, dass er einseitig ausgerichtet ist sowohl auf Präventionsmaßnahmen gegen den Islamismus als auch auf bestimmte Lösungsansätze, wie sie die Franzosen in den Vorstädten ihrer Metropolen wie etwa in den Pariser Banlieues praktizieren. DEVI verwahrt sich zwar gegen den Vorwurf der Islamophobie, will aber zugleich mit der Prämisse der üblichen Präventionsphilosophie und -praxis aufräumen, wie sie etwa auch im 16. Kinder- und Jugendbericht der Bundesregierung (Berlin 2020) vorherrscht. Diese Philosophie, so die Kritik des DEVI, nähere sich dem Phänomen der religiösen/islamistischen Radikalisierung „nahezu ausschließlich über *strukturellen Rassismus* und *strukturelle Diskriminierung*" in der Aufnahmegesellschaft. Die jugendlichen Extremisten, so DEVI, würden damit „auf die Opferrolle abonniert". Als Ursache für eine religiöse Radikalisierung würden nur die Verhältnisse in der Aufnahmegesellschaft, nie aber die Religion selbst und deren religiöse Vorbeter genannt.

Religiöse Herkunftswelten, heißt es in der Broschüre, seien tief eingewoben in die jugendliche Psychologie. Diese Welten nicht ernst zu nehmen bedeute, die Jugendlichen selbst nicht ernst zu nehmen. Der Verein schließt daraus: „Die Behauptung, das alles habe mit dem Islam nichts zu tun, verweigert den Jugendlichen in letzter Konsequenz jegliche Ernsthaftigkeit – und zwar sowohl als Personen als auch im pädagogischen Prozess selbst. Prävention, die die Jugendlichen wesentlich entlang von Opfernarrativen wahrnimmt, begegnet ihnen in einer bevormundenden Haltung, die ihnen die wenigen verbleibenden Mittel zur Lösung der existentiellen Krise … aus der Hand nimmt."[14]

All das wirft allerdings ein viel grundsätzlicheres Problem auf: Ist die „Frage nach Gott" für unsere Gesellschaft überhaupt noch eine ernsthafte Frage? Entziehen sich mögliche Antworten grundsätzlich (rationalen) Bildungsstandards? Was wäre die Konsequenz? Etwa dass wir das Wissen über Religion und Gott wieder als notwendigen Teil der Allgemeinbildung betrachten müssen? Und zwar im Kant'schen Sinn, wonach der menschliche Verstand immer „belästigt" wird mit folgenden Fragen: Was kann ich wissen? Was soll ich tun? Was darf ich hoffen? Was ist der Mensch?

Ganz grundsätzlich gilt: Egal, ob die Frage nach der Religion von religiösen, agnostischen oder religionslosen Kindern und Jugendlichen gestellt wird, sie sollte ernst genommen werden. Und ein Lehrer oder Religionsexperte nimmt diese Frage nur dann ernst, wenn er selbst sie für diskurswürdig hält und das auch klar zum Ausdruck bringt.

Die „Frage nach Gott" ist also von prinzipieller Bedeutung und beschränkt sich nicht auf Präventionskonzepte gegen Fundamentalisten. Denn wird sie lediglich auf die Abwehr und Eindämmung religiöser

Extreme beschränkt, werden nicht nur jene jungen Menschen nicht ernst genommen, die durch konfrontative Religionsbekundungen auffallen, sondern auch alle anderen nicht. Aber exakt diese ungewünschte Wirkung würde man erzielen, richtete man den Fokus allein auf den religiösen Fanatismus oder auch nur auf die bloße Borniertheit – gleich ob sie jüdischen, christlichen, muslimischen oder atheistischen Ursprungs sind.

**Die Frage nach Gott ist von prinzipieller Bedeutung und darf sich nicht auf Präventionskonzepte gegen Fundamentalisten beschränken.**

## 6. Religion und Identität

Die wachsende Gleichgültigkeit gegenüber der Religion hat weitreichende Folgen. Betritt heute ein zehnjähriges Kind eine Kirche und fragt seinen Vater: „Papa, wer ist der Mann da am Kreuz?", dann lautet die väterliche Antwort immer öfter: „Das weiß ich leider auch nicht."

Mit der Abwendung der Gesellschaft von Religion verlieren wir nicht nur wichtiges Wissen, sondern auch den Zugang zu unserem kulturellen Erbe in der Literatur, der Kunst und Musik, der Philosophie. Damit nicht genug: Unser Wissensverlust führt außerdem zu wachsender Unbeholfenheit im Umgang mit anderen religiös geprägten Kulturen hierzulande und weltweit.

Das ist aber kein Grund, den Kopf in den Sand zu stecken, denn trotz aller Anfechtungen ist Religion nach wie vor allgegenwärtig und Teil unserer Identität. Lange Zeit ging die westliche Aufklärung davon aus, dass der – für die Moderne entscheidenden – Trennung von Kirche und Staat zwangsläufig ein irreversibler Prozess vollständiger Säkularisierung folgen würde. Das ist aber nicht passiert,[15] die Religion ist aus den säkularen Gesellschaften nicht verschwunden, nicht einmal in Zeiten ihrer deutlichen Schwäche. Gerade in Einwanderungsgesellschaften wie der deutschen finden immer wieder neue Begegnungen mit religiös geprägten Menschengruppen statt. Inmitten dieser Pluralität und Diversität müssen moderne Gesellschaften darum stets neu nach einem einigenden Konsens suchen.

Alle Versuche des vergangenen Jahrhunderts, Spannungen zwischen der Religion und der säkularer werdenden Gesellschaft durch Bekämpfung und Beseitigung der Religion aufzulösen, sind kläglich gescheitert. Selbst jene Systeme, die sich von ihrem Selbstverständnis her ausdrücklich als antireligiös oder atheistisch verstanden, konnten die Religion nicht ausrotten. Im Gegenteil, Religion überlebte im Widerstand. Bisweilen feierte sie sogar Urstände, wenn auch im anderen Gewand, etwa als quasireligiöser Personenkult atheistischer Diktatoren, die sich zu gottgleichen Personen erhoben.

## Nur eine alle umfassende „Welt"-Religion ist anschlussfähig an den allgemeinen Menschheitsbegriff, der im Bekenntnis zur allgemeinen Menschenwürde seinen Ausdruck findet.

Auch die immer wieder stattfindende religiöse Aufladung nationaler und kultureller Identität kann die Spannung zwischen Religion und säkularer Gesellschaft nicht auflösen. Im Gegenteil, diese Aufladung macht Religion im Grunde irreligiös, entsprechend dem Diktum des Putin-Vertrauten Wladimir Jakunin: „Wir Russen sind Christen, egal ob wir glauben oder nicht."[16] Ein solches irreligiöses Bekenntnis zur Religion[17] zwingt die Religion gerade dazu, ihren eigenen Kern, den Kern des Glaubens, neu freizulegen – und zwar im Sinne der biblischen Aussage: „Es gibt nicht mehr Juden und Griechen, nicht mehr Herren und Sklaven, nicht mehr männlich und weiblich, denn wir sind alle eins in Christus." (Gal 3,28)

232

Basis eines solchen Selbstverständnisses ist der ethische Universalismus, der theologisch auf dem Schöpfungsbegriff fußt. Mit anderen Worten: Das Gebot der Nächstenliebe ist nicht begrenzbar auf bestimmte Nächste, denn Gott ist Schöpfer *aller* Menschen. Darum ist – im wahrsten Sinne des Wortes – nur eine alle umfassende „Welt"-Religion anschlussfähig an den allgemeinen Menschheitsbegriff, der in der Moderne im Bekenntnis zur allgemeinen Menschenwürde seinen Ausdruck findet. Universalistische Religion und säkulare Gesellschaft stehen also in einem konstruktiv-kritischen Verhältnis zueinander.

Wie sich die säkulare Gesellschaft an bestimmten Gedenktagen ihrer selbst besinnt, etwa am Tag der Deutschen Einheit, am Tag der Befreiung von Auschwitz, beim Jubiläum des Grundgesetzes oder am Volkstrauertag, so hat auch die Religion ihre Riten der Selbstvergewisserung. Feiertage wie Weihnachten, Ostern und Pfingsten können ebenso für jene Menschen eine hohe Bedeutung haben, für die Religion primär nur einen kulturellen Wert besitzt.

Warum? Weil es seit jeher zu den Eigenheiten von „Welt"-Religion gehört, in partikulare Kulturen einzufließen, ohne in ihnen aufzugehen. Christliche Festtage schaffen kulturelle Identität. Doch gelingt dies nur dann, wenn diese Festtage um ihrer selbst willen mehr „leisten", etwa indem sie das Fenster zu einer größeren, kulturtranszendierenden Identität öffnen und geöffnet halten. Ein Beispiel dafür ist nicht zuletzt die Sonntagsruhe. Sie hält (wie auch die Sabbatruhe, in der die Sonntagsruhe ihren Ursprung hat) das Bewusstsein für eine Frei-Zeit wach, die sich nicht in einer bloß funktionalen Erholung von der Erwerbsarbeit erschöpft, sondern sich für Transzendenz öffnet oder, um mit Kant zu sprechen: für das „Reich der Zwecke" und über diese Zwecke hinaus.

Diese Feiertagsruhe müsse von innen heraus gelebt werden, sagen jene 13 Prozent der Bevölkerung, die in der KMU-Studie als „kirchlich-religiöser" Orientierungstyp definiert werden. Denn ansonsten habe die „Ruhe" auf Dauer keinen Mehrwert für die Gesellschaft. Deshalb kann wie etwa am Karfreitag die Pflicht zur Ruhe auch mit Einschränkungen verbunden werden, etwa mit Sperrstunden für Partys und Tanzvergnügen. Das funktioniert jedenfalls, solange derartige Beschränkungen gesamtgesellschaftlich bejaht und als ein symbolischer Akt der Solidarität mit jenen verfolgten und unterdrückten Menschen verstanden werden, denen gewaltsam jede Handlungs- und Bewegungsfreiheit genommen wird.

Anders ausgedrückt: Das Christentum beansprucht, dass die Kreuzigung von Jesus Christus, also eines einzigen Menschen, von universeller Bedeutung für die gesamte Menschheit ist. „Ecce homo", heißt es in der Bibel (Joh 19,5) – ein einziger Mensch repräsentiert alle Menschen. Und ebenso ist in Sure 5:32 im Anschluss an die jüdische Tradition zu lesen: „Wenn jemand einen *Menschen tötet*, so ist es, als hätte er die *ganze Menschheit* getötet." Auch Immanuel Kant benutzte in seinem kategorischen Imperativ die klassische Formulierung von der „Menschheit in der Person".[18]

Deshalb verträgt es sich durchaus auch mit einer säkularer werdenden Gesellschaft, wenn Feiertage, die in religiösen Traditionen begründet sind, ebenso einen gesamtgesellschaftlichen Charakter beanspruchen. So gesehen können sie dann sogar Teil einer allgemeinen kulturellen Identität werden.

# Anmerkungen

1 https://www.ekd.de/ergebnisse-der-6-kirchenmitgliedschaftsuntersuchung-80962.htm

2 „Wie lassen sich die in der Stichprobe der KMU enthaltenen Muslime und Muslima den religiös-säkularen Orientierungstypen zuordnen? Die Hälfte von ihnen sind Religiös-Distanzierte. Jeweils zu einem Viertel handelt es sich um Säkulare oder um Menschen mit einer religiösen Orientierung, die der der Kirchlich-Religiösen entspricht. Alternative sind unter ihnen kaum vorhanden." KMU, a.a.O., S. 23.

3 Vgl. Klaus Mertes, Verlorenes Vertrauen. Katholisch sein in der Krise, Freiburg 2013.

4 https://www.forum-studie.de/

5 Vgl. dazu Jochen Sautermeister, Gottes Liebe umfängt alle. Zu Fiducia supplicans. In: Stimmen der Zeit 4/2024, S. 285 ff.

6 „Sexueller Missbrauch an Minderjährigen durch katholische Priester, Diakone und männliche Ordensangehörige im Bereich der Deutschen Bischofskonferenz", 25.09.2018, https://www.dbk.de/fileadmin/redaktion/diverse_downloads/dossiers_2018/MHG-Studie-gesamt.pdf

7 Vgl. https://www.synodalerweg.de/was-ist-der-synodale-weg

8 Zum Verhältnis von (formaler) Verfahrensgerechtigkeit und (materialer) inhaltlicher Gerechtigkeit vgl. Klaus Mertes, Den Kreislauf des Scheiterns durchbrechen, Ostfildern 2021, S. 45–47.

9 Vgl. ebd. S. 53–60.

10 https://www.bertelsmann-stiftung.de/de/unsere-projekte/religionsmonitor/projektnachrichten/religion-staerkt-solidaritaet-in-der-gesellschaft

11 Bezirksamt Neukölln, Pressemitteilung vom 09.09.2021, https://www.berlin.de/ba-neukoelln/aktuelles/pressemitteilungen/2021/pressemitteilung.1124404.php

12 Vgl. https://fowid.de/meldung/konfrontative-religionsbekundung

13 Darstellung des Projekts in der Vorabversion für das Bezirksamt Neukölln, Dezember 2021, https://demokratieundvielfalt.de/wp-content/uploads/2021/12/DEVI_Broschuere_Anlauf_und_Dokumentationsstelle_konfrontative_Religionsbekundung_A4_ICv2_03c-doppelseiten.pdf

14 Ebd., S. 32.

15 Vgl. Charles Taylor, Ein säkulares Zeitalter. Berlin 2012.

16 https://www.faz.net/aktuell/politik/putin-vertrauter-jakunin-gruendet-politik-institut-in-berlin-14308332.html

17 Auch in ihrer „netteren" Variante, nach dem Motto: Religion ist Opium des Volkes, aber die Leute brauchen es eben.

18 „Handle so, dass du die Menschheit sowohl in deiner Person, als in der Person eines jeden anderen jederzeit zugleich als Zweck, niemals bloß als Mittel brauchst."

# Über den Herausgeber und die Autorinnen und Autoren

**Heinz Bude**, geb. 1954, ist emeritierter Professor für Soziologie an der Universität Kassel mit den Arbeitsschwerpunkten Makrosoziologie, Generations-, Exklusions- und Unternehmerforschung. 1994 habilitierte er sich mit einer Studie zur Herkunftsgeschichte der 68er-Generation, war ab 1992 wissenschaftlicher Mitarbeiter am Hamburger Institut für Sozialforschung und leitete hier bis 2014 den Arbeitsbereich „Die Gesellschaft der Bundesrepublik". Einer breiteren Öffentlichkeit wurde Bude durch seinen Einsatz für digitale Grundrechte und seine Beratung des deutschen Innenministeriums während der COVID-19-Pandemie bekannt.

**Serap Güler**, geb. 1980, ist seit 2012 Mitglied des Bundesvorstandes der CDU, war von 2012 bis 2017 Mitglied des Landtages in Nordrhein-Westfalen und führte von 2017 bis 2021 das Amt der Staatssekretärin für Integration im Ministerium für Kinder, Familie, Flüchtlinge und Integration des Landes Nordrhein-Westfalen aus. Seit 2021 ist Güler Mitglied des Deutschen Bundestages und sitzt für die CDU/CSU-Fraktion im Verteidigungsausschuss. Ihre thematischen Schwerpunkte sind der Cyber- und Informationsraum, die Digitalisierung und das Personalwesen der Bundeswehr. Sie ist Mitglied im Senat der Deutschen Nationalstiftung.

**Marina Henke**, geb. 1982, ist Professorin für Internationale Beziehungen an der Hertie School in Berlin und Direktorin des Centre for International Security. Bevor sie an die Hertie School kam, war sie Associate Professor an der Northwestern University, spezialisiert auf internationale Beziehungen, sowie an der Princeton University, wo sie an der Woodrow Wilson School of Public and International Affairs tätig war. Sie forscht und publiziert zu den Themen Grand Strategy, Nukleare Sicherheit und Europäische Sicherheits- und Verteidigungspolitik. Sie ist Mitglied im Senat der Deutschen Nationalstiftung.

**Marlene Knobloch**, geb. 1994, ist Redakteurin im Feuilleton der Süddeutschen Zeitung, ab 2025 wird sie Kulturkorrespondentin für die ZEIT. Nach ihrem Studium an der Humboldt-Universität zu Berlin (Deutsche Literatur) und in Tel Aviv (Philosophie) ließ sie sich an der Deutschen Journalistenschule in München zur Redakteurin ausbilden. Im Februar 2023 erschien im dtv-Verlag ihr Essay "Serious Shit". Sie ist Preisträgerin des Dr. Georg Schreiber-Medienpreises und wurde 2021 vom *Medium Magazin* zu den „Top 30 bis 30" gewählt.

**Klaus Mertes**, geb. 1954, trat 1977 in den Jesuitenorden ein. Nach dem Studium der Philosophie, Theologie und klassischen Philologie trat er mit den Fächern Religion und Latein in den Schuldienst unter anderem in Hamburg und Berlin ein. Seit 2021 ist er in Berlin als Seelsorger und Redaktionsmitglied der Kulturzeitschrift *Stimmen der Zeit* tätig. Außerdem ist er Mitglied des Kuratoriums der Stiftung 20. Juli 1944 sowie Autor zahlreicher Artikel und Bücher zu theologischen, bildungs- und gesellschaftspolitischen sowie kirchlichen Themen.

**Thomas Mirow**, geb. 1953, aufgewachsen in Paris, promovierte in Bonn bei Karl Dietrich Bracher über Frankreichs Europapolitik (1975). Viele Jahre arbeitete er für Willy Brandt, bevor ihn Klaus von Dohnanyi nach Hamburg holte, wo er später ein Jahrzehnt als Senator wirkte. Nach einer Station im Kanzleramt als wirtschaftspolitischer Berater von Gerhard Schröder wechselte er als Staatssekretär ins Bundesfinanzministerium. Anschließend leitete er die Europäische Bank für Wiederaufbau und Entwicklung in London. Heute ist er Vorstandsvorsitzender der Deutschen Nationalstiftung.

**Verena Pausder**, geb. 1979, ist Unternehmerin und seit Dezember 2023 Vorstandsvorsitzende des deutschen Startup-Verbands, der das Ziel verfolgt, Deutschland zu einem gründungsfreundlichen Standort zu machen. Seit vielen Jahren ist sie eine der führenden Stimmen zum Thema „Digitale Bildung" in Deutschland: 2017 hat sie den Verein Digitale Bildung für Alle e.V. gegründet, 2022 launchte sie mit dem Verein die Website digitale-lernangebote.de, um Schulen und Eltern Information und Orientierung über digitale Bildungsangebote zu geben.

**Ronald Reng**, geb. 1970, machte sich als Autor erzählender Sachbücher einen Namen, zuletzt mit *1974 – eine deutsche Begegnung*, das zum Bestseller wurde. Seine Bücher wurden vielfach ausgezeichnet. So auch sein Werk über den vergeblichen Kampf des Fußball-Nationaltorwarts Robert Enke gegen seine Depressionen, für das Reng in London den bedeutendsten Sportbuchpreis der Welt, den William Hill Sports Book of the Year Award erhielt. Sein Buch *Spieltage. Die andere Geschichte der Bundesliga* wurde mehrfach ausgezeichnet, unter anderem als NDR Kultur Sachbuch des Jahres.

**Michael Vassiliadis**, geb. 1964, ist Vorsitzender der Gewerkschaft IGBCE und Präsident des europäischen Verbunds der Industriegewerkschaften IndustriAll Europe. 1986 begann er seine hauptamtliche Gewerkschaftstätigkeit als Sekretär der IG Chemie-Papier-Keramik (seit 1997 IG Bergbau, Chemie, Energie) in unterschiedlichen Funktionen. 2004 wurde er als Mitglied in den geschäftsführenden Hauptvorstand, 2009 zum Vorsitzenden der IGBCE gewählt und zuletzt im Oktober 2021 erneut im Amt bestätigt. Er ist Mitglied im Senat der Deutschen Nationalstiftung.

**Andreas Voßkuhle**, geb. 1963, ist seit 1999 Professor und Direktor des Instituts für Staatswissenschaft und Rechtsphilosophie an der Albert-Ludwigs-Universität Freiburg, deren Rektor er 2008 kurzzeitig war. Von 2008 bis 2020 war er Richter des Bundesverfassungsgerichts, zunächst als Vizepräsident, ab 2010 als Präsident des Gerichts und Vorsitzender des Zweiten Senats. Seit 2020 ist Voßkuhle Vorsitzender des Vereins *Gegen Vergessen – Für Demokratie*, seit 2022 Senatspräsident der Deutschen Nationalstiftung.